U0906159

赵继珂　夏亚峰　主编

大夏世界史研究

美国工作站文集

WORLD HISTORY and INTERNATIONAL RELATIONS STUDIES

東方出版中心

图书在版编目（CIP）数据

大夏世界史研究. 美国工作站文集 / 赵继珂，夏亚峰主编. 一上海：东方出版中心，2021.5
ISBN 978-7-5473-1793-8

Ⅰ. ①大… Ⅱ. ①赵… ②夏… Ⅲ. ①美国 - 历史 - 20世纪 - 文集 Ⅳ. ①K107-53

中国版本图书馆CIP数据核字（2021）第038409号

大夏世界史研究：美国工作站文集

主　　编　赵继珂　夏亚峰
策划编辑　张爱民
责任编辑　黄　驰
装帧设计　钟　颖

出版发行　东方出版中心
地　　址　上海市仙霞路345号
邮政编码　200336
电　　话　021-62417400
印 刷 者　合肥图腾数字快印有限公司

开　　本　710mm × 1000mm　1/16
印　　张　16.25
字　　数　242千字
版　　次　2021年5月第1版
印　　次　2021年5月第1次印刷
定　　价　99.00元

目 录

壹 美苏关系

贰 美国与亚太

叁　英国与亚太

肆　史料介绍

前言

进入21世纪以来，为适应高等教育国际化发展趋势，华东师范大学瞄准国际学术前沿，依托中国教育资源，立足学科优势，创新理念，砥砺学术，与国际冷战史学界开展全方位、多层次交流与合作，尤其是重点开拓与冷战国际史研究的重镇——美国华盛顿伍德罗·威尔逊国际学者研究中心（Woodrow Wilson International Center for Scholars，以下简称“威尔逊中心”）的深度合作，于2011年8月创设“华东师范大学—威尔逊国际学者研究中心冷战研究创意项目”（以下简称“华东师大—威尔逊中心冷战研究创意项目”），将双方的合作交流纳入规范化与机制化轨道。根据双方协议，华东师范大学每年遴选和派遣4～6名来自中国各高校的中青年学者，特别是在读博士、硕士研究生，到美国访问研究（一般为3～6个月），利用威尔逊中心的条件收集档案文献资料。访问学者赴美之前先提供研究计划，完成在美国的研究后要提交一份在美工作报告。到2020年春季为止，已有来自中国的50名中青年学者通过这个渠道赴美国访学。他们利用在美国收集的相关档案，顺利完成博士、硕士论文的写作，并公开发表不少研究成果。同时，通过该项目进一步加深了他们对美国的了解，很好地增进了中美之间的学术交流。

本论文集收录的13篇文章，其作者当年到美国访学时，都是在读研究生。在美期间，他们除使用威尔逊中心馆藏的史料资源外，还查阅了位于美国首都华盛顿哥伦比亚特区的美国国家第一档案馆、国会图书馆，位于华盛顿近郊马里兰州的美国国家第二档案馆、艾森豪威尔总统图书馆、卡特总统图书馆、里根总统图书馆等馆藏的档案资料。本论文集按照这些文章的讨论内容将其划分成四大主题，这些论文的共同特点是运用了大量的美国原始档案及相关二手文献，讨论内容涉及冷战时期美国史的方方面面。

一、美苏关系

田地于2019年1月至4月在威尔逊中心访学，期间前往美国国家第二档案馆查阅相关档案。他的论文《漫长的一天（1959年7月24日）——尼克松与赫鲁晓夫的三次争论》，讨论的是1959年7月24日美国副总统尼克松访问苏联的第一天中，尼克松与苏联领导人赫鲁晓夫进行的三次辩论。文章认为尼克松访苏的一个重要目的是宣扬美国的价值观、反击苏联的宣传，这就使得尼克松和赫鲁晓夫的争论不可避免。在本文中作者利用从美国搜集到的多种档案资料，试图回答以下问题：两人为何会发生三次争论？三次争论的核心内容是什么？三次争论有什么样的影响？

吴林章于2016年9月至2017年1月在威尔逊中心访学，期间前往美国国家第二档案馆查阅相关档案。他的论文讨论的是美国撤离土耳其"朱庇特"导弹的决策过程与美土交涉。古巴导弹危机期间，美国一方面决定撤走"朱庇特"导弹来换取苏联撤走在古巴的导弹，另一方面也希望采取一些补救措施试图以此避免此举破坏美土关系，但最终结果却是美国在提供补偿方面未能满足土耳其的要求。经过研究作者得出结论认为，美土两国围绕"朱庇特"导弹撤离产生的纠纷，反映出冷战时期美国与其盟国由于国际地位和综合实力的悬殊和审视问题的视角不同，难以形成共同的利益诉求和战略意志。

安竣谱于2018年9月至2019年2月在威尔逊中心访学，期间前往美国国家第二档案馆查阅档案。本论文集收录的《美苏战略稳定性变化与美国对新型国际核秩序的构建（1963～1973）》一文，综合利用美国国家档案馆馆藏档案资料以及其他解密档案，从结构现实主义视角分析美苏战略稳定性变化与美国核安全观的转变之间的关系等问题，并以此揭示1963～1973年美苏核战略对比与美国构建新型国际核秩序的关系。

宋亚光于2019年11月到2020年3月在威尔逊中心访学，期间他走访了美国国家第二档案馆、国会图书馆手稿部、卡特总统图书馆和里根总统图书馆。本论文集收录的《"苏联的越南"：美国与1979年苏联出兵阿富汗》一文是他利用在美国期间从威尔逊中心、美国国家第二档案馆和卡特总统图书馆收集到的资料写作而成，目的是探究从苏联开始间接干预到直接出兵阿富汗过程中，美国的认知变化和政策形成。经过研究作者得出结论认为，1979 年 12 月苏联出兵阿富汗之前，美国的情报部门对苏联的军事准备、行动目标和入侵阿富汗的直接原因有着准确且全面的分析与判断。然而，自始至终对苏联行动了如指掌的美国高层并未对苏联即将到来的军事行动表达出任何反对和强硬的应对，而是静待苏联进军阿富汗，但在苏联出兵阿富汗后，美国却立即表达强硬态度，随即卡特主义出台，美苏重回对抗的老路。

二、美国与亚太

李聪慧于 2019 年 9 月至 2020 年 1 月在威尔逊中心访学。访学期间，他在美国国家第二档案馆、美国国会图书馆和艾森豪威尔总统图书馆查找档案，搜集了大量有关冷战时期美缅关系的档案文献。他的论文《缅北蒋军问题与美国的对策（1950~1954）》利用从美国收集到的档案资料重新考察了缅北国民党军问题的形成过程与美国的政策演变。经过研究作者得出结论认为，冷战初期美国对缅政策深受意识形态和国家利益的影响，目标与手段的背离是导致冷战初期美缅关系发展受挫的根本原因。

张建伟于 2014 年 6 月至 9 月在威尔逊中心访学期间，前往美国国家第二档案馆查阅了 1945 至 1972 年期间美国国务院以及琉球民政府时期的档案。本论文集收录的《冲绳军用土地问题的形成（1952～1955）》一文，重点讨论了《旧金山和约》生效之后，美国方面如何改变媾和前对冲绳军用土地实行的“无偿占领并使用”原则，转而推行 1950 年远东司令部指令中要求的“征购加租赁”的新政策的相关内容，并对民政府按照指令精神发布的核心为“军事优先、强制征用、低价租赁、长期使用”征用法规遭到土地业主们强烈反对和抵制的相关内容进行介绍梳理。经过研究作者得出结论认为，军用土地问题的背后，反映出的是美国当局和冲绳民众对冲绳属性定位上的巨大差异。

闫晋于 2016 年 9 月至 2017 年 1 月在威尔逊中心访学，并先后到访美国国家第一、第二档案馆，美国国会图书馆及其手稿部，卡特总统图书馆，收集了美国方面有关 20 世纪 70 年代美韩关系的行政、立法机构档案材料。本论文集收录的这篇文章《超越联合国？——试析尼克松政府解散联合国韩国统一复兴委员会的对策

（1971～1973）》是她在赴美收集档案基础上写作而成的三篇论文中的第一篇，重点讨论了两个问题：一是中美关系缓和时期，除学界已关注到的中美就驻韩美军、朝韩关系等方面的交涉外，双方是如何协商联合国的朝鲜问题？二是处理朝鲜本岛问题的国际机制如何从冷战初期单边与意识形态色彩浓厚的联合国机制向冷战转型时期多方会谈机制演变的问题。经过研究作者得出结论认为，中美关系缓和时期，中美两国协商解散联合国韩国统一复兴委员会是这一演变的开端及首个成果，但囿于美国的冷战战略及其对朝鲜半岛利益的长期性，这一中美在朝鲜问题上的合作势头没有得到延续。

熊晨曦于 2017 年 10 月到 2018 年 2 月在威尔逊中心访学，期间前往美国国家第二档案馆和卡特总统图书馆查找了卡特执政时期与中美关系相关的档案。她的论文《消除中美关系正常化的障碍——卡特政府对中美资产索赔问题的处理》重点讨论中美关系正常化进程中的中美资产索赔问题，并对卡特政府处理该问题的背景内容、具体流程做了细致梳理。经过研究作者得出结论认为，中美资产索赔问题的解决对中美贸易合作的促进作用十分有限。

三、英国与亚太

宋良于 2012 年 6 月至 2013 年 1 月在威尔逊中心访学，期间查阅了美国国会图书馆、美国国家第二档案馆的馆藏资料。在查档过程中，她结合自己的博士论文选题，翻阅了 20 世纪 50 至 60 年代美英与台湾地区、中国大陆之间的经济往来与政治互动的相关档案。本论文集收录的《英国对台湾地区的政策特点及原因浅析（1950～1960 年）》一文，重点探讨在东西方冷战的背景下英国对台湾地区的政策变化问题。经过研究作者得出结论认为，英国对台湾地区的“政经分离”政策在兼顾自身政治与经济利益的同时，实际上加剧了台海局势的复杂性。

彭永福于 2018 年春至 2019 年春在美国纽约长岛大学访学。在美期间他收集了美国第二国家档案馆的若干史料，并前往威尔逊中心参观学习。本论文集收录的《英国印太战略的缘起、演变及结果（1964～1968）》一文，重点探讨 20 世纪

60年代末，在撤出亚洲过程中英国政府推出的统筹印度洋和太平洋防务的印太战略。经过研究作者得出结论认为，印太战略的政策逻辑与“多米诺骨牌理论”如出一辙，同时又带有浓厚的控制海洋、以海制陆的英帝国传统防务色彩。然而，由于英美两国之间存在政策重心和亚洲战略认知差异，印太战略在多边交涉中搁浅。此外，在英国推动下，印太战略留存了部分遗产，英美在印度洋修建的以迭戈加西亚基地为核心的基地群成为美国印度洋霸权的标志之一。宋良和彭永福的文章，加深了我们对20世纪英美特殊关系的认识。

四、史料介绍

赵继珂是“华东师大—威尔逊中心冷战研究创意项目”接待的第一位中国学者。2011年10月至2012年1月在威尔逊中心访学期间，他从威尔逊中心图书馆、美国国家第二档案馆等地搜集到不少与美国文化冷战相关的档案资料和二手文献。这些资料为他撰写博士论文以及后续开展相关学术研究提供了重要的史料支持。本论文集收录的《美国威尔逊中心数字档案概况及其特色价值》一文，按主题向国内读者系统性地介绍了美国威尔逊中心数字档案的主要收录情况，同时对这批档案资料的特色价值进行了概括整理。经过梳理作者认为这批档案资料至少有如下几方面的特色：(1)资料来源国际化和多样化；(2)资料内容稀缺化和趋新化；(3)资料使用数字化和无偿化。

蔺晓林于2013年12月至2014年5月在威尔逊中心访学，期间在美国国家第一档案馆查阅了美国国会非美活动委员会的相关档案。他的论文《美国众议院非美活动委员会研究概述》介绍了学术界关于非美活动委员会相关研究成果。他将该主题研究的成果大致分为两类：第一类从宏观视野出发，讨论“二战”后反共思潮在美国兴起的国内外缘由，试图用时代变换的框架来解释以麦卡锡主义和非美活动委员会为代表的社会性反共思潮及其与冷战源起的内在逻辑；第二类为微观视角叙事，以人物传记、组织机构研究等为载体，对当时的历史场景进行补充叙事，丰富和充实了相关历史叙事。经过对已有研究成果和档案史料进行梳理，作者得出结论认为，非美活动委员会是见证和经历了一段异常活跃的美国社会变迁历史的重要存在，重新思考它在历史中所发挥的作用，将为我们从美国内部考察冷战以及美国社会的变迁提供了崭新视角。

张校博于2019年9月至2020年1月间在威尔逊中心访学。期间他前往美国国家第二档案馆、美国国会图书馆和艾森豪威尔总统图书馆查找历史档案、书籍、地图、手稿和其他文献。他的《美国国会图书馆馆藏20世纪中国相关地图介绍》一文，重点对美国国会图书馆馆藏的清末、民国时期、抗日战争时期、解放战争时期以及新中国时期的与中国相关的军事地图、新闻地图、宣传地图、资源地图、行政地图、手绘地图等进行了梳理。该文尽管不是直接有关美国历史的研究文章，但对不少研究中国问题的学者而言它还是具有较高的史料参考价值。

收入这本文集的上述13篇文章，10篇是近年来已公开发表的学术论文，3篇是尚未发表的新作。对已经发表过的文章，相关作者根据国内外档案及研究情况，对自己的文章做了一定的修改，以便展示最新的研究状况。各篇论文只代表作者的见解，编者除对文章的体例作了技术性处理以外，对内容概不增删。

威尔逊中心不仅是享誉世界的学术研究、交流中心，更是世界著名的教育型智库，被誉为“美国重大政策的孵化器”。十年来，在威尔逊中心相关领导特别是中心总裁简·哈蒙（Jane Harman）女士和历史与公共政策部主任克里斯蒂安·奥斯特曼（Christian Ostermann）博士的关心和支持下，“华东师大—威尔逊国际学者中心冷战研究创意项目”取得了可喜的成绩，成为中美两国教育和学术交流的一个新范式。这本论文集的出版，见证了这段历史。尽管中美两国关系在2020年春夏之交出现重大逆转，美国政府试图限制中美两国之间的人文交流，甚至终止与中国的“富布赖特学者交流计划”。但根据笔者最近与威尔逊中心相关负责人的邮件联系，威尔逊中心不会主动取消这项与华东师范大学的交流项目。我们相信，中美关系的寒冬终会过去。希望我们所做的这点工作，对加深中美两国人民的相互了解和友谊能够起到一定的助益作用。

夏亚峰　赵继珂

2020年8月1日

壹　美苏关系

漫长的一天（1959年7月24日）——尼克松与赫鲁晓夫的三次争论

田 地*

【摘要】1959年7月24日是美国副总统尼克松访问苏联的第一天，在这一天中，尼克松与苏联部长会议主席赫鲁晓夫进行了三次争论，虽然三次争论的内容各不相同，但其核心是国家体制的优劣之争。尼克松访苏有一个重要目的，即展现美国的价值观，反击苏联的宣传，这就使得尼克松和赫鲁晓夫的争论不可避免。这三次争论的后两次争论，由于受到媒体的广泛报道，在国际社会上产生巨大影响，极大地提高了尼克松本人的个人声望。两人的争论也展现了美国对苏联竞争领域的变化，即由传统的政治军事的竞争转向人民生活水平的竞争。

【关键词】尼克松；美国国家展览会；“厨房辩论”

1959年7月25日，《纽约时报》刊发新闻时评称7月24日尼克松与赫鲁晓夫的争论是战后最令人震惊的国际事件。[1]学术界对于两人在7月24日的争论有一定的研究成果，主要集中在“厨房辩论”的研究上。

国内学术界相关研究成果不多，基本上是简单的描述。资中筠的《战后美国外交史——从杜鲁门到里根》对1959年尼克松访苏有简单的介绍，提及“双方在

---

* 田地，华东师范大学历史学系博士研究生。

1 *New York Times*, July 25, 1959, p.3.

美国展览会场上的那场‘厨房辩论’是一场真正的冷战式的争论”；[1] 张科的硕士论文《二战后美国副总统在外交中的作用——以尼克松、蒙代尔、布什为例》，分析了尼克松作为副总统在外交中的作用及其影响因素，简要论述了尼克松访苏对于尼克松本人的影响；[2] 赵继珂的博士论文《美国新闻署对苏文化冷战行为研究（1953～1961）》对于此问题的研究较为深入，该文借助美国新闻署的未刊档案，较为详尽地论述了美国新闻署在1959年国家展览会中所发挥的作用。[3]

国外学术界的研究相对较多。沃尔特·希克森（Walter L. Hixson）的《撕裂铁幕：1945～1961年的宣传、文化和冷战》，论述了美国国家展览会在对苏文化冷战上的重要作用；[4] 耶鲁·里奇蒙德（Yale Richmond）的论文《1959年厨房辩论》，细致论述了“厨房辩论”的过程和影响，认为美国对苏联的文化交流是导致苏联政权最终崩溃的一个重要因素；[5] 露丝·奥尔邓兹尔（Ruth Oldenziel）和卡林·扎契曼（Karin Zachmann）所编的《冷战厨房：美国化、技术与欧洲消费者》是一本论文集，以“现代化厨房”为研究对象，论述厨房在冷战宣传中的作用。作者认为厨房是现代技术革新的象征，设备齐全的厨房是20世纪现代文明的一个重要标志，这对于争夺人心具有重要意义；[6] 欧文·格尔曼（Irwin F. Gellman）的《总统和他的接班人：1952～1961年的艾森豪威尔和尼克松》，主要论述艾森豪威尔和尼克松两人关系的发展，由开始的“奇怪的政治婚姻”发展到日后的亲密合作，书中第32章，较为详细地叙述了尼克松访苏的过程，并且介绍了之后的尼克松访波之旅。[7] 此外，随着文化冷战研究的不断深入，学界专门出版了有关“厨房辩论”档案集《厨房辩

1 资中筠：《战后美国外交史——从杜鲁门到里根》，北京：世界知识出版社，1994年，第265～266页。

2 张科：《二战后美国副总统在外交中的作用——以尼克松、蒙代尔、布什为例》，西南大学硕士论文，2014年，第39～40页。

3 赵继珂：《美国新闻署对苏文化冷战行为研究（1953～1961）》，东北师范大学博士学位论文，2014年，第118～121页。

4 Walter L. Hixson, *Parting the Curtain: Propaganda, Culture, and the Cold War, 1945–1961*, Houndmills: Macmillan Press, 1997, pp.151–184.

5 Yale Richmond, “The 1959 Kitchen Debate”, *Russian Life*, July/August 2009, p.42.

6 Ruth Oldenziel and Karin Zachmann eds., *Cold War Kitchen: Americanization, Technology, and European Users*, Cambridge: The MIT Press, 2009, pp.1–32.

7 Irwin F. Gellman, *The President and the Apprentice Eisenhower and Nixon, 1952–1961*, New Haven & London: Yale University Press, 2015, pp.514–535.

论和冷战消费政治：一部文献简史》。[1]

学术界对此问题有一定的研究成果，但是并不深入。从档案资料的使用情况来看，尤其是国内学术界，仍有较多的档案尚未被发现利用，例如美国国务院的未刊档案。从内容上看，学术界多集中于对“厨房辩论”的研究，而对两人的前两次争论着墨过少。本文尝试综合利用多种档案资料，力图分析：两人为何会发生三次争论？三次争论的核心是什么？三次争论又造成了怎样的影响？

一、尼克松访苏行程的确立

早在 1955 年，尼克松就开始考虑访苏事宜。但是，7 月 30 日，国务卿杜勒斯（Dulles）明确地表示反对尼克松在这个时候访问苏联，他认为应该等到第二轮日内瓦会谈[2]之后再做考虑。[3] 9 月 23 日，艾森豪威尔心脏病发作，尼克松需要代行部分总统职权，他访苏的计划自然也就不可能实现了。

1958 年 11 月第二次柏林危机爆发，局势一度剑拔弩张。尽管美苏双方都作出强硬表态，但是两国都有所控制，避免发生战争。苏联方面希望邀请尼克松访苏，缓和紧张的国际局势。1958 年 12 月 5 日，苏联对外文化关系委员会主席尤里·朱可夫（Yuri Zhukov）与尼克松会谈。在会上，朱可夫表示希望尼克松能于 1959 年 7 月参观在莫斯科索科尔尼基（Sokolniki）举办的美国国家展览会，这是苏联政府首次提出邀请尼克松访苏的请求。[4]尼克松并没有拒绝苏联的邀请，他表示希望能

1 Shane Hamilton and Sarah Phillips eds., *The Kitchen Debate and Cold War Consumer Politics: A Brief History with Documents*, Boston: St. Martin's, 2014.

2 1955 年 7 月 18 日至 23 日，日内瓦四国首脑会议召开，而第二轮日内瓦会谈是指 1955 年 10 月 27 日至 11 月 16 日的日内瓦四国外长会议。

3 Foreign Relations of the United States（以下简称：FRUS), 1955-1957, Volume XXIV, Soviet Union, Eastern Mediterranean, Washington: United States Government Printing Office, 1989, p.33.

4 1958 年 1 月 27 日，美苏两国签署文化交流协定，规定两国要互办国家展览会，增进两国人民的相互认识与理解。经过近一年的协商，1958 年 12 月 29 日，两国最终同意于 1959 年互办展览会，1959 年 6 月 29 日，苏联国家展览会在纽约召开；1959 年 7 月 25 日，美国国家展览会在莫斯科召开。有关两国互办展览会协商过程的研究可见：Walter L. Hixson, *Parting the Curtain Propaganda, Culture, and the Cold War, 1945-1961*, pp.153-164。

够顺利访问苏联，改善东西方关系。[1]

1959 年 1 月 6 日，苏联部长会议副主席米高扬（Mikoyan）再次表示希望尼克松能够访问苏联，以便了解苏联的真实情况。尼克松也表达了希望访问苏联的愿望。[2] 4 月 9 日，驻莫斯科大使馆向国务院发回一份电报，指出苏联副外长瓦列里安・佐林（Valerian Aleksandrovich Zorin）向卢埃林・汤普森（Llewellyn E. Thompson）询问是否需要苏联政府对尼克松发出正式的访苏邀请，汤普森表示尼克松很乐意访问苏联，但是回绝了苏联发出正式邀请的提议。因为汤普森认为，副总统访苏的时间选择是非常重要的，贸然让苏联发出邀请，将不利于尼克松的出行，他建议尼克松访苏要和国家展览会联系在一起，这样不仅能够缓和两国的关系，还能促进两国之间的文化交流。[3]

考虑到 1960 年即将举行的总统竞选活动，尼克松非常乐意访问苏联，借此行程增加个人的政治资本。[4] 美国政府内部对于尼克松访苏的计划基本都抱支持态度。1959 年 4 月 4 日，尼克松首先询问了杜勒斯的意见，杜勒斯表示不反对尼克松向总统咨询此事。[5] 4 月 9 日，执行国务卿赫脱（Herter）在一份致总统的备忘录中表示非常支持尼克松访苏的计划，并建议总统如果批准该计划，应尽快发表声明。[6] 总统采纳了赫脱的建议，于 4 月 17 日对外宣布尼克松将于 7 月访问苏联，并参加在莫斯科举办的美国国家展览会的开幕式。[7] 次日，苏联媒体也公开报道了尼克松将于 7 月访苏的消息。

---

1 FRUS, 1958－1960, Volume X, Part 2, Eastern Europe; Finland; Greece; Turkey, Washington: United States Government Printing Office, 1993, pp.21－22.

2 FRUS, 1958－1960, Volume X, Part 1, Eastern Europe Region; Soviet Union; Cyprus, Washington: United States Government Printing Office, 1993, p.224.

3 U.S. Declassified Documents Online (以下简称：USDDO), Telegram from Moscow to Secretary of State, No. 2025, April 9, 1959, Document Number: CK2349021352.

4 Garry Wills, *Nixon Agonistes The Crisis of the Self-Made Man*, New York: New York Library, 1971, p.123.

5 USDDO, Memorandum for the Record, Department of State, April 4, 1959, Document Number: CK2349449927.

6 USDDO, Memorandum for the President, April 9, 1959, Document Number: CK2349276446.

7 *The Department of State Bulletin*, Volume XL, No. 1038, May 18, 1959, pp.698－699.

二、访苏的目的

尼克松访苏行程确定后，美国政府内部就开始讨论尼克松访苏之行所要达成的目标和意图。实际上，尼克松访苏的目的与美国在苏联召开国家展览会的目的是相互联系的。美国国家展览会的总设计师是哈罗德·麦克莱伦（Harold C. McClellan），他是由美国新闻署署长乔治·艾伦（George V. Allen）推荐给艾森豪威尔总统的。麦克莱伦之前担任过国家制造业协会主席、商务部助理部长等职，有着出色的协调能力和丰富的政府工作经验。他起草了一份名为“1959年美国国家展览会秘密政策指导”的文件，明确阐明了国家展览会的召开有公开和秘密两个目的。公开目的是增进苏联人民对于美国人民及其生活方式的认识；而秘密目的则是要强调美国的观念和成就，促使苏联政体向自由化趋势发展。[1] 显然，展览会是美国政府对苏进行文化外交的重要工具，通过借助展览会的展品，显示美国的强大，使苏联人民对美国产生向往，怀疑苏联的国家体制，在苏联人民心中种下瓦解社会主义制度的种子。而尼克松访苏的第一天就是参加展览会的开幕式，这使得展览会的宣传效果得以最大化。

尼克松访苏的公开目的是参加国家展览会开幕式，促进两国官员与人民的相互理解。而实际上美国政府将此次访问看成是一个对苏宣传的绝佳的机会，在访苏过程中，尼克松要展现美国人民的团结一致，展现美国的价值观。美国政府认为此次尼克松访苏最大的不同在于，之前的美国官员访苏，无论是正式访问还是非正式访问，都没有像副总统这样声望的官员与赫鲁晓夫会谈。而此次出访，尼克松作为美国的副总统，他能面对面地与赫鲁晓夫进行讨论。因此，尼克松要向苏联最高领导人阐释美国的观点，反击苏联的宣传。[2] 此外，尼克松访苏还有收集有关赫鲁晓夫情报的重要目的。通过与赫鲁晓夫的会谈，可以阐明美国对世界的立场，同时为艾

---

1 转引自 Cristina Carbone, “Staging the Kitchen Debate: How Splitnik Got Normalized in the United States”, Ruth Oldenziel and Karin Zachmann eds., *Cold War Kitchen: Americanization, Technology, and European Users*, pp.61－62。

2 The U.S. National Archives and Records Administration at College Park, MD (以下简称：NARA), General Record of the Department of State，Record Group 59 (RG59), Conference Files 1949－1963, CF 1412 to CF 1417 (folder 1 of 2), Box 189, Policy Information Statement, July 18, 1959.

森豪威尔提供有关赫鲁晓夫对美苏分歧态度和意见的一手情报。[1]

7 月 22 日，在尼克松动身前往苏联的前夕，他与艾森豪威尔进行了一场会谈。艾森豪威尔希望尼克松能够营造一个真诚、缓和的气氛，同时表示此次出访并不是在重大问题上进行谈判，但是对于重大问题的讨论不要害怕，要主动积极。尼克松则表达想反击赫鲁晓夫的观点，与之辩论的意图，认为这是一个了解赫鲁晓夫真实想法的绝佳机会。[2]

无论是美国政府的建议还是尼克松个人的意图，都表明尼克松与赫鲁晓夫的争论不可避免，尼克松宣传美国的制度和价值观，必然会引起赫鲁晓夫的反击。

为了使宣传效果最大化，美国政府非常重视此次跟随报道的记者团队，多次就报道团队人数、记者的审查豁免权等问题与苏联政府交涉。1959 年 5 月 4 日，尼克松向美国新闻署署长艾伦表示，希望有尽可能多的记者能够乘坐他的专机前往苏联。[3] 5 月 5 日，尼克松与赫脱会谈时表示，审查豁免权是非常重要的问题，要确保此次记者团队所受到的待遇不低于跟随麦克米伦访苏时记者团队的待遇。[4] 6 月，由于报名的记者团队人数众多，已达近 70 人，美国政府决定租用泛美航空（Pan American）的波音 707-321 型号的飞机，专门搭载记者团队前往苏联。[5] 该机型为 50 年代后期最先进的机型之一，1958 年正式运用于民航飞机，可从美国直飞苏联。

苏联政府对于美国的随行记者问题迟迟不肯答复，派发签证的进展也十分缓慢。1959 年 6 月 18 日，副国务卿助理罗伯特·墨菲（Robert Murphy）就随行媒体人员问题与苏联驻美大使缅希科夫（Menshikov）会谈，墨菲向缅希科夫透露目前共有 70 名记者将与尼克松同行，缅希科夫表示人数太多了，他不清楚苏联高层会

---

1 ［美］尼克松：《六次危机》，北京大学法律系和中央民族学院研究室翻译组译，北京：商务印书馆，1972 年，第 356～357 页。

2 FRUS, 1958-1960, Volume X, Part 1, Eastern Europe Region; Soviet Union; Cyprus, pp.332-333.

3 尼克松前往苏联的专机为波音 707，核载人数为 34 人，尼克松访苏官方团队大约有 10 人左右。NARA, RG59, 1955-1959 Central Decimal File, Box163, From Mr. Livingston T. Merchant to R. M. Service Office Memorandum, May 5, 1959.

4 英国首相麦克米伦于 1959 年 2 月 21 日至 3 月 3 日访问苏联，随行记者大约有 60 人左右。NARA, RG59, 1955-1959 Central Decimal File, Box163, Telegram from Department of State to Amembassy Moscow, No. 1843, May 6, 1959.

5 NARA, RG59, 1955-1959 Central Decimal File, Box163，Memorandum of Conversation, June 5, 1959.

作何反应。[1] 虽然苏联政府未作答复，但是随行记者团队的人数仍在不断增加，最终增加至近 100 人。而在记者的审查豁免权问题上，美国政府也是不断施压。7 月 3 日，国务院官员约翰·麦克斯威尼（John McSweeney）向苏联外交部美国事务主管索尔达托夫（Soldatov）表示，要求美国记者得到苏联政府的审查豁免权。索尔达托夫未置可否，仅表示会就此问题与苏联政府联系。[2] 此后，美国政府通过各层级官员与苏联政府就随行记者问题不断交涉。在苏联部长会议副主席科兹洛夫（Kozlov）6 月 28 日至 7 月 13 日访美时，美国政府给予高规格待遇，尽力满足科兹洛夫访美期间的一切要求。美国政府内部普遍认为科兹洛夫访美与尼克松是相互联系的，科兹洛夫所受到的待遇必然会影响尼克松访苏所受的待遇。苏联政府在科兹洛夫访美结束后，也多次表示感谢美国政府对科兹洛夫的支持与帮助。最终，苏联政府作出一定程度的让步，表示随行记者的人数可以增至 100 人，记者在苏联期间可以自由报道，不会有任何审查。[3] 如此大规模的报道团队，在 20 世纪 50 年代美苏关系史上是比较罕见的。众多的跟随的记者将尼克松在苏联的一言一行发回国内报道，使得宣传效果最大化。

三、三次争论

1959 年 7 月 22 日晚上 9 点，尼克松一行启程前往苏联，23 日下午 3 时到达莫斯科。尼克松在机场发表了简短的演说，希望此次出访能够促进两国之间关系的改善，并直言此次出访并不是为了解决两国之间的分歧，而是要努力营造两国相互理解、相互认识的良好氛围。[4] 苏联政府对尼克松的接待非常冷淡，机场没有进行国歌演奏，也没有安排迎宾的群众，其最重要的原因就是美国国会于 7 月 17 日通过

---

1 NARA, RG59, 1955–1959 Central Decimal File, Box163, Memorandum of Conversation, June 18, 1959.

2 NARA, RG59, 1955–1959 Central Decimal File, Box163, Memorandum of Conversation, July 3, 1959.

3 NARA, RG59, 1955–1959 Central Decimal File, Box163, Telegram from Department of State to Amembassy, No. 124, July 14, 1959; Memorandum of Conversation, July 21.

4 *The Department of State Bulletin*, Volume XLI, No. 1049, August 3, 1959, pp.227–228.

了“被奴役国家决议案”（Resolution on Captive Nations）。决议案颂扬美国的自由与民主，认为共产主义制度“奴役”苏联和东欧等地区的人民，意识形态色彩十分浓厚。为了响应国会的决议，总统决定将7月的第3个星期，定为“被奴役国家周”，呼吁为铁幕后的人民祈祷。[1]赫鲁晓夫于7月14日至7月23日访问波兰，参加波兰建国15周年纪念活动。7月23日下午1点半左右回国，他没有去机场迎接尼克松，而是马不停蹄地前往列宁运动场发表演说，颂扬苏波友谊，强烈抨击“被奴役国家决议案”，讽刺地说：“让尼克松来看看这些‘被奴役的人民’吧。”[2]显然，苏联政府对尼克松访苏的态度并不友好。

7月24日10时，尼克松与赫鲁晓夫在克林姆林宫第一次见面，尼克松将艾森豪威尔的个人问候信件转交给了赫鲁晓夫，两人在记者们前面进行了简单的寒暄。之后，就开始了闭门正式会谈。赫鲁晓夫首先表达了对“被奴役国家决议案”的愤怒，他说，苏联政府认为这是一个严重的挑衅，是干涉苏联内政的行为，这会使得美国之前所做的努力都变得毫无价值。尼克松解释道，首先，在美国有许多欧洲和东欧背景的人，他们可以去自由地表达自己的观点，尽管苏联方面可能不同意这些观点，但是这些人的观点不能够被忽视；其次，这是美国政治制度的一部分，国会发表的决议，总统是无权干涉的，总统也不愿意在这个时间点宣布这个决议；最后，这并不是美国国会的最新举动，在过去国会多次表达过类似的观点。

赫鲁晓夫对尼克松的解释并不满意，他指出政府机关的任何做法都具有目的性，但是并不能理解国会此举的目的，苏联不会因为此决议而作出任何改变。赫鲁晓夫直言这个决议愚蠢至极，并厉声质问尼克松：“美国的下一步是战争吗？”尼克松再次解释道，该决议不代表总统的观点，只是一种思想的自由表达。最后，尼克松称艾森豪威尔经常说：“我们把这匹马鞭死了，让我们换下一匹吧！”表示不想再

---

1 *The Department of State Bulletin*, Volume XLI, No. 1049, August 3, 1959, p.200. 其实艾森豪威尔希望能够再拖延几天再签署该公告，该决议案的公布使得赫鲁晓夫大为恼火，甚至威胁要取消尼克松访苏的行程。详见［美］艾森豪威尔：《艾森豪威尔回忆录——白宫岁月（下）缔造和平（1956～1961）》，静海译，北京：生活·读书·新知三联书店，1977年，第460页。

2 *New York Times*, July 24, 1959, p.1.

讨论此问题了，赫鲁晓夫最后怒斥道："这个决议案臭得很！"[1]

这次会谈的内容都是围绕"被奴役国家决议案"展开，赫鲁晓夫在抨击决议案时，话语粗鲁，甚至有的话语完全超出正常的外交话语，使得现场的翻译人员很难翻译。尼克松对于赫鲁晓夫激烈的言辞感到震惊，会谈的气氛并非像艾森豪威尔所期待的那样缓和，相反，气氛一度十分紧张。这次争论表面上是围绕"被奴役国家决议案"而展开，实际上是国家体制的竞争。尼克松多次向赫鲁晓夫解释，决议案虽不代表总统的观点，但是总统无权干涉国会所通过的决议。这完全是一种辩解，从总统签署决议案的行动来看，艾森豪威尔是支持决议案的。而这种解释展现了美国的三权分立民主制度的优越性，也在暗讽苏联的集权制度的"独裁"。

会谈结束后，双方驱车前往索科尔尼基公园参观展览会的预展。展览会的展品都具有明显的针对性，多是贴近于日常生活的消费品，通过这些展品，展示美国人的生活条件远比苏联人优越，暗示在资本主义民主制度下，每个人都可以获得美国人那样的生活方式，以此促使苏联人逐渐放弃共产主义制度。美国展览会的中心是一个 75 英尺高的穹顶形建筑，在该建筑内，有 7 块 20 英尺 ×30 英尺的屏幕同时放映《遇见美国》（*Glimpses of the USA*）的宣传片。日常消费品如百事可乐第一次呈现在苏联人面前，还有 IBM 公司的 RAMAC 计算机，可以用俄语回答 400 个关于美国的问题。[2]

尼克松与赫鲁晓夫的第二次交锋发生在一个新型电视转播室里，该转播室的机器为安派克斯（Ampex）公司所有，这次争论并没有经过提前策划。[3]工作人员引导他们走到台上，希望两国领导人能够对镜头说几句话，以便日后放映给观众。首先，赫鲁晓夫说苏联愿意在和平中生活，但是也做好了在战争中保卫自己的准备。然后，他强调苏联社会主义制度的强大，并对美国的资本主义制度加以"嘲讽"。

1　会谈内容参见：*FRUS*, 1958–1960, Volume X, Part 1, Eastern Europe Region; Soviet Union; Cyprus, pp.336–345；［美］尼克松：《六次危机》，北京大学法律系和中央民族学院研究室翻译组译，北京：商务印书馆，1972 年，第 375～379 页。

2　Kate A. Baldwin, *The Racial Imaginary of the Cold War Kitchen from Sokol'niki Park to Chicago's South Side*, Hanover: Dartmouth College Press, 2016, pp.2–3.

3　就目前笔者所掌握的档案，并没有发现精心策划的证据。尼克松在回忆录《六次危机》中记载，他和赫鲁晓夫是偶然站在台上的。另外，在一些专著中，也认为这是偶然发生的。例如：Irwin F. Gellman, *The President and the Apprentice Eisenhower and Nixon, 1952–1961*, 2015, p.523。

“美国建国 180 年才达到了现在的水平，而苏联到现在只有 42 年，再用 7 年，苏联将赶超美国。等苏联超过美国时，苏联会在远处向美国挥手致意，当然苏联也可以停下来等待美国迎头赶上。如果美国仍然选择资本主义制度，那是美国的内政，与苏联无关，但是苏联人会为美国人的选择感到遗憾。”他还再次抨击美国国会的决议案，拥抱身边的苏联工人，质问道：“这个人像一个奴隶劳动者吗？”[1] 尼克松并未作出正面回应，而是把话题转向两国应该有更多的思想交流，直言道：“你不必害怕思想，毕竟你不是什么都知道。”赫鲁晓夫立刻反驳道：“如果我不是什么都知道的话，那么你对共产主义除了害怕它，其他一无所知。”尼克松说在一些领域，苏联确实比美国强，比如火箭技术和太空项目的探索，而在另一些领域，美国要比苏联更加强大，比如彩电。赫鲁晓夫则丝毫不示弱，他表示苏联在任何领域都在赶超美国。尼克松随后表示希望两国能够在电视上播放对方领导人的讲话，赫鲁晓夫表示赞同，同时要求尼克松保证把两人在摄像机前的讲话完整地播放给美国人民，尼克松答应了这一请求。

尼克松在此次争论中，话语并不多，似乎对此准备的并不充分，赫鲁晓夫始终处于攻势，而他处于守势，在气场上尼克松一直被赫鲁晓夫压制。他必须抓住一个机会予以回击，而这个机会就是著名的“厨房辩论”。[2]

克松对“厨房辩论”是有所准备的。[3] 美国新闻署副署长艾伯特·沃什伯恩（Abbott Washburn）在尼克松出访前一周，递交给尼克松一份备忘录，明确告知尼克松“有关房屋的话题在那时候是最引人注目的”。并且，美国新闻署针对国家展

1 ［美］尼克松：《六次危机》，北京大学法律系和中央民族学院研究室翻译组译，北京：商务印书馆，1972 年，第 380 页。赫鲁晓夫拥抱身边的苏联工人，抨击国会决议案的场景在日后美国三大广播公司播出的 16 分钟录像中并未发现。但是，在尼克松的回忆录《六次危机》以及《纽约时报》的报道中都提到了这段。视频可见：https://www.c-span.org/video/?110721-1/nixon-khrushchev-kitchen-debate, 2018-05-09。

2 ［美］尼克松：《六次危机》，北京大学法律系和中央民族学院研究室翻译组译，北京：商务印书馆，1972 年，第 382 页。

3 “厨房辩论”是否是尼克松有意为之？就目前所掌握的材料来看，两部学术成果涉及此问题，都认为尼克松对“厨房辩论”有着充分的准备，绝不是偶然发生的。可见：Walter L. Hixson, *Parting the Curtain: Propaganda, Culture, and the Cold War, 1945–1961*, pp.176; Cristina Carbone, “Staging the Kitchen Debate: How Splitnik Got Normalized in the United States”, Ruth Oldenziel and Karin Zachmann eds., *Cold War Kitchen: Americanization*, *Technology*, *and European Users*, p.59。

览会制定了一份官方指南，尼克松对此有充分的研究，并在展览会中关于房屋的内容作出了详细的批注。[1]

尼克松和赫鲁晓夫在厨房展示区驻足，尼克松首先介绍了厨房的设备，声称这些设备都是最新的，而且很多家庭都在使用这些设备，正是因为这些厨房设备，才使得美国妇女的生活更加舒适。赫鲁晓夫声称在苏联，不会用这种“资本主义”态度去对待女士。尼克松反驳道，这是一种全球普适性的观点，即要让家庭妇女的生活更加便捷容易。随后尼克松进一步指出在美国，每个工人都可以买得起这种带有现代化家具设备的房屋，大约需要 14 000 美元，20～30 年就可以还完贷款。赫鲁晓夫反驳道，苏联的工人或者农民也能够付 14 000 美元买到类似的房子，而且美国的房屋只能住 20 年，而苏联的房屋子子孙孙都能居住。苏联人并没有因为这些设备而目瞪口呆，因为苏联也有这些最新的设备，在美国，只有花钱才能买到房屋，而在苏联，只要是公民就有房子住，即便是这样，美国还指责苏联人是共产主义的奴隶。显然，赫鲁晓夫是在展现社会主义制度的优越，抨击美国的资本主义制度。尼克松反击道，在美国，房屋的类型及其家具设备多种多样，美国人有选择的权利，而选择多样性以及选择的权利对美国人来说是至关重要的。在美国，政府不会决定房屋的类型，这与苏联相比是极大的不同。同时，尼克松反问道：讨论洗衣机的优缺点不是比讨论火箭力量的大小要好多了吗？这是苏联想要的竞争吗？尼克松用消费商品的多样性、自由选择的权利来彰显美国的自由与民主，一并讽刺苏联总是在炫耀武力，危及世界和平。赫鲁晓夫大为恼火，指责美国军方总是叫嚣着要用武力摧毁苏联。尼克松则表示两国都非常强大，所以两国都承担不起发生战争的代价，任何一个国家都不能采取单边主义措施。赫鲁晓夫认为这是一种威胁，质问道：“谁在使用单边主义政策？”随即表示苏联并不惧怕美国，苏联要比美国还要强大。随后，两人转向日内瓦外长会议的探讨上，两人均表示希望外长会议能够有所进展。最后，尼克松开玩笑说：“我恐怕没有当好主人”，赫鲁晓夫也对旁边的美国向导表示感谢，感谢他们让两人用厨房进行辩论。“厨房辩论”就此

1　转引自 Cristina Carbone, “Staging the Kitchen Debate: How Splitnik Got Normalized in the United States”, Ruth Oldenziel and Karin Zachmann eds., *Cold War Kitchen: Americanization, Technology, and European Users*, p.59。

结束。[1]

四、三次争论的影响

尼克松与赫鲁晓夫的在摄像机前讲话的视频于当天晚上被安派克斯公司紧急偷运送回美国，这是两国政府都未预料到的。[2] 7 月 25 日，汤普森大使紧急致电国务院，要求立即通知全国广播公司（NBC），在副总统没有指示前，决不能在电视台播放该录像，否则会严重影响尼克松的访苏行程。[3] 全国广播公司同意了大使馆的要求，但是并不能保证其他两家公司（ABC 和 CBS）能够遵守该要求。[4] 美国国务院做了大量的努力试图阻止美国电视台播放该录像，但是并未奏效。最终，三大电视广播公司统一决定于 7 月 25 日晚上 11 点播放尼克松和赫鲁晓夫在摄像机前的讲话，7 月 26 日上午重播该讲话。[5] 据统计，大约有 1 400 万家庭收看了这一特别节目，收视率为 31%，成为收视率最高的电视节目。[6] 尼克松于 7 月 24 日已经被提名

1 “厨房辩论”发生时是有视频记录的，然而遗憾的是由于工作人员失误将其删除了。目前所能看到的视频是两人第二次辩论时的场景，并不是真正的“厨房辩论”。有关“厨房辩论”的内容都是当时在场人士的回忆记录，因此关于“厨房辩论”内容的记载有所不同，甚至完全不同，例如尼克松和赫鲁晓夫在回忆录中都有该场景的记述，但是内容几乎完全不同，在赫鲁晓夫的回忆录中，他强调尼克松承认很多展示品并没有进入市场，说明这些展示品都是虚假宣传，见［苏］赫鲁晓夫：《最后的遗言——赫鲁晓夫回忆录续集》，李文政等译，北京：中国广播电视出版社，1988 年，第 373～376 页。有学者将两人回忆录中有关“厨房辩论”的内容做了对比，但并未论述哪种版本更为真实，见：John W. Larner, “Judging the Kitchen Debate,” *OAH Magazine of History*, Vol. 2, No. 1 (Summer, 1986), pp. 25–27。

2 据美国国家展览会协调员吉尔伯特·罗宾逊（Gilbert Robinson）透露，安派克斯公司偷运录像带送回美国的行为，是美国国家展览会总设计师麦克莱伦指使所为。详情见 https://www.c-span.org/video/?300285-1/1959-kitchen-debate&start=1998, 2018–05–09。

3 NARA, RG59, 1955–1959 Central Decimal File, Box163, Telegram from Moscow to Secretary of State, No. 300, July 25, 1959.

4 NARA, RG59, 1955–1959 Central Decimal File, Box163, Telegram from Moscow to Secretary of State, No. 302, July 25, 1959.

5 NARA, RG59，1955–1959 Central Decimal File, Box163, Telegram from Department of State to Amembassy Moscow, No. 312, July 25, 1959.

6 转引自 Irwin F. Gellman, *The President and the Apprentice Eisenhower and Nixon, 1952–1961*, p. 524。

为共和党总统候选人，参加 1960 年的总统竞选活动。[1] 该节目的播出对于尼克松本人声望的提高，以及随之而来的总统竞选活动有着巨大的促进作用。1959 年 9 月份的一次盖洛普民意调查显示，尼克松的支持率首次超过肯尼迪，这很大程度上归功于尼克松与赫鲁晓夫的辩论。[2]

“厨房辩论”虽未留下视频资料，但是《纽约时报》《新闻周刊》《时代》等纷纷刊文报道此事，影响力也非常巨大。在这场辩论中，表面上是在讨论厨房中的家具设备，实际上是在辩论资本主义制度与社会主义制度的优越性。厨房尤其是现代厨房，是技术进步的一种表现，厨房使得人民大众享受到技术进步所带来的红利。而技术的进步是国力强盛的重要标志，无论是在纽约的苏联国家展览会中的“斯普尼特克”号卫星模型，还是在莫斯科的美国国家展览会中的现代化厨房，都能展现国家科技实力的强大，展现对方国家所没能达到的成就，以此表明国家制度的优越性。美国展览会的现代化厨房更能贴近人民大众的生活，使苏联人民更加直观地感受到美国人民生活的优越性，以此动摇苏联人民对于社会主义制度的信心。

尼克松此次与赫鲁晓夫的争论，对美国和苏联人民都产生了巨大的影响。一方面，美国电视台所播出的两人辩论影像以及报纸所刊登的“厨房辩论”，使得大多数美国人民将尼克松看成是美国国家利益的捍卫者，勇敢地反击了赫鲁晓夫粗暴的言论，使其声望大增。另一方面，这是战后美国国家领导人第一次访问苏联，从而促进了苏联人民对于美国的了解，也使得国际局势得到了缓和。而苏联人民意识到了美国国家实力的强大，美国人民生活方式的优越，也促进了美国对苏文化冷战的进一步实施。

结　语

尼克松与赫鲁晓夫的三次争论，其核心在于国家体制之争，即社会主义制度与

1　*New York Times*, July 25, 1959, p.4.

2　Michael R. Beschloss, *The Crisis Years Kennedy and Khrushchev 1960–1963*, New York: Harper Collins, 1991, p.14.

资本主义制度孰优孰劣。就尼克松访苏目的来看，两人的争论有其必然性，宣传美国自由、民主的价值观定会招致苏联方面的反击。从两人争论内容来看，美国对苏宣传的策略发生一定程度的变化。20 世纪 50 年代初期美国对苏宣传着重攻击共产主义制度的种种弊端，到了 50 年代末期，尼克松在争论过程中回避对共产主义意识形态的攻击，而是展现美国人民优越的生活方式，塑造美国繁荣富强的国家形象。[1] 从宣传效果上来看，尼克松基本达到了出访前所设立的目标，个人的声望也有巨大的提升。

长远来看，两人的争论显示了美苏两国竞争领域的变化。在冷战初期，美苏两国都注重政治、经济和军事的斗争，以此展现本国社会制度的优越性。50 年代中后期，形势发生了变化。苏联仍然致力于军事科学技术的竞争，太空领域的技术取得了突破性进展，而美国却开辟了“另一个战场”，率先将竞争领域转向了人民生活水平的竞争。尼克松在与赫鲁晓夫的争论中，着重强调美国人民优越的生活条件，以“消费主义”为导向，对比苏联人民相对落后的生活水平，以此证明美国资本主义制度的优越性。苏联在冷战中最终没能战胜美国，其中一个重要原因在于苏联过于追求科学技术尤其是军事技术的进步，而忽视了人民生活水平的提高，美苏两国生活条件的差距最终动摇苏联人民对于社会主义制度的信心。

（本文原刊于《近现代国际关系史研究》第 15 辑，2018 年）

1　关于美国冷战宣传史的研究，可参见翟韬：《“文化转向”与美国冷战宣传史研究的兴起与嬗变》，《世界历史》2018 年第 3 期。

美国撤离土耳其“朱庇特”导弹的决策、交涉及影响

吴林章*

【摘要】20 世纪 50 年代末，美国将可携带核弹头的“朱庇特”导弹部署在土耳其。除遏制苏联的军事需要之外，“朱庇特”导弹对土耳其还有着重要的政治和心理价值。古巴导弹危机期间，美国一方面决定撤走“朱庇特”导弹来换取苏联撤走古巴导弹，另一方面采取措施避免此举破坏美土关系。不过，美国在提供补偿方面未能满足土耳其的要求。“朱庇特”导弹的撤离导致土耳其对美国信任度下降，弱化了美土同盟关系，迫使土耳其政府重新审视之前“亲西方”的对外政策，继而转向更加独立自主的多元外交。美土两国围绕“朱庇特”导弹撤离产生的纠纷，反映出冷战时期美国与其盟国由于国际地位和综合实力相差悬殊和审视问题的视角不同，难以形成共同的利益诉求和战略意志。

【关键词】美国；土耳其；“朱庇特”导弹；古巴导弹危机；美土同盟

“朱庇特”（Jupiter）导弹是 20 世纪 50 年代末美国开发的“中程弹道导弹”（IRBM）中的一个型号，用于部署在北约盟国意大利和土耳其。在古巴导弹危机的解决过程中，美苏两国达成秘密协议，美国以放弃在土耳其的“朱庇特”导弹为代价换取苏联撤走古巴导弹。随后，美土两国在撤离导弹的方式和补偿方案等问题

---

* 吴林章，河北师范大学历史文化学院讲师。

上产生了一系列矛盾，这反映出冷战时期美国及其盟国在处理国际事务的着眼点和利益诉求方面存在分歧。

目前国内外学术界对土耳其“朱庇特”导弹问题的研究，主要是放在古巴导弹危机的框架内展开的，[1] 也有部分学者在研究美土关系时涉及相关议题。[2] 总体而言，学界对美国撤离“朱庇特”导弹决策中关于土耳其因素的考虑，特别是美土交涉过程，缺乏专门论述，有关这一事件对美土关系的影响着墨较少。笔者通过解读史料发现，美苏之间的“导弹交易”[3] 行为破坏了土耳其对美国的信任，而后美国在补偿条件上未能满足土耳其的要求，加深了两国间的信任危机，促使土耳其重新审视过往的“亲西方”对外政策。本文拟在前人研究成果的基础上，综合利用美国国家第二档案馆馆藏档案、《美国对外关系文件集》（FRUS）、数字化国家安全档案（DNSA）、美国解密档案在线系统（USDDO）等已刊档案，辅以部分苏联和土耳其文献资料，对美国撤离“朱庇特”导弹的决策，以及随后与土耳其方面的交涉过程进行整体性考察，探究美土在该问题上存在分歧的根源及其产生的影响。

一、“朱庇特”导弹的部署与早期替代方案

20 世纪 50 年代，随着导弹技术的发展，美国和苏联都意识弹道导弹将在未

---

1 相关研究成果见：Philip Nash, *The Other Missiles of October: Eisenhower, Kennedy, and the Jupiters, 1957–1963,* Chapel Hill N.C.: University of North Carolina Press, 1997; Nur Bilge Criss, “Strategic Nuclear Missiles in Turkey: the Jupiter Affair, 1959–1963,” *Journal of Strategic Studies,* 20:3, 1997, pp.97–122; Barton J. Bernstein, “The Cuban Missile Crisis: Trading the Jupiters in Turkey? ” *Political Science Quarterly*, Vol.95, No.1 (Spring, 1980), pp. 97–125; 赵学功：《十月风云——古巴导弹危机研究》，天津：天津人民出版社，2009 年。

2 相关研究成果见：Nasuh Uslu, *The Turkey-American Relationship between 1947 and 2003, the History of a Distinctive Alliance,* New York: Nova Science Publishers, Inc. 2003; Bruce R. Kuniholm, “Turkey’s Jupiter Missiles and the U.S.-Turkish Relationship, ” Douglas Brinkley and Richard T. Griffiths, *John F. Kennedy and Europe*, Baton Rouge: Louisiana State University Press, 1999; Süleyman Seydi, “Turkish American Relations and the Cuban Missile Crisis 1957–1963,” *Middle Eastern Studies*, vol.46, no.3, May 2010, pp.433–455。

3 “导弹交易”（Turkey-Cuba missile trade）指的是在古巴导弹危机期间美国决策层探讨的“以撤走美国在土耳其和意大利的‘朱庇特’导弹，换取苏联同意撤除古巴导弹”的方案。美苏间的“导弹交易”通过秘密渠道进行，美国在公开场合一直拒绝承认该方案的存在。

来战争中发挥重要作用，并将其作为重点发展目标。1955 年艾森豪威尔政府批准了“宇宙神”（Atlas）、“大力神”（Titan）两种洲际弹道导弹（ICBM）和“雷神”（Thor）、“朱庇特”（Jupiter）两种中程弹道导弹[1]的发展计划，后两者主要用于部署在欧洲盟国。随着 1957 年 8 月 26 日苏联率先试射了首枚洲际弹道导弹，同年 10 月 4 日又成功发射了第一颗人造地球卫星，美国朝野上下都认定“苏联在远程弹道导弹方面已经具有重要的，甚至是决定性的优势地位”。[2]由此产生了困扰美国和北约盟国“导弹差距”。[3]为了弥补在弹道导弹研发上落后于苏联的局面，安抚盟国的心理，同时也为满足北约盟国分享核武器控制权的需求，艾森豪威尔政府开始加快推进在欧洲盟国部署中程弹道导弹的计划。通过一系列谈判与磋商，在 1957 年 12 月的巴黎首脑会议上，北约正式作出了将中程导弹部署在欧洲盟国的决议。

中程导弹计划出台伊始，土耳其便表现出了浓厚的兴趣。在北约巴黎首脑会议上，土耳其总理阿德南·曼德列斯（Adnan Menderes）表示，“中程导弹和其他种类的核武器应该尽可能多的被部署在所有的北约国家，并有效地发挥它们的功效”。[4]外长法廷·佐鲁（Fatin Zorlu）认为“拥有携带核弹头的导弹，是保护我们自己的唯一方式”。[5]在谈判阶段，“土耳其领导人和军方对于获得导弹的渴望，远远超过美国向他们提供导弹的热情”。[6]土耳其迫切希望引入中程导弹的大背景，同当时的国内局势和外部环境密切相关。其一，自凯末尔革命以来，土耳其选择了“西方化”的发展道路，力求通过同欧美国家的密切合作融入西方世界当中；其二，二战结束后，苏土关系的恶化使土耳其面临的军事威胁与日俱增。受上述两方面因素影响，土耳其在 20 世纪 50 年代加入北约，通过北约集体防御条约来保障国家安全，并与美国结成战略同盟。作为依照北约决议部署在欧洲的武器系统，土耳其从

1　下文简称“中程导弹”。

2　［美］麦乔治·邦迪：《美国核战略》，褚广友等译，北京：世界知识出版社，1991 年，第 455 页。

3　所谓“导弹差距”是指 1957 年随着苏联率先成功试射洲际弹道导弹以及发射人造卫星，美国领导层认为苏联在洲际导弹方面已经取得了重要的甚至是决定性的优势地位。该观点一直持续到 1961 年，但后来事实证明所谓的“导弹差距”实际上是不存在的。

4　Philip Nash, *The Other Missiles of October: Eisenhower, Kennedy, and the Jupiters, 1957–1963,* p.65.

5　Philip Nash, *The Other Missiles of October: Eisenhower, Kennedy, and the Jupiters, 1957–1963,* p.65.

6　Nasuh Uslu, *The Turkey-American Relationship between 1947 and 2003, the History of a Distinctive Alliance,* p.136.

军事、政治和心理三方面因素的考虑，决定接受“朱庇特”导弹。在军事上，土耳其希望通过引入威慑性武器来增强本国的军事实力，以便能够更有效地抵御苏联的军事威胁，改善安全环境。在政治层面，土耳其政府和军方将中程导弹作为政治资产来提升本国在北约中的声望和地位，密切与超级大国（美国）间的同盟关系，以此获得来自西方国家更多的经济和军事援助。[1]而在心理层面，“朱庇特”导弹象征着北约盟国对土耳其的安全保证，能够给土耳其政府和民众带来安全感。

事实上，在商讨部署中程导弹候选国家的时候，土耳其最初并不在候选名单的前列。时任美国驻欧洲盟军最高司令的劳里斯·诺斯塔德（Lauris Norstad）曾反对将导弹部署在土耳其，认为“将中程导弹部署在苏联边境地区可能会刺激苏联，并引发其他欧洲国家的焦虑情绪”。[2]而土耳其也不具备维持弹道导弹运转所需的工业基础。但是随着先前北约属意的候选国法国、联邦德国、希腊等国由于安全、财政以及核武器控制权方面的原因而先后退出该计划，加之在谈判过程中表现出的强烈部署意愿，土耳其最终和英国、意大利一道成为接受中程导弹的三个国家。经协商，北约最终决定在土耳其部署 15 枚“朱庇特”导弹，并于 1959 年 9 月 18 日正式签署协议。依照协议，导弹及核弹头将基于“双重钥匙原则（Dual-key）”[3]进行管理，土耳其的“朱庇特”导弹按计划将于 1961 年底完成部署。

尽管部署过程历尽周折，但是在 20 世纪 50 年代末美国的弹道导弹发展计划当中，洲际弹道导弹才是核心，中程导弹只是弥补前者数量和技术上不足的“权宜之计”。在技术方面，“朱庇特”属于第一代液体燃料中程导弹，存在着发射准备时间长、易被摧毁等缺陷。随着弹道导弹技术的飞速发展，“朱庇特”导弹已濒临淘汰。在战略层面，中程导弹计划脱胎于艾森豪威尔政府的“大规模报复战略”，主要用于先发制人的核打击。由于肯尼迪政府将北约战略逐步调整为强调二次核打击能

---

1 Nasuh Uslu, *The Turkey-American Relationship between 1947 and 2003, the History of a Distinctive Alliance,* pp.137–138; Kemal H. Karpat, *Turkey's foreign policy in transition 1950–1974,* Leiden: Brill Press, 1975, pp.41–42.

2 Philip Nash, *The Other Missiles of October: Eisenhower, Kennedy, and the Jupiters, 1957–1963,* p.45.

3 “双重钥匙原则”是 20 世纪五六十年代北约的一种核武器管理机制，是指由盟国购入核武器投掷工具，装备到北约武装力量之中，同时美国保留核弹头的所有权。核武器只有在获得北约授权，并得到美国和投掷系统拥有国双方一致同意才能使用。

力的“灵活反应战略”，以“北极星”（Polaris）为代表的海基弹道导弹由于隐蔽性高、生存能力强而受到美国政府和军方的青睐。除此之外，部署在土耳其的“朱庇特”导弹对苏联西南腹地构成了严重威胁，加剧了地缘政治上的紧张。苏联领导人多次指责北约“试图构建针对苏联的地中海核导弹轴心”，对土耳其进行谴责并发出战争威胁。美国也有分析人士意识到土耳其的导弹基地可能会刺激苏联将核武器部署在美国的周边，尤其是古巴。[1] 出于军事和政治原因的考虑，在土耳其“朱庇特”导弹基地建设尚未完工之时，美国便已准备放弃该项计划。

1961 年 1 月，时任美国原子能委员会（AEC）主席约翰·麦科恩（John McCone）在视察欧洲的导弹基地后指出，意大利和土耳其的“朱庇特”导弹非常不安全，建议用携带“北极星”导弹的核潜艇来替换它们。[2] 2 月 25 日，原子能委员会向总统肯尼迪递交了一份“关于美国和北约核武器部署”的研究报告，指出了“朱庇特”导弹存在种种缺陷，并不能加强美国和北约盟国的安全，反而有可能遭到苏联先发制人的打击。报告要求终止“朱庇特”导弹项目，用部署在地中海的“北极星”导弹取而代之。[3] 综合上述考虑，肯尼迪在 3 月 29 日的国家安全委员会会议上指令国务院、国防部和中情局对土耳其的中程导弹项目进行评估，研究“用‘北极星’潜艇替换第一代中程导弹是否更符合土耳其利益”。肯尼迪也考虑到取消部署计划可能在政治上面临困难，所以提议“仅向土耳其表达取消部署的意愿”，

---

1 关于土耳其导弹基地可能会刺激苏联将导弹运进古巴的考虑，在 1961 年 2 月参议员阿尔伯特·戈尔（Albert Gore）在外交委员会讨论会上指出“美国在土耳其部署核导弹是一种挑衅行为，需要慎重考虑”，并提出“如苏联将携带核弹头的导弹运进古巴，我们当如何应对？”助理国务卿鲍尔斯（Chester B. Bowles）也认为“如果苏联在古巴建设导弹基地，我们会非常愤怒，但我们却在土耳其建立了导弹基地，这是一种危险的‘双重标准’”。而赫鲁晓夫决定在古巴部署导弹，确实受到了美国在土耳其部署“朱庇特”导弹的影响，他在回忆录中承认：“在 1962 年访问保加利亚期间，他想到要找到一种同美国抗衡的办法。美国在我们的周围部署了导弹，我们知道美国的导弹部队驻扎在土耳其和意大利……难道不可以用其人之道，还治其人之身吗？”参见 Philip Nash, *The Other Missiles of October: Eisenhower, Kennedy, and the Jupiters, 1957–1963,* p.95；［俄］尼基塔·谢·赫鲁晓夫著：《赫鲁晓夫回忆录（全译本修订版）》，第三卷，述弢译，北京：社会科学文献出版社，2006 年，第 2156 页。

2 DNSA, “Memorandum of Conference with the President,” January 13, 1961, Item Number: CC00031.“北极星”导弹是 20 世纪 50 年代末美国海军开发的一种潜射弹道导弹（SLBM），在美国的文献材料和学术专著中一般用“北极星潜艇”（Polaris Submarine）来指代携带“北极星”导弹的弹道导弹核潜艇，文内借用该表述。

3 Nur Bilge Criss, “Strategic Nuclear Missiles in Turkey: the Jupiter affair, 1959–1963,” *Journal of Strategic Studies,* 20:3, pp.107–108.

如果土耳其方面表示反对，那么美国不应就此事施压。[1] 与此同时，肯尼迪指示国务卿腊斯克在中央条约组织（CENTO）会议上同土耳其代表就此事展开接洽。

正如美国方面所预料，终止“朱庇特”导弹项目的建议遭到了土耳其的坚决反对。当腊斯克在中央条约组织会议上向土耳其外长塞利姆·萨佩尔（Selim Sarper）提出取消“朱庇特”导弹计划时，萨佩尔的反应相当激烈，他指出土耳其政府递交的“朱庇特”导弹项目预算刚刚得到大国民议会批准，如果在此时取消该项目将会使土耳其政府非常难堪。并且在部署“北极星”潜艇之前便取消“朱庇特”导弹项目会动摇土耳其人的意志，因为坐落在土耳其领土上的“朱庇特”导弹是美国保障土耳其安全的坚实证据，它对提升土耳其国民的自信心非常重要，而游弋在地中海上的“北极星”潜艇则起不到这种效果。[2] 5 月 12 日土耳其总统杰马勒·古尔塞勒（Cemal Gursel）指令萨佩尔同诺斯塔德通电话，萨佩尔表示“不能仅从军事的角度衡量‘朱庇特’导弹具有的价值，还应考虑该计划之于土耳其的政治和心理意义”。萨佩尔还希望诺斯塔德作为欧洲盟军最高司令，能够谨慎客观衡量“朱庇特”导弹所拥有的价值。[3]

土耳其方面的不妥协态度，促使美国重新考虑是否应终止“朱庇特”导弹项目。经多方研究后，政策设计司（Policy Planning Staff）对肯尼迪要求重新研究土耳其中程导弹的指令作了总结，认为“基于赫鲁晓夫在维也纳峰会[4] 上的强硬立场，取消中程导弹计划可能会被视为向苏联示弱的表现”。并且鉴于土耳其方面的坚决态度，劝说他们放弃中程导弹会很困难。因而得出土耳其“朱庇特”导弹计划不应被取消的结论。[5] 肯尼迪最终认可了这一观点，土耳其“朱庇特”导弹基地的建设得以继续进行，并于 1962 年 10 月正式投入使用。

---

1 NARA, RG 59, General Records of the Department of States, Policy Plannig Staff-Council Country Files, 1947–1962, Box 32, "Memorandum from George C. McGhee to the Under Secretary," April 14, 1961.

2 Dean Rusk, *As I saw It*, New York: W. W. Norton, 1990. p.239; Philip Nash, *The other missiles of October: Eisenhower, Kennedy, and the Jupiters, 1957–1963,* p.98.

3 FRUS, 1961–1963, Vol.16, Eastern Europe; Cyprus; Turkey, Washington: United States Government Printing Office, 1994, pp.699–701; DNSA, "Telegram from Stoessel to the Secretary of State," May 14,1961, Item Number: CU00175.

4 指 1961 年 6 月 3 日至 4 日肯尼迪同赫鲁晓夫在维也纳举行的首脑会谈。

5 FRUS, 1961–1963, Vol.16, Eastern Europe; Cyprus; Turkey, pp.703–704.

从肯尼迪政府放弃取消该项目可以看出，决定“朱庇特”导弹去留的主要因素来自政治层面，一是盟国土耳其的意愿，二是国际局势的变化。正因如此，随着古巴导弹危机的爆发，美国和土耳其所面临的外部环境都发生了改变，“朱庇特”导弹问题也被推到了风口浪尖。

二、美国“导弹交易”决策中的土耳其因素

1962 年 10 月 16 日当美国通过空中侦察确认苏联正在古巴建设导弹基地后，究竟应采取何种手段解决古巴危机成为高层争论的焦点。在考虑使用军事手段摧毁古巴导弹基地的同时，美国也在探讨通过谈判的方式使苏联放弃在古巴部署导弹。在分析苏联将导弹运进古巴的决策动机时，国家安全事务助理麦乔治·邦迪（McGeorge Bundy）认为土耳其导弹基地是赫鲁晓夫的主要目的所在，“他是想让美国感受在自己眼皮底下设置导弹基地的滋味”。苏联问题专家卢埃林·汤普森（Lewellyn Thompson）也估计到“赫鲁晓夫此举或许是为了促使美国从土耳其撤走‘朱庇特’导弹”。[1] 加之“朱庇特”导弹在技术上已经落伍，一年前美国便已考虑放弃。因而美国决策层很快意识到这是换取苏联撤走古巴导弹最为合适的筹码，并开始论证同苏联进行“导弹交易”的可行性。

美国驻联合国代表阿德莱·史蒂文森（Adlai E. Stevenson）在 10 月 17 日最早建议肯尼迪同赫鲁晓夫讨论以拆除美国在土耳其和意大利的导弹基地换取苏联撤走古巴导弹。[2] 在 10 月 18 日和国家安全委员会执行委员会（简称执委会）会议和 20 日的国家安全委员会会议上，肯尼迪都提议就撤走土耳其的导弹问题进行讨论，国防部长麦克纳马拉和麦乔治·邦迪考虑到在古巴采取军事行动可能导致土耳其导弹基地遭到苏联的报复，所以对肯尼迪的提议表示赞同。10 月 24 日，国务院欧洲事务助理国务卿威廉·泰勒（William R. Tyler），近东事务助理国务卿菲利普·塔尔

---

1 赵学功：《十月风云——古巴导弹危机研究》，天津：天津人民出版社，2009 年，第 203、207 页。

2 FRUS, 1961-1963, Vol.11, Cuban Missile Crisis and Aftermath, Washington: United States Government Printing Office, 1996, p.101.

伯特（Phillips Talbot）、政策设计署主任沃尔特·罗斯托（Walt Rostow）联名向腊斯克提交了一份备忘录，旨在探讨迫使苏联撤走古巴导弹的方案。备忘录建议私下里同土耳其和意大利政府磋商，敦促两国发布一份联合声明，宣布在地中海地区海基核力量部署就绪后便同意撤走本国的陆基中程导弹。[1]

美国决策层对同苏联进行“导弹交易”存在两方面的顾虑。首先是对北约联盟的稳定性的担忧，“朱庇特”导弹是依据北约决议部署在土耳其的，北约盟国可能会把“导弹交易”视作美国为了维护自身的安全而出卖盟友利益的行为，甚至可能造成北约的瓦解。中情局局长麦科恩、财政部部长道格拉斯·狄龙（Douglas C. Dillion）、国防部部长助理保罗·尼采（Paul H. Nitze）均对导弹交易方案持反对意见，在他们看来，土耳其“朱庇特”导弹虽然性能落后，但在此时却有重要象征意义。如果以牺牲土耳其的利益换取美国的安全，势必造成西方盟国的动摇。[2] 其次是对美土关系的冲击，在古巴导弹危机之前美国劝说土耳其放弃“朱庇特”导弹的尝试便遭到了坚决反对，土耳其在军事上依赖于美国和北约的保护，在政治上也不是一个稳定的国家。罗斯托和国务院情报研究室主任罗格·希尔斯曼（Roger Hilsman）都曾指出，美国单方面撤走“朱庇特”导弹可能会导致土耳其政府的垮台，甚至会增加土耳其摆脱北约的“中立”主义倾向，或迫使他们采取措施缓和同苏联阵营的关系。[3] 腊斯克认为“古巴与土耳其的导弹基地不具有可比性，将消除古巴的威胁与撤除‘朱庇特’导弹相连，可能会产生危及美土关系以及土耳其在北约中地位的政治军事问题，因此需要谨慎处理以避免伤害美国同重要盟国土耳其的关系。”[4] 鉴于上述两点考虑，腊斯克分别致电驻土耳其大使雷蒙德·黑尔（Raymond A. Hare）和美国驻北约代表托马斯·芬莱特（Thomas K. Finletter），要求他们就撤走“朱庇特”导弹可能造成的政治影响进行评估。

---

1 DNSA, “Memorandum from Tyler, Rostow and Talbot to the Secretary,” October 24, 1962, Item Number: CU00695.

2 赵学功：《十月风云——古巴导弹危机研究》，天津：天津人民出版社，2009 年，第 251 页。

3 DNSA, “Research Memorandum from Roger Hilsman to the Secretary of State,” October 27, 1962, Item Number: CC01514.

4 NARA, RG 59, Central Decimal Files, 1960-1963, Box 2047, “Telegram from the Secretary to Ambassadors Hare and Finletter,” October 24,1962.

黑尔和芬莱特分别依据腊斯克的指令作了评估。黑尔指出，“土耳其是骄傲且勇敢的民族，他们非常厌恶将自己与苏联的傀儡古巴同等看待，特别是这样的观点来自西方阵营”。如果在解决古巴危机的背景下撤走“朱庇特”导弹，势必对美土关系甚至北约联盟的稳定造成冲击。土耳其人可能会感到他们的利益被盟国拿来同敌人妥协，那么美国可能面临失去土耳其这一极具军事价值的盟友的风险。他建议如果必须撤走“朱庇特”导弹，那么这一进程应在北约的框架内进行，并且应提供合适的补偿方案，包括部署“北极星”潜艇和提供其他军事装备。[1] 芬莱特也强调，“土耳其人将‘朱庇特’导弹视为盟国不惜使用核武器保卫土耳其的象征，而‘朱庇特’导弹落后、易被摧毁的缺陷并不影响土耳其人的上述认识，因此任何撤走导弹的建议都无法得到土耳其政府的支持”。即使在迫不得已情况下需撤走“朱庇特”导弹，那也只能在核裁军的框架内进行。对于补偿方案，芬莱特提议组建一支隶属于北约南方司令部的舰艇编队，搭载“北极星 A-2”导弹。该舰艇编队将部署在地中海地区，由来自美国、土耳其、意大利和希腊的混合艇员编队来操控。[2] 黑尔和芬莱特都强调了土耳其人对“朱庇特”导弹的重视，说服他们放弃导弹会非常困难，需要在合理的“框架”内解决并提供补偿方案。综合多方面因素考虑，肯尼迪政府逐渐倾向于采取将土耳其与古巴导弹分开处理的双轨政策，一方面公开表示土耳其导弹同古巴导弹不具有可比性，另一方面私下承认“导弹交易”不可避免，并尝试将撤走“朱庇特”导弹放在其他“框架”内进行。

与此同时，苏联也考虑以撤走古巴导弹换取美方的某些让步，其中就包含撤走“朱庇特”导弹。1962 年 10 月 27 日，赫鲁晓夫通过莫斯科广播电台播发了致肯尼迪的信件，公开要求从土耳其撤走美国导弹换取苏联撤走古巴导弹。[3] 赫鲁晓夫的公开声明遭到了土耳其方面的谴责，也给“导弹交易”制造了困难。美国一直希望在秘密的条件下同苏联做交易，如果在公开的条件下接受苏联的条件，北约联盟和美土关系的稳定必将受到冲击。肯尼迪承认赫鲁晓夫的公开信使撤走土耳其导弹变

1 DNSA, “Telegram from Ankara to the Secretary of State, ” October 26,1962, Item Number: CU00765.

2 FRUS,1961-1963, Vol.11, Cuban Missile Crisis and Aftermath, pp.213-215; DNSA, “Telegram from the Paris to the Secretary of State,” October 25, 1962, Item Number: CC01328.

3 “赫鲁晓夫致肯尼迪的信”，1962 年 10 月 27 日，沈志华主编：《苏联历史档案选编》第 29 卷，北京：社会科学文献出版社，2002 年，第 128～132 页。

得非常困难，他们已经无法同土耳其私下讨论“朱庇特”导弹问题。[1] 但是此时古巴局势正在急剧升温，根据空中侦察，古巴的导弹基地建设已经接近完工，而 27 日又发生了 U-2 侦察机在古巴被苏联击落的事件，军事冲突已经一触即发，事态的紧急迫使美国必须尽快作出抉择。

在 27 日的执委会上，美国政府各部门对如何应对古巴导弹危机以及是否撤走“朱庇特”导弹等问题进行了激烈的讨论。麦乔治・邦迪等人提醒总统撤走土耳其导弹对美土关系造成的损害，然而肯尼迪决定不惜一切代价避免美苏之间的军事对抗，因为他意识到“导弹交易”虽然会造成美国和土耳其之间关系的紧张，甚至会出现暂时破裂，但这总好过发动一场战争。[2] 麦克纳马拉指出“如果我们在保留土耳其导弹的情况下入侵古巴，那么苏联将会进攻土耳其，而我们也将被迫进行还击……但我们应当尽量不留给苏联进攻土耳其的机会”。副总统林登・约翰逊也认为“既然不打算使用土耳其导弹基地，那么应放弃它们换取苏联撤走在古巴的导弹”。[3] 经激烈讨论，与会者最终达成一致意见，认为通过军事手段清除古巴的导弹基地代价过大，而“用土耳其导弹同古巴导弹做交易是非常有价值的”。不过应当避免给人以交易的印象，而是要向北约盟国说明“美国将被迫进攻古巴，导弹仍将留在土耳其”。[4] 关于是否应通知土耳其方面，肯尼迪曾提议鼓励土耳其或其他北约国家公开提出用土耳其导弹同古巴导弹作交易，然后美国接受这一建议。这样美国声誉的损害会小一些。[5] 但助理国务卿乔治・鲍尔（George W. Ball）认为暂时不要向土耳其人提及撤走导弹一事，以免引起土耳其人的激烈反应。腊斯克也表示撤走土耳其导弹一事应在将来放在北约框架内解决，而不要与古巴导弹问题联系在一起。[6] 经权衡利弊，肯尼迪最终决定事先不告知土耳其。27 日晚，美国司法部长罗伯特・肯尼迪（Robert F. Kennedy）接受总统指令同苏联驻美大使多勃雷宁（Anatoly Dobrynin）举行了秘密会谈，在会谈中罗伯特・肯尼迪承诺“美国会在

1 FRUS,1961－1963, Vol.11, Cuban Missile Crisis and Aftermath，p.253.

2 Dean Rusk, *As I saw It*, p.241.

3 FRUS, 1961－1963, Vol.11, Cuban Missile Crisis and Aftermath, p.267.

4 Philip Nash, *The other missiles of October: Eisenhower, Kennedy, and the Jupiters, 1957－1963,* p.136.

5 赵学功：《十月风云——古巴导弹危机研究》，天津：天津人民出版社，2009 年，第 369 页。

6 FRUS, 1961－1963, Vol.11, Cuban Missile Crisis and Aftermath, p.253.

4～5 个月内撤走土耳其的导弹，但是需要在北约的范围内完成一些程序”，他还表示“当前关于土耳其的问题需要保密”。[1] 次日，赫鲁晓夫在致肯尼迪的信中表示同意撤走苏联在古巴的导弹，而在该信中并未提及土耳其导弹的事项。[2] 同日赫鲁晓夫还通过多勃雷宁向肯尼迪总统递交了一份密信，同意就土耳其导弹问题继续保持沟通，并对肯尼迪总统不希望公开讨论土耳其导弹问题的立场表示理解。[3] 随着苏联拆除古巴导弹基地，历时 13 天的古巴导弹危机最终以非军事手段得到解决。

在古巴导弹危机期间，“导弹交易”成为解决危机关键。先前单从军事角度考虑淘汰“朱庇特”导弹时，美国尚顾及美土关系并未作出决断。当古巴导弹危机进入白热化阶段，对肯尼迪来说“压倒一切的是要避免战争，特别是核战争”，对美土关系的影响只能在这一框架内加以考量。因为解决古巴导弹危机的时间非常紧迫，为不使事态复杂化，美国选择背着土耳其进行“导弹交易”，日后再与其交涉并提供补偿。但是由于“土耳其非常渴望他们的国家能装备现代化的武器，而一旦他们达到这样的目的，就不希望做任何形式的让步或修改”。[4] 因此，同土耳其的磋商必然是非常艰难的过程。

三、土耳其对撤离“朱庇特”导弹的态度

古巴导弹危机爆发后，土耳其政府立即表态支持美国的行动，忠实履行作为北约成员国的职责。10 月 23 日土耳其总理伊斯梅特·伊诺努（Ismet Inonu）致信肯尼迪，表示土耳其完全支持美国在古巴危机期间所采取的行动，并准备给予美国政

1　“多勃雷宁致苏联外交部电报摘录”，1962 年 10 月 27 日，沈志华主编：《苏联历史档案选编》第 29 卷，第 137 页；［苏］阿纳托利·多勃雷宁：《信赖——多勃雷宁回忆录》，北京：世界知识出版社，1997 年，第 98 页。

2　“赫鲁晓夫致肯尼迪的信”，1962 年 10 月 28 日，沈志华主编：《苏联历史档案选编》第 29 卷，第 150～154 页。

3　“赫鲁晓夫致肯尼迪的密信”，1962 年 10 月 28 日，沈志华主编：《苏联历史档案选编》第 29 卷，第 156 页。

4　Philip Nash, *The other Missiles of October: Eisenhower, Kennedy, and the Jupiters, 1957–1963*, p.67.

府一切必要帮助。[1] 总统古尔塞勒也表示“美国是土耳其的朋友和盟友，我们必须支持美国在古巴危机中的立场，并尊重北约联盟所采取的一切行动”。[2] 可以说，土耳其政府和社会都非常信任美国这个盟友，不相信美国会做出有损于北约团结的事情。[3]

美国决策层在讨论“导弹交易”时并未向土耳其方面透露相关信息，但是众多西方媒体在报道中将土耳其与古巴导弹基地联系起来，这引发了土耳其方面的警觉。10 月 25 日美国著名专栏作家沃尔特·李普曼（Walter Lippmann）在《华盛顿邮报》撰文称“解决（古巴）僵局的一条途径，是肯尼迪撤回在土耳其的‘朱庇特’导弹换取赫鲁晓夫拆除在古巴的导弹”。[4] 媒体的声音引发了土耳其方面的不满，担忧这是西方国家政府释放出的信号。土耳其认为他们在古巴导弹危机中切实地履行了对盟国的责任，理应受到尊重，他们不能接受自己的安全利益被拿来同敌国做交易。并且“朱庇特”导弹是依据北约决议部署的，而苏联将导弹运进古巴是挑衅性的秘密行径，两者性质不同，不可一概而论。10 月 25 日土耳其驻美大使图尔古特·梅内曼吉奥卢（Turgut Menemencioglu）同塔尔伯特举行了紧急会谈，梅内曼吉奥卢转达了土耳其政府的意见，对部分美国评论人员将土耳其等同于古巴的论断表示强烈反对。他强调部署“朱庇特”导弹是北约的集体决策，是土耳其履行北约集体安全协议的体现。梅内曼吉奥卢还特别指出自己的国家曾经为北约和联合国集体安全作出过卓越贡献，他们非常厌恶将自己等同于“加勒比海小国”古巴，土耳其的朋友更不应将两者相提并论。[5] 同日，土耳其外长费里敦·埃尔金（Feridun Erkin）也向黑尔大使明确表示“土耳其政府对任何将土耳其导弹与古巴

---

1 “Prime Minister Inonu’s reply to the President’s October 22nd Message on Cuba,” October 23,1962. The John F. Kennedy National Security Files, 1961–1963. Middle East First Supplement, Microfilmed, UPA, 2007, Reel 13.

2 *Cumhuriyet,* 25 October 1962, p.5. 转引自 Nasuh Uslu, *The Turkey-American Relationship between 1947 and 2003, the History of a Distinctive Alliance,* p.155。

3 Nasuh Uslu, *The Turkey-American Relationship between 1947 and 2003, the History of a Distinctive Alliance,* p.157.

4 *The Washington Post, Times Herald.* October 25, 1962.

5 NARA, “Memorandum of Conversation, Subject: Missile Bases in Turkey,” October 25, 1962. RG 59, Central Decimal Files, 1960–1963, Box 2047; “Memorandum of Conversation,” October 25, 1962. RG 59, Records relating to Turkey affairs desk, 1958–1963, Box 7.

导弹同等对待的做法都深恶痛绝”。[1] 梅内曼吉奥卢和埃尔金的表态清晰地传达了土耳其政府的立场，即盟国不应将土耳其与古巴导弹基地相提并论。在 10 月 29 日的北大西洋理事会会议上，土耳其代表指责“某些北约国家受到赫鲁晓夫公开声明的鼓励，鼓动将‘朱庇特’导弹与古巴导弹相提并论，土耳其政府认为这是非常不幸的”。[2] 土耳其驻联合国大使阿德南·库拉尔（AdnanKural）也向阿德莱·史蒂文森抱怨“涉及土耳其导弹的不严谨且无知的言论不仅存在于中立国家，还存在于部分盟国当中”，他对美国媒体也赞同这种意见表示格外关注。[3]

鉴于土耳其方面态度强硬，华盛顿以否认“导弹交易”的存在来安抚土耳其人的情绪。10 月 27 日，在商讨“导弹交易”的执委会会议间歇，肯尼迪指示黑尔大使向埃尔金致电转达美国的立场，肯尼迪在电文中向土耳其方面解释，美国已经拒绝了苏联提出的导弹交易方案，承诺在征得土耳其同意之前不会有任何涉及土耳其的行动，并重申古巴和土耳其导弹基地没有可比性。但是由于撤走“朱庇特”导弹已经不可避免，迟早要与土耳其方面沟通，因而肯尼迪的电报中也留下了回旋余地。他指出如果土耳其希望在北约框架内用更先进的武器替换落后的“朱庇特”导弹，那么美国准备用部署在东地中海的“北极星”潜艇来保护土耳其的安全。[4] 随后，阿德莱·史蒂文森也向库拉尔保证不会将土耳其导弹同古巴危机联系在一起，相关事项将在危机解决后在核裁军的框架内进行。而在谈判中如果涉及土耳其基地问题，那么在之前将会同土耳其和北约进行充分磋商。[5] 美方作出的“不存在所谓导弹交易”，“采取行动前会与土耳其充分协商”的保证暂时安抚了土耳其人的情绪。土耳其驻美大使和驻联合国代表都对肯尼迪拒绝同苏联进行导弹交易的决定表

---

1 Barton J. Bernstein, “The Cuban Missile Crisis: Trading the Jupiters in Turkey?” *Political Science Quarterly,* vol.95, no.1 (Spring, 1980), p.108.

2 DNSA, “Telegram from Paris to the Secretary of State,” October 29, 1962, Item Number: CU00883.

3 NARA, RG 59, Central Decimal Files, 1960–1963, Box 2047, “Telegram from Adlai E. Stevenson to the Secretary of State,” October 29,1962.

4 “Telegram, John F. Kennedy to Raymond R. Hare,” October 27 1963, National Security Files, Regional Security, Box 226, JFKL; USDDO, “Telegram from John F. Kennedy to Raymond R. Hare,” October 27, 1963, Document Number: CK2349110285.

5 NARA, RG 59, Central Decimal Files, 1960–1963, Box 2047, “Telegram from Adlai E. Stevenson to the Secretary of State,” November 1, 1962.

示感谢。[1] 美方的表态也为日后撤离“朱庇特”导弹问题的交涉留下了讨论的空间。

通过古巴导弹危机期间的表态来看，土耳其政府的立场是不能容忍美方将古巴和土耳其相提并论，也无法接受“导弹交易”方案，尽管这样的方案仅存在于媒体的揣测而并非由美国官方渠道发布。土耳其对“导弹交易”持抵制态度的原因有三：首先，“朱庇特”导弹的部署依据的是北约集体决议，而土耳其非常依赖于北约的集体安全条约来保障自己的安全。如果美国为了本国的安全利益单方面撤走导弹，那么将意味着北约的安保条约变得无效；其次，土耳其申请加入北约时，曾遭遇来自西欧国家的强大阻力，土耳其一直担忧不能被其他北约成员国平等对待，“导弹交易”会被土耳其视作自己被北约所抛弃；第三，土耳其是拥有强烈民族自豪感的国家，他们“为自己不做大国的附庸而感到骄傲”。[2] 在他们眼里古巴是“苏联的傀儡”，西方媒体将他们与古巴相提并论的观点，已经引起了土耳其精英群体的强烈不满，土耳其政府为此承受了巨大的舆论压力。

虽然反对“导弹交易”，但在是否保留“朱庇特”导弹的问题上，土耳其政府所持的立场已经有所动摇。这是因为土耳其在古巴导弹危机期间切实感受到了战争已经迫在眉睫，原因就在于本国境内部署了美国的核导弹。苏联曾通过驻土大使发出威胁，“如果不拆除‘朱庇特’导弹，土耳其城市将会在战争中成为苏联核打击的目标”。[3] 土耳其领导人也在第一时间意识到“军事实力的增强不意味着安全系数的增加，拥有核导弹以及成为北约成员国并不能有效地遏制敌人”。[4] 因此对撤走“朱庇特”导弹的提议不再坚决反对。面对美国释放出的信号，库拉尔表示“可以在核裁军框架内讨论拆除土耳其导弹基地的问题”。[5] 伊诺努在事后回忆当时面临的

1 FRUS,1961–1963, Vol.11, Cuban Missile Crisis and Aftermath, p.296; NARA, RG 59, Central Decimal Files, 1960–1963, Box 2047 “Telegram from Stevenson to the Secretary of State,” October 29,1962.

2 Nasuh Uslu, *The Turkey-American Relationship between 1947 and 2003, the History of a Distinctive Alliance,* p.156.

3 NARA, RG 59, Central Decimal Files, 1960–1963, Box 2047, “Telegram from Ankara to the Secretary of State,” October 28, 1962; Philip Nash, *The other missiles of October: Eisenhower, Kennedy, and the Jupiters, 1957–1963,*p.137.

4 Nasuh Uslu, *The Turkey-American Relationship between 1947 and 2003,the History of a Distinctive Alliance,* pp.157–158.

5 NARA, RG59, Central Decimal Files, 1960–1963, Box 2047, “Telegram from Adlai E. Stevenson to the Secretary of State,” October 29,1962.

抉择时称“美国告诉土耳其领导人他们想撤走‘朱庇特’导弹，因为它们已经濒临淘汰，美国将用‘北极星’核潜艇来取代它们。土耳其领导人认为美国的建议是合理的，所以接受了他们的提议”。[1] 由此可见，土耳其政府在古巴导弹危机中的基本立场是可以放弃“朱庇特”导弹，但不能接受“导弹交易”，土耳其也不等同于古巴，尤其不能容忍这样的论调来自西方盟国。由于美国在公开场合始终不承认“导弹交易”的存在，如能找到合理的“框架”作遮掩，那么撤走“朱庇特”导弹是可行的。即便如此，土耳其政府和民众还是从媒体连篇累牍的报道中觉察到了可能存在“导弹交易”，他们担忧西方盟国在关键时刻会牺牲土耳其的利益，对美国和北约产生了不信任情绪，也为日后的谈判增加了难度。

四、美国与土耳其关于撤离“朱庇特”导弹的交涉

在古巴导弹危机结束后，美国便开始考虑撤离“朱庇特”导弹的具体工作。鉴于土耳其在危机期间表现出的对“导弹交易”的反感态度，以及对北约集体安全协议的重视，美国在处理撤离土耳其“朱庇特”导弹事务时秉持两个原则：（1）在北约框架内解决此事，强调撤走“朱庇特”导弹是北约对所属武器系统的更新换代；（2）避免将此事同解决古巴导弹危机联系起来。为了不留下与解决古巴导弹危机直接相关的印象，美国并未在危机结束后立即与土耳其商谈撤走“朱庇特”导弹。

劝说土耳其同意放弃“朱庇特”导弹的关键是补偿方案。华盛顿决策层知晓“朱庇特”导弹是土耳其国家安全得到保障的重要象征，所以替代性的武器也应满足这样的条件。[2] 美国考虑的方案是在地中海地区部署筹建中的“多边核力量”[3] 计

1 *Millet Meclisi Tutanak Dergisi, MMTD*, 22 January 1970, term 3, sess.1, vol.2, pp.291–292, 转引自 Nasuh Uslu, *The Turkey-American Relationship between 1947 and 2003,* the History of a Distinctive Alliance,p.157。

2 NARA, RG 59, Central Decimal Files, 1960–1963, Box 2047, “Memorandum from Hare to Cerard C. Smith,” November 14, 1962.

3 “多边核力量”计划（Multilateral Force，简称 MLF）是 20 世纪 50 年代末 60 年代初美国提出的一项北约核武器分享和管控计划。该计划的核心由美国提供的“北极星”核潜艇组成，其他国家承担经费并派出人员。这支核力量归北约统一指挥，按照北约的计划进行部署和执行任务。由于主要参与国美、英、法之间分歧严重，该计划在约翰逊总统时期被废止。

划旗下的“北极星”潜艇。相较于古巴导弹危机前的类似提议，新方案承诺土耳其将以某种形式参与“多边核力量”计划。华盛顿认为“多边核力量”计划体现了美国与盟国分享核武器控制权的精神，能够填补“朱庇特”导弹带给土耳其人的政治和心理诉求。但是“多边核力量”计划赋予盟国的武器控制权，却难以同土耳其对“朱庇特”导弹系统的所有权和操控权相提并论。根据1959年签署的协议，“朱庇特”导弹（核弹头除外）归土耳其所有，他们通过配属在导弹部队中的人员实现对导弹的操控。而“任何剥夺他们这种所有权的替代方案都会引起土耳其人的抵触”。[1] 芬莱特也认为，土耳其人因为“朱庇特”导弹坐落在他们的领土上而感到慰藉，即便他们并不掌握核弹头……重要的是他们拥有导弹部分所有权并能参与到操控当中。[2] 为满足土耳其人分享武器控制权的诉求，在芬莱特先前建议的基础上，政策设计司提议组建一支由北约南方司令部下辖的临时性“多边核力量”舰队。[3] 黑尔大使也进一步指出“要确定土耳其人在舰队的指挥机构、武器的管控系统中所担任的角色”。[4] 需要说明的是“多边核力量”计划在当时尚处于论证阶段，华盛顿提出的仅是笼统的框架，主要目的是劝说土耳其放弃“朱庇特”导弹，并未确定土方参与该计划的具体细节。

美国在1962年12月的北大西洋理事会巴黎会议上正式向土耳其提出了撤走“朱庇特”导弹的建议。在同土耳其国防部长桑贾尔（Ilhami Sancar）的会谈中，麦克纳马拉转达了美方的立场：（1）在古巴导弹危机期间美国拒绝了苏联提出的“导弹交易”方案；（2）“朱庇特”导弹在技术上已经落伍，几乎没有军事价值；（3）柏林等地可能会在近期爆发危机，保留“朱庇特”导弹可能会使土耳其再次遭受战争风险；（4）北约将用“北极星”潜射导弹替代它们。桑贾尔并未反对麦克纳马拉的建议，他表示会将建议递交至土耳其内阁进行讨论，只是替代方案应该综合

1 FRUS,1961－1963, Vol.16, Eastern Europe; Cyprus; Turkey, p.735.

2 Bruce R. Kuniholm, “Turkey’s Jupiter Missiles and the U.S.-Turkish Relationship,” Douglas Brinkley and Richard T. Griffithe, *John F. Kennedy and Europe*, pp.119－120.

3 FRUS, 1961－1963, Vol.16, Eastern Europe; Cyprus; Turkey, pp.736－737; *DNSA,* “Memorandum from Rostow to Bundy,” October 30, 1962, CC01726.

4 NARA, RG 59, Central Decimal Files, 1960－1963, Box 2047, “Memorandum from Hare to Talbot,” November 28,1962.

考虑军事和政治因素，在军事上应该能够覆盖“朱庇特”导弹所能覆盖的战略目标，在政治上不能损害土耳其军民对盟国的信心，不能给人以被盟国抛弃的印象。此外，桑贾尔还提议提前交付可以携带核弹头的 F-104 战斗机。麦克纳马拉回应“北极星”潜艇比“朱庇特”导弹有更强的威慑力，不会影响土耳其军民的信心，并同意考虑提前交付 F-104 战斗机。[1] 随后，腊斯克在同埃尔金的会谈中也转达了类似的观点。在与土方的谈判中，麦克纳马拉和腊斯克都展现出“站在土耳其人的立场上考虑问题”的姿态，强调继续保留“朱庇特”导弹可能会在危机发生时给土耳其国家安全带来隐患，而用“北极星”潜艇将其替换是有益的。

在获悉了美国的立场后，土耳其政府部门对撤离导弹的关键环节进行了讨论。参加过巴黎会谈的土方代表奥坎（Osman Olcay）认为，如果能够使土耳其精英阶层相信替代武器更有效，那么土耳其政府作出撤走“朱庇特”导弹的决定将不存在太多障碍。经过磋商，埃尔金提出了关于撤离“朱庇特”导弹的几点意见：首先应当是舆论准备，应该由美国方面提出北约准备进行战略调整，这样的调整必须有助于增强西方阵营的遏制能力，在战略调整中将会涉及武器系统的更新；其次，在武器系统更新的过程中，北约将会提供不易被摧毁的现代化武器用来保卫土耳其，其中包括“北极星”潜艇；最后，土耳其将发布撤走“朱庇特”导弹的声明。安卡拉愿意就此事同美国大使馆保持沟通。[2] 后来，埃尔金在与内阁成员和军方协商后提议，撤走导弹相关信息的表述，应该彰显美、土、意三国合作推进军事现代化，而不应给人以美国提出建议，土耳其和意大利被动接受的印象，尤其要避免同古巴危机相关联。[3] 从桑贾尔和埃尔金等土方官员的表态中可以看出，尽管并不情愿，但土耳其政府还是同意就撤离导弹一事与美国展开协调。而土耳其所坚持的原则主要有两方面，一是在合理的框架内解决，二是提供合适的补偿方案，同时还要顾及土

1 DNSA, “Memorandum of Conversation between Robert S. McNamara, Paul Nitze and Ilhami Sancar,” December 14, 1962, Item Number: NH01157; FRUS,1961–1963, Vol.16, Eastern Europe; Cyprus; Turkey, pp.740–741. 按照先前的日程安排，美国向土耳其提供 F-104 战斗机的预定日期是 1963 年底，麦克纳马拉同意在“朱庇特”导弹撤离期限之前，即 1963 年 4 月交付可装备一个中队的 F-104 战斗机。

2 NARA, “Telegram from Branes to the Secretary of State,” December 28, 1962. RG 59, Central Decimal Files, 1960–1963, Box 2047.

3 NARA, “Telegram from Hare to the Secretary of State,” January 22, 1963.RG 59, Central Decimal Files, 1960–1963, Box 2047.

耳其的国家荣誉和民众的信心，避免引发军民的担忧和国内舆论的质疑。这已经同美国的立场相近，美方也表示会尊重土耳其的意见。

土耳其政府考虑接受“朱庇特”导弹撤离的消息，在国内引发了关于土耳其在北约中地位的争论。1961 年新宪法颁布后，土耳其国内呈现出较为浓厚的民主自由氛围，反对党、媒体评论人员和学者，都能对政府的外交政策提出质疑和批评。土耳其媒体发表了大量国内知名学者和专栏作家撰写的评论，西方媒体关于“朱庇特”导弹问题的报道也被土耳其报纸广泛转载。国内外舆论的一个基本观点是：部署在本土的“朱庇特”导弹彰显了土耳其在北约中的战略地位，这是游弋在海洋中并且由美国人操纵的“北极星”潜艇所不能体现的。撤走“朱庇特”导弹会导致土耳其在北约中的地位下降，并造成来自美国和北约的援助的削减。[1] 从先前美方传递出的信息中，土耳其政府和媒体无法判断本国在北约中的地位会受何种影响。而来自国外的报道，又往往被解读为西方国家政府释放出的某种信号。舆论的报道和公众的质疑“已经让土耳其外交部门陷入窘境，在没有得到来自华盛顿方面的确切信息的情况下他们不知该如何回应”。受国内外舆论的影响，土耳其大国民议会决定召开讨论外交政策的临时会议，而埃尔金甚至没有充足的资料用来应对大国民议会的质询。[2] 为此，乔治·鲍尔特意向埃尔金转达了用于应对国会质询的信息：“媒体上关于拆除‘朱庇特’导弹将导致土耳其在北约中地位发生变化的报道，都是猜测性并且是不严肃的。随着军事技术的发展，北约需要对所有武器系统的价值作重新评估，任何一种武器，从步枪到飞机再到导弹，都应该被考虑是否符合北约的防卫需要。并且出于保密考虑，某些论证过程不能公之于众。”[3] 腊斯克也向安卡拉致信，赞誉土耳其为北约集体安全作出的贡献，保证土耳其将参加到构建中的北约“多边核力量”当中，并表示将派“北极星”潜艇造访土港口以“增强民众的安全

1 土耳其媒体的相关报道可见：NARA, “Telegram from Philip Clock to Department of State,” August 2, 1962; “Telegram from Branes to the Secretary of State,” January 3, 1963; NARA, RG 59, Central Decimal Files, 1960–1963, Box 2047, “Telegram from Philip Clock to Department of State,” January 4, 1963。

2 NARA, RG 59, Central Decimal Files, 1960–1963, Box 2047, “Telegram from Branes to the Secretary of State,” January 3, 1963.

3 NARA, “Telegram from George Ball to Hare,” January 4, 1963.RG 59, Central Decimal Files, 1960–1963, Box 2047.

感”。他还指出撤离“朱庇特”导弹是北约武器更新的一部分，并非单独针对土耳其，英国的“雷神”导弹和意大利的导弹也将被撤走。[1]黑尔在转交腊斯克信件时也强调土耳其在北约建设中起到的“基石般的作用”。[2]在得到美方的保证后，埃尔金在大国民议会参议院外交政策辩论中指出：（1）所有涉及“朱庇特”导弹的计划变更都会放在北约的框架内；（2）土耳其的安全将会得到充分保障；（3）华盛顿曾拒绝莫斯科提出的“导弹交易”方案，美国不会出卖土耳其的利益。此外，埃尔金还宣称媒体上关于撤走导弹会降低土耳其在北约中地位的报道是不可信的。[3]埃尔金的声明虽未引起国会议员的质疑，然而媒体上的争论，却反映了国内精英阶层对导弹撤除后可能带来的负面效应的忧虑，并迫使土耳其政府在参与“北极星”潜艇操控方面提高要求。

在美土两国围绕撤离“朱庇特”导弹展开的谈判中，究竟允许土耳其人员以何种形式参与到“多边核力量”当中，一直是争议的焦点。土耳其的意愿是本国人员能够以类似“朱庇特”导弹计划的参与形式，实现对“北极星”潜艇的部分操控，经过舆论的发酵和大国民议会的辩论，参与“多边核力量”的方式已经被上升到关乎土耳其在北约地位中的高度，土耳其方面开出的条件也超出了美国所能给予的底线。1963 年 1 月 18 日土耳其召开了由总理伊诺努主持的内阁会议，决定原则上接受撤走“朱庇特”导弹，同时提出了将两艘“北极星”潜艇置于土耳其军官的操控之下，派遣两批土耳其艇员赴美国接受训练等条件。[4]美国表示无法接受土耳其人提出的非分要求。国务院希腊、土耳其和伊朗事务办公室主任约翰·鲍林（John W. Bowling）指出，北约“多边核力量”正在筹划中，不可能为了满足土耳其人的要求而破坏该计划的整体进程，现阶段更不可能将“北极星”潜艇置于外国人控制

1 FRUS, 1961–1963, Vol.16, Eastern Europe; Cyprus; Turkey, pp.746–747; NARA, RG 59, Deputy Assistant Security for Politico-Military Affairs, Subject Files, 1961–1968, Box 4, “Memorandum of Conversation between Menemencioglu and Secretary,” January 8, 1963.

2 NARA, RG 59, Central Decimal Files, 1960–1963, Box 2047, “Telegram from Hare to the Secretary of State,” January 12, 1963.

3 NARA, RG 59, Central Decimal Files, 1960–1963, Box 2047, “Telegram from Hare to the Secretary of State,” January 17, 1963; Süleyman Seydi, “Turkish American Relations and the Cuban Missile Crisis 1957–1963,” *Middle Eastern Studies,* vol.46, no.3, May 2010, p.449.

4 FRUS, 1961–1963, Vol.16, Eastern Europe; Cyprus; Turkey, pp.748–749.

下，而训练土耳其船员“既没有时间，他们也没有相关经验”。[1] 1月23日腊斯克致电黑尔大使，就土耳其人提出的要求作了答复。腊斯克表示美国欢迎土耳其参与到“多边核力量”计划中来，但是由土耳其人操控地中海地区“北极星”潜艇将会打乱推进“多边核力量”计划的进程安排，因而是不能接受的。美国将会考虑土耳其人作为观察员登上“北极星”潜艇。[2] 从美方的表态来看，华盛顿不希望土耳其过度参与到“多边核力量”计划中来，以免打乱该计划的整体布局，最终提出的方案仅是让土耳其派遣没有实际意义的观察员“登上”北极星潜艇。即便如此，腊斯克还特别指示在发布声明时不要使用“进驻”的字样，以避免给土耳其观察员他们可以持续参加潜艇巡航任务的印象。[3] 而且美国军方更是“不愿意看到任何让土耳其真正参加地中海‘北极星’潜艇编队和北约多边核力量计划的局面出现”。海军甚至“对将来外国人员可能会参加（北极星潜艇操控）表示愤慨和关切”。[4] 由此可见，虽然美国一直许诺让土耳其参加“多边核力量”，但由于该计划牵涉北约核部署的整体布局，所以具体方案迟迟未能出台，政府和军方对土耳其参加“北极星”潜艇操控的方式也从来没有形成共识。尽管土耳其政府在美方的坚持下最终作出让步，可此举让土耳其方面感到美国的承诺言而无信，他们在北约中的地位遭到削弱，加剧了与美国及北约之间的信任危机。

与土耳其政府相比，军方在撤离“朱庇特”导弹的过程中制造了更多障碍。导弹的撤离已经影响到了土耳其军队的士气，军方在参与“北极星”潜艇操控未能取得满意结果的情况下，转而寻求获得其他军事援助。2月9日，土耳其政府已经正式批准撤走导弹，但是军方并未执行政府的决议，而是继续就撤离导弹提出条件。在2月12日致麦克纳马拉的信件中，国防部长桑贾尔代表军方意见，提议将拆除“朱庇特”导弹同提供更多军事援助结合起来，后来又进一步提出交付装备三

1 DNSA, “ Memorandum from John W. Bowling to Meloy, ” January 18, 1963, Item Number: NH01158.

2 FRUS, 1961－1963, Vol.16, Eastern Europe; Cyprus; Turkey, pp.750－751.

3 NARA, RG 59, Central Decimal Files, 1960－1963, Box 2047, “Telegram from Rusk to Embassy in Turkey,” January 30, 1963.

4 NARA, RG 59, Politico-Military Affairs Subject Files, 1961－1968, Records relating to NATO, Box 9, “Memorandum from John W. Bowling to Kitchen,” January 23, 1963. 该备忘录于1月24日转交给国务卿腊斯克。

个中队的F-104战斗机和其他军用物资，以及替代武器系统应该部署在土耳其领土上并隶属于土耳其军队架构等条件。[1]由于军队在土耳其政坛发挥着重要影响力，伊诺努担忧要求撤回信件会“伤害军方的感情”，[2]从而危及政局稳定。而土耳其军方提出的增加交付F-104战斗机的要求将会扰乱战斗机的生产安排，谈判因此陷入僵局。当时已经迫近美苏之间达成的“古巴导弹危机后4～5个月内撤走土耳其导弹”的最后期限，为了避免撤除导弹的进程被拖延，3月12日麦克纳马拉派遣富有外交经验的军事援助项目（MAP）主任罗伯特·伍德（Robert J.Wood）将军作为特使同土耳其军方举行谈判。根据会谈结果，美国承诺向土耳其交付装备两个中队的F-104战斗机并派遣土耳其军官和飞行员赴美国接受训练，配备“北极星”导弹的核潜艇将于4月访问土耳其伊兹密尔（Izmir）港以显示“朱庇特导弹已经被更为现代化的武器系统所替代”，而土耳其参与“多边核力量”的形式则交由北约欧洲盟军司令部继续讨论。另外，伍德将军再次向土耳其保证他们在美国和北约的计划中仍然发挥着重要作用，并允诺美国在未来会加快推进土耳其的军事现代化。[3]

从伍德将军同土耳其军方的会谈结果看，美国作出的实质性让步仅是增加F-104战斗机的交付数量，其他承诺大多仅具有象征意义或只是口头保证。不过伍德关于推动土耳其军队现代化的保证，起到了安抚土耳其军方的效果，暂时抑制了土耳其军队因为“朱庇特”导弹撤离而造成的意志动摇和对美国的“离心倾向”。[4]伍德的访问也为拆除“朱庇特”导弹的工作扫清了障碍，4月24日最后一枚“朱庇特”导弹被拆除并运离土耳其。[5]至于土耳其参与“多边核力量”计划的方式，由于该计划本身就存在较大争议，进展缓慢，最终的解决方案仅是土耳其派

1 FRUS, 1961-1963, Vol.16, Eastern Europe; Cyprus; Turkey, p.757.

2 FRUS, 1961-1963, Vol.16, Eastern Europe; Cyprus; Turkey, pp.755-756.

3 NARA, RG 59, Records relating to Turkey affairs desk, 1958-1963, Box 7, “Telegram from John W. Bowling to Kitchen,” March15, 1963; NARA, RG 59, Central Foreign Policy File, 1963, DEF 12 Tur, Box 3743, Telegram from William N. Dale to Department of State, March 14.

4 NARA, RG 59, Records relating to Turkey affairs desk, 1958-1963, Box 7, “Telegram from John W. Bowling to Kitchen,” March 15, 1963.

5 “Message from McNamara to John F. Kennedy,” April 25, 1963. John F. Kennedy Presidential Library and Museum Website, https://www.jfklibrary.org/Asset-Viewer/Archives/JFKPOF-077-012.aspx, 2017-03-01.

遣 11 名艇员参加实验性质的、被认为具有“多边核力量”雏形的“克劳德·里基茨”（Clauld V.Richetts）号驱逐舰的巡航工作。不过“多边核力量”拖沓冗长的论证过程和参与国之间的貌合神离，已经让土耳其政府逐渐失去兴趣。就在巡航开始前，土耳其政府宣布由于经费原因退出该计划，并召回了“克劳德·里基茨”号上的艇员。[1] 至此，土耳其参与“多边核力量”计划的设想完全化为泡影。

五、“朱庇特”导弹撤离对美土关系的影响

从事件的结果来看，撤离“朱庇特”导弹对美土关系产生了消极影响，这主要由两方面因素递进形成，一是“导弹交易”的负面效果；二是美国未能满足土耳其参与“多边核力量”计划的诉求。前者引发了土耳其对美国的疑虑，后者加深了美土间因“导弹交易”而造成的隔阂。“导弹交易”使土耳其领导人认识到“华盛顿对土耳其的安全承诺仅限于与美国自身利益相一致的情况，一旦两者相抵触，华盛顿可能会违背诺言”。[2] 土耳其民众也认为“美国对待他们就像自己的附庸国，为了自己的利益可以将土耳其的利益拿来同敌人做交换”。[3] 由此产生了对美国安全承诺的不信任。不过美土两国在撤离“朱庇特”导弹的问题上虽有分歧，也存在利益上的契合。战争的威胁让土耳其政府意识到了“在本国领土部署核导弹并不意味着国家安全，还可能将自己卷入一场超级大国主导的核战争当中”，[4] 因而对撤走“朱庇特”导弹的建议已不再抵触。事态发展的结果，取决于“朱庇特”导弹之于土耳其的安全、政治和心理价值能否得到弥补，能否让土耳其感到美国和北约的安全保证依然有效。从土耳其开出的条件不难看出，他们对替代武器的要求主要有三

1 Andrew Priest, “In Common Cause: The NATO Multilateral Force and the Mixed-Manning Demonstration on the USS Claude V. Ricketts, 1964-1965, ” *The Journal of Military History,* vol. 69, no. 3, July, 2005, p.782.

2 Yucel Bozdagloglu, *Turkey Foreign Policy and Identity—A Constructivist Approach,* New York: Routledge Press, 2003, p.62.

3 Nasuh Uslu, *The Turkey-American Relationship between 1947 and 2003, the History of a Distinctive Alliance,* p.157.

4 Nasuh Uslu, *The Turkey-American Relationship between 1947 and 2003, the History of a Distinctive Alliance,* p.160.

点：（1）隶属于北约；（2）同样具有威慑能力；（3）“充分参与”到该武器系统的操控当中。“北极星”潜艇基本上符合前两点，如果华盛顿能满足土耳其最为看重的、关于潜艇的操控权方面的诉求，那么或许能够消弭土耳其因为“导弹交易”而引发的对美国的失望与不信任。但是美国基于北约整体战略的决策，决定了他们无法满足土耳其人的诉求，更何况“多边核力量”计划的最终结局是胎死腹中。美国的许诺口惠而实不至，导致土耳其人因“导弹交易”而产生的不满，与未能参与“多边核力量”的失望情绪两者相互交织，加剧了土耳其的不安全感，以及与美国和北约之间的信任危机。

“朱庇特”导弹的撤离对美土同盟关系的影响，是一个潜移默化的过程，两国关系并没有因此而立即破裂。但是由此产生的对美国和北约的疑虑，让安卡拉认识到过往同美国和西方保持一致的政策有违国家利益，将土耳其变成北约的军事基地也无助于保障国家安全。这促使土耳其在涉及重大利益的问题上更加坚持原则，并逐渐采取更加务实的多元化对外战略。正如杜克大学教授库尼霍姆（Bruce R. Kuniholm）所言：“土耳其对美国承诺的怀疑，始于古巴导弹危机……尽管这并没有立即对美土同盟关系造成灾难性影响，却促使土耳其转向以独立、多元的视角来审视涉及本国的问题。”[1] 在国内民主氛围日渐浓厚的背景下，土耳其国内对美国的批评声音逐渐增多，来自舆论及民众的压力也迫使土耳其政府在关乎本国利益的问题上采取强硬态度。“朱庇特”导弹的撤离成为美土关系发展中的分水岭事件。经历了古巴导弹危机后，美土两国已经很难像战后至60年代初那样遵循团结一致的原则。在塞浦路斯、库尔德人等与美国存在严重分歧的问题上，土耳其都坚持立场，不愿再作无原则的让步。土耳其态度的转变致使美土之间的矛盾逐渐升级，1964年土耳其干预塞浦路斯的企图，便遭到了约翰逊总统的严厉指责，1974年土耳其对塞岛的入侵更是招致了美国的军事禁运，两国关系跌入谷底。虽然美土关系的恶化是由多方面因素造成的，但是美国在撤离“朱庇特”导弹事件中的作为，在土耳其人心中埋下了不信任的种子，成为推倒美土同盟关系的第一块多米诺骨牌。

1　Bruce R. Kuniholm, “Turkey’s Jupiter Missiles and the U.S.-Turkish Relationship,” Douglas Brinkley and Richard T. Griffithe, *John F. Kennedy and Europe*, p.126.

结 语

冷战时期，美土两国因共同的战略利益结成了同盟，土耳其成为美国遏制苏联战略体系中的重要一环。美国向土耳其提供安全保障和经济军事援助，土耳其则追随美国的冷战战略，在西方的防卫体系中发挥美国所要求的作用。然而，美土同盟是非对称性的同盟关系，两国的国际地位和综合实力相差悬殊，彼此间对具体问题的认知，以及围绕某些问题的利益诉求分歧明显。作为在国际事务中发挥主导作用的超级大国和全球性盟国体系中的领导者，美国在决策过程中需要从全球战略的角度统筹策划，同时也要顾及盟国的具体诉求。但是在实际运作中，两者时常难以兼顾。具体到“朱庇特”导弹的撤离进程，美国既要从全球战略角度考虑撤走导弹换来的政治军事收益，又要考虑对盟国土耳其产生的安全和心理方面的影响，寻找合适的“理由”来说服他们。毋庸置疑，“导弹交易”决策损害了土耳其的利益，会动摇土耳其对美国和北约的信心。对此，肯尼迪政府心知肚明。鉴于土耳其拥有扼守北约东南翼与黑海海峡的重要地缘价值，华盛顿并不希望美土同盟关系遭受破坏性影响，所以华盛顿在决策论证过程中也充分考虑土耳其的意愿和诉求。如反复强调在北约框架内解决撤走“朱庇特”导弹的问题，避免将此事与解决古巴导弹危机直接相连。在提供补偿方面，美国考虑到土耳其希望参与核武器及运载工具管控的意愿，许诺让土耳其加入同样体现核分享精神的“多边核力量”计划。不过，在土耳其参加“多边核力量”这一问题上，美国仍然需要从全局角度加以考量，不可能仅为了满足土耳其人的要求而破坏该计划的整体架构。总之，美国在制定撤离“朱庇特”导弹的决策过程中，关于土耳其利益的考虑，从未超出其全球或地区整体战略的框架。

对于土耳其一方，他们审视“朱庇特”导弹去留的角度，是本国的政治和安全的需要。长期以来，土耳其自感孤立于“文明世界”之外，渴望得到西方先进国家的尊重和认同，融入西方社会当中；加之面临强邻苏联的威胁，所以在冷战初期，与西方国家密切合作成为土耳其对外战略的基本逻辑，土耳其的国家安全也被置于由美国领导的北约的庇护之下。在此背景下引入的“朱庇特”导弹，被赋予了军事、政治和心理等多重意义。如要将其撤走，势必会引发连锁效应。自 20 世纪 50

年代以来，土耳其政府一直强调“本国国家利益与北约的集体利益及其在地缘、军事上的要求，都是一致的”。[1] 1961年新宪法颁布之前的舆论一致原则，使土耳其精英阶层形成了一种固有观念，他们认为美国是土耳其最可靠的盟友，自己的国家安全依赖于美国和北约提供保障。在这种氛围下，撤走“朱庇特”导弹意味着土耳其与美国和北约之间战略利益存在分歧，它们对安卡拉安全保障的有效性也就令人怀疑。尤其是在与苏联进行秘密交易的条件下撤走导弹，会被土耳其人解读为盟国将他们抛弃的行为，是难以接受的。因此，撤走“朱庇特”导弹在土耳其遭遇的阻力远远大于意大利。土耳其依赖美国和北约维护安全的定性思维，以及来自军方与舆论的压力，使得他们在补偿方面提出的价码，超出了美国所能够给予的底线。透过美土两国在撤离“朱庇特”导弹问题上的立场可以看到，美国试图在解决古巴导弹危机与维护美土同盟关系之间达成一种平衡，土耳其则希望他们在北约中的地位和盟国的安全承诺不会因导弹被拆除而削弱。由于美土两国在处理国际事务中扮演的角色不同，审视问题的视角迥异，两国的利益诉求难以完全吻合。

通过对土耳其“朱庇特”导弹部署和撤离全部过程的审视，有一个问题值得思考，即土耳其在政治和安全方面的诉求是否因接受“朱庇特”导弹而得到满足，又是否因“朱庇特”导弹的撤离而失去？冷战初期，土耳其采取了一种同美国和西方亦步亦趋的对外政策，接受“朱庇特”导弹便是土耳其追随美国政策的一个缩影。土耳其将“朱庇特”导弹视为盟国用核武器保卫土耳其的象征，代表着美土同盟关系的牢不可破。但是对美国而言，美土同盟关系需服从于美国的全球和局部战略需要，同土耳其的利益诉求不可能完全一致，这一点在“朱庇特”导弹撤离的交涉，以及日后美土在塞浦路斯问题上的争端中显露无遗。至于土耳其看重的安全利益，“朱庇特”导弹的部署，对苏联国家安全构成严重威胁，加剧了苏联对土耳其的敌视行为，还险些将土耳其拖入核战争的境地。反观“朱庇特”导弹撤离之后，虽然美土同盟遭到了削弱，两国关系产生了裂隙，但是另一方面，导弹的撤除减轻了土耳其对苏联的军事威胁，为苏土关系的正常化扫除了一大障碍。随着苏土关系的改善，土耳其面临的来自苏联方面的军事压力反而得到缓解。鉴于土耳其的经验，我

1　肖宪、伍庆玲、吴磊等:《土耳其与美国关系研究》，北京：时事出版社，2006年，第113页。

们可以看到，处于弱势地位的国家同超级大国结成同盟，在本国部署可能打破地区战略态势的武器系统，并不意味着该国安全环境的改观，甚至可能导致该地区地缘局势复杂化，使当事国陷入新的安全困境。

（本文原刊于《世界历史》2018 年第 3 期）

美苏战略稳定性变化与美国对新型国际核秩序的构建（1963～1973）

安竣谱*

【摘要】冷战时期美苏核力量对比是美国制定对外核战略的重要参考依据。20世纪60年代中期，美苏核打击力量日趋平衡，两国都具备在第二次打击中给予对手“难以承受的损失”的能力，双方爆发核战争的概率下降。与此同时，美国核安全观也相应地发生了变化，在国家层面引发了美国提出新的对外核战略，“相互确保摧毁战略”应运而生；在国际层面，美国着手构建符合其利益的新型国际核秩序。通过分析这一进程，可以看出美国构建新型国际核秩序的实质，既是由美国主导的对各国掌控核武器的权力进行再分配的过程，又是对研发和使用核武器的国际规则制定权的争夺。因此，这一进程成为冷战时期美国对外安全战略的重要组成部分。

【关键词】美国；苏联；战略稳定性；国际核秩序

古巴导弹危机后，苏联为雪前耻大力发展军备，导致美苏危机稳定性[1]提高，美国核安全观相应地发生了变化。在新的核安全观的驱使下，为维护国家利益，一

* 安竣谱，华东师范大学历史学系博士研究生。

1 危机稳定性，指的是双方的军力被限制在某种格局下，以致在两方关系出现危机时，任何一方都不会认为发动第一次打击会占优势，故而不会急切地发动战争的状态。参见卿文辉：《霸权安全——美国导弹防御史话》，长春：吉林出版集团，2009年，第44页。

方面美国出台了新的对外核战略，“相互确保摧毁战略”应运而生；另一方面美国开始着手构建新型国际核秩序。这些举措不仅推动了20世纪70年代美苏关系的改善，还影响着冷战中后期国际局势的走向。

近年来，众多学者以美国总统任期为界限对美苏军控谈判、美国对外核战略的转变、核不扩散谈判等问题进行了详细探讨，成果斐然。然而，学界并未以较长时段和国际核秩序转型的视角分析美苏战略稳定性变化与美国转变核安全观，以及美国构建新型国际核秩序进程之间的关系。[1]有鉴于此，本文将综合利用《美国对外关系文件集》、美国解密档案在线系统、数字化美国安全档案、中情局解密档案（FOIA）、1960～1967年美国国务院机密核心档案亚洲卷（Confidential U.S. State Department Central Files 1960-1967 Asia）、美国国家档案馆馆藏纸质版档案第59号档案群集（Record Groups 59，RG59），以美苏战略稳定性变化为切入点，以结构现实主义的视角着重考察美国核安全观转变的原因和表现，进而揭示1963～1973年美苏核力量对比变化与美国构建新型国际核秩序之间的关系。

一、美苏战略核力量趋衡与危机稳定性的提高

冷战时期，美苏作为实力超群的拥核国家，对外核战略在两国安全战略中占

1 刘子奎：《美国早期防扩散政策与美英苏禁止核试验谈判》，《历史研究》2015年第4期；刘磊：《肯尼迪政府时期美国对苏联核战争的设想》，《军事历史研究》2014年第2期；庄去病：《美苏军控谈判及其对缓和的影响》，《国际问题研究》1988年第2期；陈波：《吉尔帕特里克委员会与美国的核不扩散政策》，《史学月刊》2016年第10期；王震：《一个超级大国的核外交——冷战转型时期美国核不扩散政策（1969～1976）》，北京：新华出版社，2013年；姜振飞主编：《美国约翰逊政府与核不扩散体制》，北京：中国社会科学出版社，2008年；John Norton Moore, Chapman B. Cox, Abram Chayes, Abraham D. Sofaer and John Rhinelander, “Strategic Arms Limitation: Treaty Obligations and the Strategic Defense Initiative”, *Proceedings of the Annual Meeting (American Society of International Law),* Vol. 80, 1986; Wang and Decker, “A Strategy of Mutually Assured Destruction”, *Bloomberg Businessweek*, No. 4469, 2016; Alessandra Pietrobon, “Nuclear Powers Disarmament Obligation under the Treaty on the Non-Proliferation of Nuclear Weapons and the Comprehensive Nuclear Test Ban Treaty: Interactions between Soft Law and Hard Law”, *Leiden Journal of International Law*, Vol.27, No.1, 2014.

据重要地位。美苏战略核力量对比，是两国制定对外核战略的主要参考依据。战后至古巴导弹危机爆发期间，两国核力量差距虽然逐渐缩小，但美国始终保持着对苏核优势地位。在此背景下，美国制定出“大规模报复战略”和“灵活反应战略”。这两种战略既有共同之处，又存在差异。共同之处表现为，两种战略都主张对苏联率先发动核打击。差异则表现在两方面：第一，打击规模不同，“大规模报复战略”认为无论苏联对美国及其盟友发动何种程度的进攻，美国都应以核打击相报复；[1]“灵活反应战略”则强调“有限核打击”和“分级核威慑”，即美国应该分级别生产、部署和使用核武器，根据苏联进攻程度的不同，予以相应的回击。[2]第二，打击目标不同，“大规模报复战略”主张在对苏联发动“第一次打击”时优先攻击苏联的城市和人口，即发动“对城战”；[3]“灵活反应战略”则主张在对苏联发动第一次打击时，攻击苏联的军事基地，即发动“对兵战”。在美苏战略力量发生变化的情况下，“灵活反应战略”较之“大规模报复战略”更具可操作性。但是，古巴导弹危机使得“灵活反应战略”的弊端开始显现：第一，无论美国对苏联采取何种级别的核打击，都可能导致苏联的大规模核报复，进而演变为全面核战争。[4]第二，随着苏联战略核打击能力的提升，美国是否能够在“全面核战争”中安然无恙，尚未可知。为此，华盛顿方面开始商讨美国是否可以且应该对苏联发动“第一次核打击”，以便制定更为有效的对苏核战略。

关于美国是否能够或者应该对苏联发动“第一次核打击”的问题，约翰·F. 肯

1　USDDO, The Army and the Air Force in Tactical Air Support, November 7, 1959, Document Number: CK2349378085.

2　FRUS, 1961–1963, Volume VIII, Arms Control; National Security Policy; Foreign Economic Policy, Document 27, p.83.

3　“对城战”即美国在对苏联发动核打击时，以城市、人口、工业设施为目标的战争；“对兵战”即以苏联军事力量为目标的战争。参见潘锐：《从“大规模报复”到“星球大战”——论冷战时期美国核战略的演变》,《太平洋学报》2002 年第 3 期，第 53～66 页。

4　肯尼迪和约翰逊两届政府都讨论过“全面核战争”概念，即敌对势力（主要指苏联）对美国本土予以核打击，美国为维护国家安全而在本土进行的核战争。参见 USDDO, Paper regarding the Separable First Stage Disarmament Agreement (SFSDA) with the Soviet Union, October 1, 1963, Document Number: CK234469236;USDDO, Two Versions of Secretary of Defense Robert McNamar's Review of the Three Major Components of the U.S. General Nuclear War Posture, December 3,1964, Document Number: LQGUHI571435109;USDDO, Report of the National Security Council's (NSC) NET Evaluation Subcommittee (NESC) for 1961, March 21,1963, Document Number: XXGXAJ707416169。

尼迪（John F. Kennedy）执政末期，美国政府内部意见基本一致，认为当前美国不具备通过发动“第一次核打击”彻底销毁苏联核武器的能力。如果美国率先发动进攻，会导致苏联大规模报复，进而升级为全面核战争。国防部部长罗伯特·S. 马克纳马拉（Robert S. McNamara）反对向苏联发动“第一次核打击”的主张，他从三个方面阐释了自己的观点：第一，美国无法在完全保证自身安全的情况下对苏联发动“第一次核打击”；第二，此前美国试图通过率先发动核打击来制止苏联扩张的计划从未成功过；第三，如果美国计划在对苏率先发动核打击后仍然安全，就必须出巨资建设反导系统，美国未必能承受得起这种负担。[1] 1963 年，美国国家安全委员会电子评估小组主任哈罗德·K. 约翰逊（Harold K. Johnson）将军在向肯尼迪总统汇报有关美苏核打击力量对比情况时称美国已经无法重新获得相对于苏联的绝对核优势了，[2] 约翰逊指出，一旦美国对苏联发动第一次核打击，无论强度如何，都有可能升级为全面核战争，这将给美国造成灾难性后果。国务卿迪安·腊斯克（Dean Rusk）也赞同约翰逊将军的观点。肯尼迪总统在与各方商讨后，基本放弃了对苏联发动第一次核打击的计划。

随着肯尼迪总统的去世，美国决策层在是否能够对苏联发动第一次核打击的问题上再次出现争议。一方面，林登·B. 约翰逊（Lyndon B. Johnson）总统执政前并不清楚肯尼迪执政时期各方就该问题的商讨情况；另一方面，约翰逊总统认为目前美苏战略核力量对比依然处于变化之中，应该仔细确认双方实力对比情况，方能作出更贴近现实的判断。为此，约翰逊总统责成中情局对美苏战略核力量对比状况进行评估。中情局认为苏联的报复能力决定了美国是否可以对苏发动“第一次核打击”，如果苏联的报复能力可以给美国造成“难以承受的损失”，那么美国就不能对苏率先发起核打击。20 世纪 60 年代，美苏均具备“三位一体”的核打击能力，即以巡航导弹为代表的空中力量、以陆基洲际导弹为代表的陆上力量、以潜射导弹为代表的海上力量。这三类武器的打击精确度和生存能力关系到两国的第一次和第二

1　FRUS, 1961－1963, Volume VIII, Arms Control; National Security Policy; Foreign Economic Policy, Document 112, p.406.

2　Melvyn P. Leffler and Odd Arne Westad, *The Cambridge History of the Cold War, Crisis and détente* (Volume II), New York: Cambridge University Press, 2010, p.90.

次打击能力的强弱。陆基洲际导弹打击精度高，但生存能力弱，更适合于第一次打击；潜射导弹生存能力强，但打击精度低，更适用于第二次打击；巡航导弹则处于中间地位。潜射导弹、巡航导弹打击能力的强弱决定了苏联“第二次打击能力”的效果，为此中情局对这两类武器的发射装置进行了评估。根据中情局了解的情况，目前苏联的战略核潜艇数目正在逐年增加，海上打击能力逐渐提高，战略轰炸机和军舰的数目总体上也呈上升态势，所以综合来看苏联的“第二次打击能力”在不断提升，美国需谨慎考虑是否应该对苏联率先发动核打击。为此，美国情报部门对苏联在“第二次打击中”能够给美国造成的损失进行分析并指出，以苏联目前的核打击能力，美苏投入同样的财力进行防守，苏联可以通过“第二次打击”消灭美国的25%～30% 人口，[1] 这已经达到美国军方认为的消灭 25% 的人口的不可接受的损失的限度，[2] 美国已经无法在保证自身安全的情况下对苏率先发动核战争了。为此，美国官方称因为苏联具备给美国造成难以承受的损失的报复能力，所以美苏双方都应克制，避免全面核战争的爆发。[3] 总之，古巴导弹危机后肯尼迪政府基本放弃了对苏联发动“第一次核打击”的构想。虽然约翰逊执政初期，就这一问题再次进行讨论，但最终还是接受了前任政府的观点。

约翰逊政府内部确定不能对苏联发动“第一次核打击”后，关于是否应该对苏发动“第一次核打击”的问题成为另一个关注点。既然约翰逊政府内部已经确认美国无法通过先发制人的核打击彻底摧毁苏联的核战略力量，那么为何还会有此种讨论？其原因就在于，美国并不能完全确定苏联是否会放弃率先对美国发动核打击的构想。如果这一假设成为事实，那么美国即使冒着与苏联爆发全面核战争的风险，也要先发制人，尽最大能力通过第一次打击摧毁苏联的报复能力，将美国的损失降到最小。为此，约翰逊总统责成美国情报部门对苏联是否会对美国发动第一次核打击的战略意图予以评估。苏联的核战略实力与战略决心，决定了苏联是否会对美国

1　DNSA, A Summary Study of Strategic Offensive and Defensive Forces of the U.S. and U.S.S.R., September 8, 1964, Item Number: NH00170.

2　DNSA, Recommended FY 1966 –1970 Programs for Strategic Offensive Forces, Continental Air Missile Defense Forces and Civil Defense, December 3, 1964, Item Number: NH00455.

3　“Soviet Increase Build-Up of Missiles and Deploys a Defensive System”, November 13, 1966, https://www.cia.gov/library/readingroom/docs/CIA-RDP70B00338R000300080027-8.pdf, 2019-03-03.

发动第一次核打击，中情局即从这两个方面予以评估。如果苏联大量部署命中率高的陆基洲际导弹，表明苏联的第一次打击能力强，发动先发制人的核打击的可能性高，因此对苏联陆基洲际导弹部署情况的评估成为美国制定对苏核战略的关键。中情局在 1964 年和 1965 年的评估报告中表明，由于目前苏联使用液体燃料补给洲际导弹，因此只能用竖井发射，且竖井分布集中，苏联担心美国先发制人摧毁这些陆基洲际导弹，故未完全部署这些武器，这样就降低了苏联的第一次打击能力；一旦美国对苏联发动第一次打击，由于这些命中率高的陆基洲际导弹短时间内难以完全得到部署，潜射导弹、巡航导弹和战略轰炸机的命中率又较低，如此一来会降低苏联的报复能力。因此，从目前情况来看，苏联还不敢贸然对美国发动第一次核打击。[1]

1966 年中情局了解到苏联已经可以用固体燃料补给洲际导弹，同时苏联的陆基洲际导弹也已经可以用车辆装载发射，部署过程中的隐蔽性增强，从而降低了因美国发动的第一次核打击而造成的损失。此外，由于苏联对发射竖井的革新，提升了洲际导弹的生存能力，为此从 1965 年底苏联开始大量部署洲际导弹。美国国防部也赞同中情局的观点。[2] 虽然苏联的第一次打击能力相应提高，但是中情局认为因忌惮美国的报复能力，苏联并无强烈的对美国发动第一次核打击的决心。苏联部长会议主席尼基塔・S. 赫鲁晓夫（Nikita S. Khrushchev）及其继任者阿里克谢・N. 柯西金（Alexei N. Kosygin）在致约翰逊总统的信函中都曾表示，希望美苏之间可以避免核战争的爆发，由此显示出苏联对爆发核大战的担忧。[3] 此时，美国对苏联发动的第一次打击给苏联造成的损失与苏联对美国发动的第二次打击造成的损失之间的差距缩小，美苏之间的危机稳定性提高，两国爆发核大战的概率下降。面对这一局面，只要美国不过分刺激苏联、同时提高自身威慑力的可信性，就能够防止苏

1 “Soviet Capability for Strategic Attack (NIE 11-8-64)”, October 8, 1964, https://www.cia.gov/library/readingroom/docs/DOC_0000267908.pdf, 2019-05-30.

2 “Soviet Capabilities for Strategic Attack (NIE 11-8-66)”, August 11, 1966, https://www.cia.gov/library/readingroom/docs/DOC_0000267915.pdf, 2019-05-30.

3 FRUS, 1964-1968, Volume XI, Arms Control and Disarmament, Document 23, 1966, pp.48-50; FRUS, 1964-1968, Volume XI, Arms Control and Disarmament, Document 68, 1966, pp.187-188; FRUS, 1964-1968, Volume XI, Arms Control and Disarmament, Document 108, 1966, pp.278-281; FRUS, 1964-1968, Volume XI, Arms Control and Disarmament, Document 108, 1966, pp.451-452.

联对美国率先发动核打击。至此，美国政府基本放弃了对苏联发动第一次核打击的构想。美苏之间的危机稳定性提高，导致核武器的实战作用越来越小于威慑作用，这一变化逐渐引起了美国核安全观的转变。

二、美国核安全观转变与“相互确保摧毁战略”的出台

1963～1967 年美苏核力量差距日益缩小，美国丧失了相对于苏联的绝对核优势地位，两国都具备给予对手“难以承受的损失”的第二次打击能力。随着双方危机稳定性提高，美国核安全观逐渐发生了变化。其变化主要体现在以下四点：

第一，1965～1966 年麦克纳马拉在参议院陈述国防预算的演讲稿中，开始提及“相互确保摧毁”（Mutually Assured Destruction）概念。此概念背后的逻辑是领导人为了和平而故意将平民置于灭绝的威胁之下。[1] 所以美国政府意识到生产和部署战略武器是为了防止核战争的爆发，而非在核战争中获胜。[2] 于是，美国放弃了对苏联发动“第一次核打击”的战略，转而寻求可信的第二次打击能力，慑止苏联率先打击美国，从而维护美国安全。

第二，发动“对城战”，而非“对兵战”。在危机稳定性提高的情况下，美国对苏联核战略的打击对象选定为城市人口和工业设施，而非苏联的军事力量，希望以此保证苏联放弃率先打击美国的设想。这一主张既有别于“灵活反应战略”中提出的对苏联发动的“对兵战”，又异于“大规模报复战略”中提出的在第一次打击中袭击苏联城市的“对城战”观点。美国民众质疑政府对苏联发动的“对兵战”，苏联就不会对美国发动“对城战”的主张的可信性。随着苏联战略力量的提升，美国的这种恐惧心理与日俱增，美国军方意识到面对苏联可能打击美国城市的危险，美国只有采取建立民防、反导系统，以美苏人民的生命为赌注进行相互威胁等措施，

1　［美］亨利·基辛格：《世界秩序》，胡利平、林华、曹爱菊译，北京：中信出版社，2015 年，第 438 页。

2　USDDO, General Review of the State of US Defenses, December 2, 1964, Document Number: CK2349395202.

才能降低因苏联发动核打击而对美国城市人口造成的伤害。[1]经过多次讨论，最终麦克纳马拉选择用在第二次打击中以发动“对城战”的战略威胁苏联，通过“相互确保摧毁”战略来防止核战争的爆发，保证美国安全。

第三，美国从追求相对于苏联的“绝对安全”转变为寻求“对等安全”。虽然美国丧失了相对于苏联的绝对核优势地位，但美国仍在武器质量和数量上领先于苏联，依然可以在第二次打击中给苏联造成“难以承受的损失”。美国制定核战略的根本目标就是维护美国安全，避免本土遭到苏联的核打击。此前，美国认为通过对苏联发动第一次核打击，摧毁苏联的还击能力，才能保障美国安全。当美国意识到已经无力在第一次打击中彻底摧毁苏联的还击能力后，转而采取拥有可信的还击能力、同时不去过分刺激苏联的方法，使苏联不会亦不敢率先袭击美国，从而达到维护美国安全的目的。[2]在美苏战略核力量趋衡的背景下，美国虽然亦曾试图取得相对于苏联的“绝对核优势”，但未能奏效、且意义不大，最终美国选择接受“美苏核力量平衡”的事实，通过寻求相对苏联的“对等安全”来维护美国安全。

第四，美国政府意识到保持美苏之间的“核平衡”的必要性和紧迫性，应该抑制任何企图破坏这种平衡的行为。一方面，美国认为建设反导系统以及核扩散政策会打破美苏之间的脆弱的核平衡。如果美苏都建立反导系统，将削弱对手的第二次核打击能力，导致两国率先发动核打击的概率的提高。[3]美国主张美苏应通过签署条约来维持两国在反导领域的平衡，维护美苏核均势，防止核大战的爆发。美国反对核扩散，亦出于此目的；另一方面，美国认为有必要以自身核力量制衡苏联对他国发动的核打击，维护美苏核平衡。

从上述四种变化可以看出，美国对苏联的核观念的转变具有保持美苏之间核平

1 NARA, RG59, 1964-1968, Central Decimal File, box28, Minutes of a Discussion Regarding U.S. Casualty Counts in the Event of a Nuclear Attack, September 12,1963; USDDO, Draft Paper in Preparation for a Speech on the Value of Nuclear Weapons as a Deterrent for War between the U.S. and the U.S.S.R., July 5,1967, Document Number: KPJYPO397408613.

2 "Soviet Capability for Strategic Attack (NIE 11-8-65)", October 7, 1965, https://www.cia.gov/library/readingroom/docs/DOC_0000267912.pdf, 2018-05-30.

3 USDDO, Draft Paper in Preparation for a Speech on the Value of Nuclear Weapons as a Deterrent for War between the U.S. and the U.S.S.R. Department of Defense, July 5, 1967, Document Number: KPJYPO397408613.

衡的特点。即在“相互确保摧毁”的背景下，美国希望保持美苏之间的“核均势”，放弃对苏发动“第一次核打击”计划、限制建设反导系统、防止核扩散、在“第二次打击中”以城市人口为目标迫使苏联不敢率先攻击美国，从而达到维护美国国家安全的目的。

美苏战略力量的变化，引发美国对苏联的核安全观念的变化。这一变化使得约翰逊政府出台了新的对外核战略，“相互确保摧毁战略”应运而生。此后，约翰逊政府意识到，现存的美苏展开激烈的军备竞赛、核扩散未得到制止的国际核秩序，易打破美苏核平衡，难以保证美国安全，所以美国决策者在主观意愿上已经萌发出构建新型国际核秩序的设想。伴随美苏军备竞赛的加剧，美国愈发感到构建新型国际核秩序的必要性和紧迫性。其原因主要在于：第一，在美苏新的战略对比形势下，必须保持美苏之间的核平衡，否则将引发核战争。旧的有限防止核扩散、部分限制建设和部署反导系统的国际核秩序，易于打破美苏之间的核平衡，导致美国卷入核大战之中，威胁美国安全。第二，美国认为两国只要保持相互之间的“最低威慑”，就能防止核战争的爆发。现阶段两国展开的激烈的军备竞赛，劳民伤财，收益小于举行军控谈判，因此两国应该举行军控谈判，使美苏保持在“合理的核均势”水平。第三，新形势下，核武器的实战作用小于威慑作用，为了确保对苏联的有效核威慑，美国必须向苏联展示可信的战略决心。在“相互确保摧毁战略”提出后，美国认为第三世界是有效彰显战略决心的场所，所以应该加大在该地区抵制苏联扩张的力度。伴随美苏军备竞赛的加剧，白宫决策层愈发感到构建新型国际核秩序的必要性和紧迫性。

三、军备竞赛稳定性[1]提高与美国构建新型国际核秩序的尝试

“相互确保摧毁战略”的出台，使得美国放弃了对苏发动“第一次核打击”的

1 军备竞赛稳定性，是指控制和协调双方的进度、质量和规模，使任何一方都不致担心对方通过增加新的武器系统破坏双方安全关系的稳定，从而使军备竞赛得到抑制，开支得以节省的状态。参见卿文辉：《霸权安全——美国导弹防御史话》，长春：吉林出版集团，2009 年，第 44 页。

战略，但是两国军备竞赛依然有增无减。[1] 其根源在于，冷战时期美苏处于敌对状态，两国都认为只有增强本国的核打击能力，才能提高自身的安全感。但美苏双方始终无法获得压倒对手的核优势，在战略意图透明度和实力透明度较低的情况下，激烈的军备竞赛非但未能提高美苏各自的安全感，反而加剧了两国之间的安全困境。美国在与苏联进行军备竞赛的过程中，秉持传统观念，即为了达到威慑苏联的效果，必须大力发展核力量，甚至在经过苏联第一次核打击后，依然要具备能够给苏联造成不可接受的损失的能力。[2] 美国逐渐意识到，此举并不能提高美国的安全感，在"相互确保摧毁"的背景下，只有防止核大战的爆发、维护美国霸权、提高对苏核威慑的可信性，才能提升美国安全感、保证美国安全。此前有关可以在核战争中取胜、未明确禁止核扩散、各国建设反导系统的国际核秩序，已不符合美国利益，所以约翰逊、尼克松政府认为有必要构建新型国际核秩序，以保证美国安全。

美国认为新型国际核秩序应该既可以保持美苏核均势、又能彰显美国战略决心，该秩序不但可以保证美国安全而且能够维护美国霸权。约翰逊、尼克松政府认为解决两大问题，方能构建出新型国际核秩序——第一，美国政府认为必须保持美苏之间的核平衡，防止核大战的爆发；[3] 第二，彰显美国的战略决心，提高战略威慑的可信性。解决这两个问题，可以采取两种方法，即美苏举行军控谈判和遏制苏联在全球扩张。

在签署《核不扩散条约》的过程中，美国与北约盟国、美国与苏联、苏联与联邦德国成为三个主要的博弈领域。在美苏博弈的过程中，美国认为苏联为了保证自身安全会同意签署《核不扩散条约》，1965 年美国倡议签署此条约后，苏联果然予以积极回应，[4] 1966 年苏联部长会议主席柯西金发表声明称，苏联愿意与各国共同

1 USDDO, Military and Economic Implications of the New Soviet Plan, November 1, 1967, Document Number: CK2349074122.

2 DNSA, Statement of Secretary of Defense Robert S. McNamara before the House Armed Services Committee on the Fiscal Year 1967–1971 Defense Programe and 1967 Defense Budget, C. 1966, Item Number: NH00463.

3 USDDO, Arms Control and Disarmament Agency (ACDA) Director Gerard Smith Provides Secretary of State William Rogers with a Summary of a 4/7/1958 Meeting which was Chaired by then Secretary of State John Foster Dulles, June 20, 1969, Document Number: CK2349591382.

4 NARA, RG 59, 1965–1969, Subject-Numeric File, DEF 18–6, Telegram from Department of State to American Embassy in Bonn, October 6, 1965.

签署《核不扩散条约》，在向无核国家提供积极安全保障的基础上，反对拥核国家向无核国家扩散核武器。在此基础上，两国共同推进了《核不扩散条约》的签署。在苏联与联邦德国博弈的过程中，联邦德国本希望通过美国提出的"多边核计划"成为拥核国家，但是当苏联发现美国正在暗中向联邦德国提供核武器后表现出了强烈的反对立场，[1]声称此举威胁苏联安全，并向美国提出坚决反对联邦德国拥核的抗议。为了保持美苏之间的核平衡，美国只得作出让步，与苏联达成共识，拒绝向联邦德国提供核援助。为此，联邦德国驻美大使乔治·麦吉（George C.McGhee）代表本国政府表示强烈抗议，甚至警告美国应该在《核不扩散条约》和结盟两者中作出选择。[2]在"相互确保摧毁战略"的背景下，虽然库尔特·G. 基辛格（Kurt G.Kiesinger）担任联邦德国总理之时坚决抵制《核不扩散条约》，但是美国最终选择向苏联妥协、迫使联邦德国接受条约。1968 年 7 月 1 日，美苏等 40 余国在华盛顿、莫斯科、伦敦共同签署《核不扩散条约》，[3] 1970 年条约正式生效。该条约的签署不仅标志着有史以来美苏获得的最高的共同利益，[4]此外还增强了两国之间的互信。美国认为自从《核不扩散条约》签署后，苏联认为与美国举行军控谈判有利可图，1969 年威利·勃兰特（Willy Brandt）担任总理后，联邦德国正式签署《核不扩散条约》的举动更加坚定了美国的立场。

但是《核不扩散条约》只限制了拥核国家直接或通过盟友间接向无核国家进行扩散核武器的行为，[5]对美苏不断提升各自核技术的问题未加限制，两国军备竞赛依

1　NARA, RG59, Conference Files, box 444, The Non-Proliferation Treaty and Germany, April 21, 1967.

2　USDDO, Memo to President Johnson from Walt W. Rostow regarding West Germany's Opposition to Negotiation Points for Article III of the Nonproliferation Treaty being Drafted between the U.S. and the Soviet Union, December 5, 1967, Document Number: CK2349133459.

3　USDDO, In a Memorandum to President Lyndon B. Johnson, National Security Adviser Walt Rostow Recommends the U.S. Inform Great Britain and the Soviet Union that Secretary of State Dean Rusk and Arms Control and Disarmament Agency (ACDA) Director William Foster will Represent the U.S. at the Signing of the Nuclear Nonproliferation Treaty (NPT), June 20,1968, Document Number: FZFOVM959147472.

4　［英］马丁·怀特、赫德利·布尔著，［英］卡斯滕·霍尔布莱德编：《权力政治》，宋爱群译，北京：世界知识出版社，2004 年，第 202 页。

5　USDDO, Presidential Special Assistant Bill Moyers Updates President Lyndon B Johnson on the Soviet Union's Conviction that any Nuclear Nonproliferation Treaty (NPT) must Prohibit the Transfer of Nuclear Weapons to any other Country, October 4,1966, Document Number: FZFOVM959147472.

然激烈。到20世纪60年代末70年代初，两国军备竞赛稳定性日益提高，双方都意识到无法取得压倒对方的“绝对核优势”，高危机稳定性和高军备竞赛稳定性，导致高战略稳定性[1]局面的出现，美苏稳定的“核均势”局面最终形成，两国都意识到军控谈判的收益大于军备竞赛。为了促成苏联参加军控谈判，尼克松政府制定了“联系战略”，以美国占据优势的经济手段为诱饵，采取“挂钩谈判”的方式，促使苏联同意军控谈判。双方通过军控谈判，最终达成了《限制反弹道导弹系统条约》《美苏关于限制进攻性战略武器的某些措施的临时协定》《美苏防止核战争协定》。美国通过与苏联达成这些条约和协定，保证了美苏之间的核平衡，降低了美国卷入核战争的风险；通过冻结美苏战略核武器的数量，既维护了美国的核霸权，又缓和了双方军备竞赛的烈度，提高了美国的安全感。[2]

“相互确保摧毁战略”与其他核战略具有明显区别，该战略强调通过可信的“核威慑”防止核战争的爆发，防御性大于实战性。美国的核力量与抵制共产主义的战略决心，决定着对苏核威慑的效果。在核武器难以投入实战的“相互确保摧毁”的世界中，彰显可信的战略决心，成为美国防止核战争爆发、构建新型国际核秩序的必要措施。约翰逊、尼克松政府认为通过两种方式可以向苏联表明战略决心：第一，在西欧加强战术核武器的部署，威慑苏联；[3]第二，在第三世界坚决抵制

---

1 战略稳定性指的是，敌对双方的核战略力量只要保持实质上的均衡，那么任何一方无论是率先发起第一次打击还是被迫进行报复，结果都不会有什么本质不同的状态。参见夏立平：《冷战后美国核战略与国际核不扩散机制》，北京：时事出版社，2013年，第23页。

2 FRUS, 1969–1976, Volume XXXII, SALT I, Document 316, pp.908–913; FRUS, 1969–1976, Volume XXXII, SALT I, Document 317, pp.913–916; USDDO, White House Press Fact Sheet with Regard to an Agreement between the U.S. and the U.S.S.R. on the Prevention of Nuclear War, June 22,1973, Document Number: CK2349514657; USDDO, Agreement between the United States of America and the Union of Soviet Socialist Republics on the Prevention of Nuclear War, June 22, 1973, Document Number: CK2349514661; USDDO, Text of an Agreement between the U.S. and the U.S.S.R. on the Prevention of Nuclear Warfare, June 22, 1973, Document Number: CK2349569181; USDDO, Text of a 5/29/72 U.S.-Soviet Agreement on the Prevention of Nuclear War, June 22,1973, Document Number: CK349714558.

3 DNSA, Tactical Nuclear Warfare Studies, July 10, 1964, Item Number: NH00994; DNSA, Meeting of Special Committee of Defense Ministers in Pairs, November 29, 1965, Item Number: NH01005; DNSA, Language Changes to Planning of U.S. Tactical Nuclear Forces, March 31, 1966, Item Number: NH01007; USDDO, John McCloy's Conclusions and Recommendations on NATO, November 21, 1966, Document Number: CK2349211986; USDDO, U.S. Position in the Trilateral Negotiations, February 23, 1967, Document Number: CK2349023891.

共产主义的扩张。由于核武器破坏性巨大，在“相互确保摧毁”的世界里，美国的核武器的实战作用下降。但是美国认为可以在第三世界发动常规战争，抵制共产主义扩张，来显示美国的战略决心。虽然约翰逊政府知晓扩大越战的灾难性后果，但仍借口“北部湾事件”将战火燃烧到北越，[1] 并于1965年通过“滚雷行动”、岘港登陆，对北越展开了“南打北炸”的局部战争，因此为了向苏联显示抵制共产主义扩张的战略决心成为美国扩大越战的原因之一。[2] 此外，美国认为利用第三世界的矛盾，发动代理人战争亦可显示美国支持盟友的立场，彰显对苏联的战略决心。在1967年的“六·五战争”中，美国虽然克制卷入战争、与苏联爆发正面冲突，甚至一度在格拉斯堡罗举行两国首脑会谈，但是总体上仍坚定地支持盟友以色列。美国警告苏联及其阿拉伯盟友，埃及必须恢复蒂朗海峡的自由通航，让联合国部队回到原来的阵地。最终，美国将苏联势力排挤出中东，显示了美国反对苏联扩张的战略决心。[3] 尼克松政府在此基础上继续采取措施并最终构建出了符合美国利益的新型国际核秩序，保证了美国国家安全。

结 语

古巴导弹危机导致世界走向核战争的边缘，危机结束后通过评估美苏核打击力量的发展情况，肯尼迪和约翰逊政府意识到美苏核报复能力的差距日益缩小、双方都具备给予对手“不可接受的损失”的能力。在“恐怖平衡”之下，核战争爆发的概率下降，危机稳定性提高，美国核安全观发生了改变，从此美国放弃了率先发动核战争的设想。在新形势下，一方面，美国认为有必要修改对外核战略，“相互确

1 “North Vietnam-U.S. Political Relations:Tonkin Gulf Crisis”, January 01, 1964-December 31, 1966, https://congressional.proquest.com/histvault?q=009218-014-0089&accountid=10659, 2019-10-12.

2 “South Vietnam Military Operation”, January12, 1966, https://congressional.proquest.com/histvault?q=009218-066-0550&accountid=10659, 2019-10-12; “South Vietnam Military Operation”, March 10, 1966-March 14, 1966, https://congressional.proquest.com/histvault?q=009218-072-0432&accountid=10659, 2019-10-12.

3 USDDO, Conversation between President Johnson and Chairman Kosygin in Glassboro, June 23, 1967, Document Number: CK2349017345.

保摧毁战略”出台；另一方面，美国意识到应该构建新型国际核秩序，保证美国的国家安全，维护美国利益。

在构建新型国际核秩序的过程中，美国需要与苏联举行军控谈判。由于美苏互相猜疑，苏联起初回应冷淡。为了增强双方的互信程度，美国倡议举行“核不扩散谈判”，并于 1968 年与苏联等国成功签署《核不扩散条约》。美国利用《核不扩散条约》虽然增强了美苏之间的互信，但是该条约只限制拥核国家向无核国家扩散核武器，而未对美苏提升各自核武器性能的问题加以限制，两国依然进行着激烈的军备竞赛。美国认为美苏匀速地扩充军备亦属于军控内容，所以当苏联意识到难以承受军备竞赛的压力后，就会同意与美国举行军控谈判。维护国家利益具有“非零和性”，在与苏联博弈的过程中，美国利用经济利益为“诱饵”换取苏联同意举行军控谈判，最终成功实现了既定目标，维持了两国合理的核均势。

此外，美国的战略力量与战略决心共同决定着核威慑战略效果。核武器巨大的杀伤力，导致在“相互确保摧毁”的世界里，核武器的威慑作用大于实战作用。为此美国通过向西欧盟友提供积极安全保障，在第三世界抵制共产主义的扩张，向苏联彰显了美国的战略决心，提高了战略威慑效果。实现以上目标后，美国构建出了符合其利益的国际核秩序，其中诸如“核不扩散”“限制部署反导系统”等原则不仅维护了美国利益，客观上也降低了全球范围内核大战爆发的概率，在某种程度上维护了世界和平，形成了冷战时期的“长和平”。但是随着国际形势的变化，1973 年美国结束越战、1975 年欧安会成功举行，使得美国无法以常规武器彰显战略决心。为了确保核威慑的可信性，有别于“相互确保摧毁战略”的“施莱辛格主义”和“抵消战略”，成为 20 世纪 70 年代中后期美国新的核安全观。美国构建新型核战略的进程显示出，虽然苏联在核力量迅猛发展的过程中与霸权国美国存在结构性矛盾，但是由于双方转变战略思维，寻找出利益交汇点，并利用军控谈判实现合作，最终缓解了两国之间的矛盾，避免陷入“修昔底德陷阱”的危险。

“苏联的越南”：美国与 1979 年苏联出兵阿富汗

宋亚光[*]

【摘要】1979 年苏联出兵阿富汗是冷战史上的重大事件，是美苏缓和的转折点，并且由此开始的十年阿富汗战争也成为加速苏联解体、促使冷战结束的一个重大因素。1978 年 4 月，阿富汗爆发政变，亲苏的共产主义政党阿富汗人民民主党上台，美国开始关注苏联与阿富汗新政权的关系。随着阿富汗内部反政府活动的不断升级，苏联对阿富汗的援助和影响也相应扩大，与此同时美国也持续关注着苏联在阿富汗的行动，并针对此制定了隐蔽行动计划。1979 年 12 月苏联出兵阿富汗之前，美国的情报部门对苏联的军事准备、行动目标和入侵阿富汗的直接原因有着准确且全面的分析与判断。然而，自始至终对苏联行动了如指掌的美国高层并未对苏联即将到来的军事行动表达出任何反对和强硬的反应，而是静待苏联进军阿富汗。苏联出兵阿富汗后，美国立即表达强硬态度，随即出台卡特主义，美苏重回对抗。

【关键词】美国；苏联；阿富汗；隐蔽行动；冷战

1979 年 12 月苏联出兵阿富汗是冷战史上的重大事件，是冷战期间美苏关系的转折点。苏联发动的阿富汗战争不仅打破了当时美苏间相对的缓和状态，使得双方再次回到激烈对抗的道路上，而且随之开启的十年阿富汗战争更是导致苏联解体和

* 宋亚光，南开大学历史学院博士研究生。

冷战结束的重要因素之一。但是，有关 1979 年苏联出兵阿富汗的研究大多侧重于苏联方面，根据苏联解体后公开的大量档案资料和相关人员的口述，关于苏联出兵的决策已得到较为充分的研究，基本认为苏联并没有南下扩张的战略计划，出兵阿富汗则是苏联领导人由于错误的情报和过于机密的决策过程等因素，而作出的错误决定。[1] 关于美国方面的政策，往往认为苏联出兵前夕美国忽视了苏联在阿富汗可能进行的军事行动，其沉默态度也使苏联低估了美国的反应，是导致苏联军事决策的因素之一，而美国对苏联出兵意图的错误解读也是随后美国采取强硬政策的主要原因。[2] 总的来说，相较于对苏联方面的研究，有关美国政策的研究略显薄弱，并且已有研究有很明显的美国价值倾向。事实上，1979 年前后卡特政府在苏联干涉阿富汗问题上的政策，不仅为之后里根时期大规模的隐蔽行动奠定了基础，而且是 20 世纪 80 年代美国对苏联政策的起点。从 1978 年 4 月阿富汗发生政变到 1979 年 12 月苏联出兵阿富汗，卡特政府在面对阿富汗局势时是如何考虑和决策的？为何最终选择隐蔽行动在阿富汗问题上对抗苏联？本文试图利用美国对外关系文件最新解密的资料和其他相关档案，[3] 解释卡特政府在苏联入侵阿富汗问题上的政策形成。

1　有关 1979 年苏联出兵阿富汗决策的档案和研究，可参考布朗大学、美国国家安全档案馆和挪威诺贝尔研究所的“卡特—勃列日涅夫”项目（The Carter–Brezhnev Project），该项目举办了数次口述史会议并首次公布了相关苏联档案，https://nsarchive2gwu.edu/carterbrezhnev/, 2019 年 3 月 25 日；Woodrow Wilson International Center for Scholars, “*New Evidence on the Soviet Invasion of Afghanistan*”, CWIHP, https://www.wilsoncenter.org/sites/default/files/media/documents/ publication/e-dossier_ 4. pdf, 2020–02–25。

2　Raymond L. Garthoff, *Détente and Confrontation: American-Soviet Relations from Nixon to Reagan*, Washington, DC.: The Brookings Institution, 1985; Odd Arne Westad, “Prelude to Invasion: The Soviet Union and the Afghan Communists, 1978–1979”, *The International History Review*, XVI, (February 1994), pp.49–69; Andrew Hartman, “‘The Red Template’: US Policy in Soviet-Occupied Afghanistan”, *Third World Quarterly*, XXIII, (June 2002), pp.467–489; Steve Coll, *Ghost Wars: The Secret History of the CIA, Afghanistan, and Bin Laden, from the Soviet Invasion to September 10,* New York: Penguin Press, 2004；李琼：《苏联、阿富汗、美国：1979～1989 年三国四方在阿富汗地区的一场博弈》，华东师范大学历史系博士学位论文，2008 年；李晓亮：《阿富汗战争：苏联高层决策研究（1979～1989）》，华东师范大学历史系博士学位论文，2010 年；白建才：《论美国对苏联入侵阿富汗的政策与隐蔽行动》，《陕西师范大学学报》2011 年第 6 期，第 29～35 页；［美］梅尔文·莱弗勒：《人心之争：美国、苏联与冷战》，孙闵欣等译，上海：华东师范大学出版社，2012 年；［挪］文安立：《全球冷战：美苏对第三世界的干涉与当代世界的形成》，牛可等译，北京：世界图书出版公司，2012 年。

3　FRUS, 1977–1980, Volume XII, Afghanistan, Washington: United States Government Printing Office.

一、美国对阿富汗“四月革命”的反应

二战结束后至 1978 年，美国对阿富汗的政策一直属于其南亚国家政策的范畴。1978 年 4 月阿富汗爆发政变，美国开始意识到阿富汗有可能将落入苏联阵营，进而不断调整在阿富汗和苏联干涉问题上的思路和政策。

1978 年 4 月 17 日，阿富汗人民民主党旗帜派领袖海勃尔遭到暗杀。人民民主党借机发动游行示威活动，结果遭到达乌德政府镇压，努尔·穆罕默德·塔拉基（Nur Muhammad Taraki）和巴布拉克·卡尔迈勒（Babrak Karmal）等人民民主党领导人遭到逮捕。4 月 27 日，党内第三号人物哈菲祖拉·阿明（Hafizullah Amin）密谋军队中的左翼军官发动政变。至此，阿富汗共产党即阿富汗人民民主党，通过军事政变，推翻了奉行中立路线和不结盟政策的达乌德政府，建立了社会主义性质的“阿富汗民主共和国”，人民民主党领袖塔拉基、卡尔迈勒、阿明成为新政权的主要领导人。4 月 30 日，苏联第一个承认了阿富汗的新政府。苏联大使在电文中也表示对新政权抱有极大期望，认为新政府与苏联建立友好关系的愿景是强烈的。[1]

面对阿富汗这场突如其来的政变，美国起初很难相信苏联与这次军事政变毫无关系。就在阿富汗发生政变前夕，美国驻阿富汗大使专门就达乌德之后的政权继承问题向国务院提交一份详细的报告。报告指出，虽然阿富汗素有政变和暗杀的惯例，但当前阿富汗内部党派众多，政治斗争激烈，很难确定哪个集团有着明显优势。无论是“中间派”或者“保守派”，还是代表达乌德宗亲的一些政治人员，当前并没有一个明确的继承者对象。其中，亲苏的左翼政党人民民主党尽管人数不多，却是全国最有组织和经验的政治力量，它的一些成员被任命为军队官员，并接受苏联的军事训练或接触苏联顾问，但很难确定有多少人会成为马克思主义者或是亲苏的。中央情报局的另一份报告也表示，除非苏联进行大规模且不切实际的努力，否则外部势力很难影响继任的结果。因此，时任美国驻阿富汗大使西奥多·艾略特（Theodore Eliot）认为，鉴于阿富汗的伊斯兰传统与保守思想，最终的继承

1 沈志华主编:《冷战国际史二十四讲》，北京：世界知识出版社，2018 年，第 391 页。

者可能来自“中间派”，并且可能需要经过相当一段时间的利益集团斗争，才会产生一位新的领导者。[1]恰巧在这份报告提交后数日，并不被看好的人民民主党通过军事政变，掌握了政权，美国人自然有理由怀疑苏联在此次阿富汗内部政变中发挥了作用。

从美国驻阿富汗使馆和中央情报局反馈的信息看来，美国虽然没有找到苏联直接参与此次政变的证据，但可见的、更重要的事实是莫斯科与阿富汗新政权的关系越来越密切。4 月 29 日，美国国务院执行秘书彼得·塔诺夫（Peter Tarnoff）在给布热津斯基的关于阿富汗政变的评估报告中指出，领导这次政变的多数军事人员是一些年轻的左派和民族主义分子，阿富汗共产党的一些成员与他们有联系，然而，并没有迹象表明苏联参与了这次政变，这场政变似乎是仓促策划的、苏联可能在最后时刻才得到通知。[2]随后，中央情报局的数份文件也提出了相同的判断。虽然苏联没有直接参与这场政变，但显然阿富汗这场政变是莫斯科所欢迎的，并且苏联有意帮助新上台的人民民主党巩固政权。5 月 5 日，中情局在报告中表示，考虑到阿富汗国内民族主义和各伊斯兰组织的现状，以及南亚的紧张状态，苏联将会以一种谨慎的政策来帮助阿富汗新政府巩固政权，并且通过更大规模的军事和经济援助来加强与阿富汗的关系，以实现阿富汗和南亚地区的稳定。[3]5 月 31 日，大使馆和中情局反馈的信息证明了苏联与阿富汗新政府的特殊关系。大使馆在报告中提到，政变以来阿富汗几乎每天都会公布与苏联的经济协定，大约有十五项。[4]中情局也报告，莫斯科近期不断与阿富汗新政府签订军事和经济协定，并且增加派遣到阿富汗的军事顾问。此外，联总参谋部佐托夫中将率领的军事代表团也来到喀布尔，与塔拉基政权讨论签署新的军事援助协议。[5]到了 7 月，莫斯科与阿富汗新政府签订了

1 FRUS, 1977－1980, Volume XII, Afghanistan, Documents 7.

2 Carter Library, National Security Affairs, Brzezinski Material, Country File, Box 1, Afghanistan: 1/77-3/79.

3 Carter Library, National Security Affairs, Brzezinski Material, Country File, Box 1, Afghanistan: 1978.

4 Access to Archival Databases（以下简称：AAD), RG 59, Central Foreign Policy Files, Electronic Telegrams: 1978l, D780154-0796, https://aad.archives.gov/aad/createpdf?rid=89976&dt=2694&dl=2009, 2019－02－04.

5 NARA, Record Group 263, National Intelligence Estimates and Related Reports and Correspondence, 1950－1985, “*The Soviet Invasion of Afghanistan: Implications for Warning*”, https://catalog.archives.gov/id/7327208, 2019－02－18.

又一项重大协议，苏联将向塔拉基政府提供价值 2.5 亿美元的额外军事援助。苏联派遣的军事顾问也增加到了 700 多人，是政变前的两倍，其中有许多文职人员被派往喀布尔，为新的政府部门服务，以帮助新政府巩固政权。[1] 而当时的美国驻阿富汗大使艾略特在 6 月中旬离任前夕，最后一次提交了一份关于阿富汗局势和美国政策的报告，同样谈到当前阿富汗的新政府在军事物资和装备上完全依靠苏联，经济技术贸易等方面也越发依赖苏联。[2]

尽管情报部门报告了苏联不断援助阿富汗新政府的情况，华盛顿始终没有就该问题向苏联公开正式的表态，并对阿富汗采取一直观望的政策，且继续援助阿富汗。

关于美国对阿富汗的政策和苏阿特殊关系上的态度，华盛顿内部也存在分歧。艾略特大使在给国务院的报告中提出了自己的观点，认为当前阿富汗还称不上是“共产主义国家”或是苏联的卫星国，当前最好的战略是鼓励一个独立和真正不结盟的阿富汗。[3] 国务卿赛勒斯·万斯（Cyrus R. Vance）显然接受了这种观点，在他看来塔拉基和阿明有着强烈的民族主义思想，阿富汗不至于沦为苏联的卫星国，所以维护美国利益最好的办法就是让阿富汗继续在东西方之间玩弄平衡，继续向阿富汗提供有限的经济援助。[4] 国家安全顾问布热津斯基与万斯在外交事务中本来就存在许多分歧，自然无法接受这种保守的观点。他认为这次政变是苏联在西南亚实现霸权的开端，最终阿富汗将被纳入苏联的轨道，并通过政治和军事行动征服海湾石油生产国，因此美国应该采取一些秘密措施来挫败苏联在该地区的野心。据当时的中情局局长斯坦斯菲尔德·特纳（Stansfield M. Turner）回忆，布热津斯基并不担

1　NARA, Record Group 263, National Intelligence Estimates and Related Reports and Correspondence, 1950−1985, “*Soviet Options in Afghanistan*”, https://catalog. archives.gov/id/7327206, 2019−02−20; “*The Soviet Invasion of Afghanistan: Implications for Warning*”, https://catalog.archives.gov/id/7327208, 2019−02−18.

2　AAD, RG 59, Central Foreign Policy Files, Electronic Telegrams:1978, D780247-0416, https://aad.archives.gov/aad/createpdf?rid=147739&dt=2694&dl=2009, 2019−02−20.

3　AAD, RG 59, Central Foreign Policy Files, Electronic Telegrams: 1978, D780227-1122, https://aad.archives.gov/aad/createpdf?rid=128032&dt=2694&dl=2009, 2019−02−20.

4　［美］赛勒斯·万斯：《困难的抉择：美国对外政策的危急年代》，郭靖安等译，北京：中国对外翻译出版公司，1987 年，第 240～242 页。

心这样的政策会激怒苏联，因为他相信苏联已经有意控制阿富汗。[1]同布热津斯基持相同观点的还有美国驻阿富汗前大使罗伯特·诺依曼（Robert G. Neumann）和万斯的苏联问题顾问马歇尔·舒尔曼（ Marshall D. Shulman ）。[2]

最终以万斯为代表的国务院意见占了上风。美国不仅很快承认了阿富汗新政权，而且继续维持着政变之前的经济援助。7 月，副国务卿戴维·纽森（David Newsom）访问喀布尔，虽然他对新政权的能力和阿富汗的形势感到悲观，但依然和万斯等人决定，继续执行若干援助计划。[3]美国之所以决定在阿富汗问题上采取一种温和、克制的政策，究其原因，主要有以下几点：

第一，卡特总统倾向于维持之前对阿富汗的援助政策。卡特上台以后就在全球范围内坚定地推行以人权主义为中心的外交政策，致力于缓和美苏关系或是东西方关系。在对第三世界国家的政策上，经济和军事援助是卡特人权外交政策的主要内容。阿富汗政变一周后布热津斯基给万斯的备忘录中提到，卡特总统表示应该与阿富汗新政府建立良好的关系，但经济援助方面应该谨慎行事。[4]卡特在援助阿富汗新政权问题上的顾虑源于国会。根据 1961 年的《对外援助法》第 620 条（f），国会一些人反对继续对阿富汗进行援助该法案规定的“禁止向社会主义国家提供援助”。[5]而布热津斯基告诉总统，如果国务院发现阿富汗并不是在“国际共产主义的控制下”，那么仍然有资格获得援助。[6]5 月 31 日艾略特大使提交的那份关于阿富汗政权属性的报告，显然就是针对此番卡特总统的顾虑，不仅是国务卿万斯，而且卡特总统本人也有意认可“阿富汗不是社会主义国家或是苏联卫星国”的观点。

1 Diego Cordovez and Selig Harrison, *Out of Afghanistan: The Inside Story of the Soviet Withdrawal*, New York: Oxford University Press, 1995, pp.32－33.

2 Thomas Taylor Hammond: *Red flag over Afghanistan: the Communist coup, the Soviet invasion, and the consequences*, Bolder Colo: Westview Press, 1984, p.63.

3 ［美］赛勒斯·万斯：《困难的抉择：美国对外政策的危急年代》，郭靖安等译，北京：中国对外翻译出版公司，1987 年，第 240 页。

4 Carter Library, National Security Affairs, Brzezinski Material, Country File, Box 1, Afghanistan: 1/77-3/79.

5 Library of Congress, Foreign Affairs and National Defense Division, "*Afghanistan: Soviet Invasion and U.S. Response*", https://digital.library.unt.edu/ark:/67531/metacrs8151/, 2019－03－20.

6 Carter Library, Remote Archives Capture Program (RAC), Brzezinski Material, Brzezinski Office File, NLC-15-1-2-5-7.

第二，卡特政府并未重视阿富汗政变和对周边可能引起的影响。一方面，在华盛顿看来，阿富汗的事态并不是影响美苏关系的一个问题。在1978年期间，卡特总统一如既往地致力于缓和美苏关系。“最高级的决定一再强调不要把非洲及第三世界问题与苏联的双边关系或限制战略武器会谈联系起来”，万斯也坦言自己更致力于促使美苏关系缓和。[1]同时万斯也讲，没有证据证明苏联参与了这次政变，那么维护利益最好的办法就是让阿富汗继续在东西方之间玩弄平衡。[2]另一方面，美国的决策者似乎也忽视了阿富汗政变对周边国家的影响。5月5日中情局和国务院情报部门共同提交的备忘录便指出，伊朗国王一直担心苏联通过控制阿富汗来分裂巴基斯坦，以此包围伊朗并作为通向印度洋的出口，因此他将下令对阿富汗新政府展开某种秘密行动。而阿富汗与巴基斯坦之间，阿富汗新政权也有倾向重燃与巴基斯坦间的普什图尼斯坦问题，以此来转移内部注意力，巩固政权。[3]阿富汗政变引起了巴基斯坦的严重不安，巴基斯坦总统穆罕默德·齐亚·哈克（Mohammad Zia-ul-Haq）9日在信中告诉卡特，阿富汗新政权上台后他们不仅要重拾普什图尼斯坦问题，而巴基斯坦也将直接面对苏联南下印度洋和波斯湾的威胁。他认为喀布尔左派政权的出现是一个历史性的事件，这一根本性的变化将对该地区和世界力量的平衡产生深远的影响，其对巴基斯坦的影响也是不可估量的。[4]接着，美国驻巴大使恒安石在给国务院的电报中也汇报了巴基斯坦的情况，他说整个巴基斯坦内部都充斥着一种沮丧和不安的情绪，并且对美国在阿富汗政变中的沉默十分失望。[5]6月9日，卡特给巴基斯坦总统的回信中，并没有直接回应齐亚对巴基斯坦安全上的担忧，仅仅表示会与巴基斯坦共同努力，使阿富汗新政府遵守不结盟的承诺。[6]万斯在回忆录中说：“从历史观点看我们一直认为，那里并未牵涉我们的根本利益。何

1 ［美］赛勒斯·万斯：《困难的抉择：美国对外政策的危急年代》，郭靖安等译，北京：中国对外翻译出版公司，1987年，第105页。

2 ［美］赛勒斯·万斯：《困难的抉择：美国对外政策的危急年代》，郭靖安等译，北京：中国对外翻译出版公司，1987年，第242页。

3 FRUS, 1977－1980, Volume XII, Afghanistan, Document 13.

4 NARA, RG 59, Central Foreign Policy Files, P-reel: 1978, P780121-2111.

5 FRUS, 1977－1980, Volume XII, Afghanistan, Document 18.

6 NARA, RG 59, Central Foreign Policy Files, P-reel: 1978, P780116-2143.

况我们在那个地区的朋友们采取了观望态度。”[1]

第三，美国认为阿富汗不会落入苏联阵营。美国国务院情报部门曾表示：“尽管他们（指阿富汗新政府领导人。——笔者注）与莫斯科有着长期往来，但共产主义的领导者们基本都是民族主义者。如果是这样，他们可能会奉行一种至少对西方保持开放的政策。”[2] 万斯认为，塔拉基和阿明强烈的阿富汗民族主义，“有可能使阿富汗不至于沦为苏联的卫星国”。[3] 阿富汗新政府领导人的态度也影响了美国的判断。塔拉基等人曾向到访的美国副国务卿纽森表示，阿富汗将继续坚持不结盟政策，希望与美国维持友好关系，并且期待美国和苏联的援助。塔拉基特别提到，如果阿富汗受到苏联攻击，阿富汗政府将向美国和其他朋友寻求帮助。[4] 阿富汗政府的回应显然加强了卡特政府的看法，使后者相信阿富汗将继续维持之前中立、不结盟的政策。

二、美国对阿富汗局势的关注与隐蔽行动的开始

从 1978 年 4 月阿富汗政变到 1979 年年初，美国在阿富汗政变和苏联援助阿富汗等事态上，一直采取保守和观望的态度，不仅对阿富汗新政府维持着先前的援助政策，对苏联的明显介入也没有作出任何回应。1979 年 2 月，美国驻阿富汗大使阿道夫·杜布斯（Adolph Dubs）遭到绑架并遇害，美国由此开始调整对阿富汗的政策。

1979 年 2 月 14 日，阿富汗反政府势力劫持杜布斯大使，要求塔拉基政府释放在押的同伙。阿明不顾美国大使馆和苏联大使馆要求暂缓进攻性行动的呼吁，采取

---

1 ［美］赛勒斯·万斯：《困难的抉择：美国对外政策的危急年代》，郭靖安等译，北京：中国对外翻译出版公司，1987 年，第 242 页。

2 FRUS, 1977-1980, Volume XII, Afghanistan, Document 13.

3 ［美］赛勒斯·万斯：《困难的抉择：美国对外政策的危急年代》，郭靖安等译，北京：中国对外翻译出版公司，1987 年，第 242 页。

4 AAD, RG 59, Central Foreign Policy Files, Electronic Telegrams:1978, D780288-0783l, https://aad.archives.gov/aad/createpdf?rid=176517&dt=2694&dl=2009, 2019-01-20.

武力解救行动，导致大使在枪战中受伤身亡。[1]美国对此反应强烈，认为如果没有最高级别的决策，不可能展开进攻行动和枪战。布热津斯基认为，事后阿富汗领导人阿明拒绝承担责任和道歉反映了他们反美亲苏的倾向。[2]大使死后，卡特政府宣布大幅度削减对阿富汗的援助。8月，卡特总统签署了《1979年国际发展合作法》。该法案第505条规定，禁止向阿富汗进一步提供援助，除非总统向国会证明，阿富汗政府已正式道歉并且承担大使去世的责任，以及对所有在阿富汗的美国政府人员提供保护。[3]据杜布斯大使的政治顾问布鲁斯·弗拉廷（Bruce Flatin）回忆，大使去世前曾与阿明进行过14次会谈，并取得了一个重要突破，即阿明同意恢复和扩大美国对阿富汗军官的军事训练项目。[4]但是，最终该项目也和其他援助项目一起因大使去世而中止。

杜布斯大使遇害后，卡特政府加强对阿富汗和苏联干涉问题的关注，并决定在阿富汗采取隐蔽行动。1979年3月底，布热津斯基说服国务院的万斯等人，正式表示开始关注苏联在阿富汗不断加紧干涉的问题，并在给卡特总统的每日国家安全简报多次提到这一问题。[5]3月24日，美国第一次因阿富汗问题公开警告苏联。美国认为外部势力涉足阿富汗的内部问题，是“一个有可能加剧紧张局势和破坏地区稳定的严重事件”。[6]4月布热津斯基促使特别协调委员会通过一项协议，对那些立志维护国家独立的阿富汗人表示更多的同情。5月，布热津斯基再次提醒卡特总统，苏联一旦控制了阿富汗，就有通过巴基斯坦和伊朗南下扩张的可能，“于是总统便指示万斯让国务院就这一形势向阿富汗所有邻国吹风”。[7]而关于支持阿富汗独

1　［俄］A. 利亚霍夫斯基：《阿富汗战争的悲剧》，刘宪平译，北京：社会科学文献出版社，2004年，第65页。

2　Diego Cordovez and Selig Harrison, *Out of Afghanistan: The Inside Story of the Soviet Withdrawal*, p.35.

3　Library of Congress, Foreign Affairs and National Defense Division, “*Afghanistan: Soviet Invasion and U.S. Response*”, https://digital.library.unt.edu/ark:/67531/metacrs8151/, 2019-03-20.

4　Diego Cordovez and Selig Harrison, *Out of Afghanistan: The Inside Story of the Soviet Withdrawal*, p.35.

5　［美］兹比格涅夫·布热津斯基：《实力与原则：1977～1981年国家安全顾问回忆录》，邱应觉等译，北京：世界知识出版社，1985年，第482页。

6　Raymond L. Garthoff, *Detente and Confrontation: American-Soviet Relations from Nixon to Reagan*, Washington, DC.: The Brookings Institution, 1994, p.1051.

7　［美］兹比格涅夫·布热津斯基：《实力与原则：1977～1981年国家安全顾问回忆录》，邱应觉等译，北京：世界知识出版社，1985年，第482页。

立运动的协议，正如加特霍夫所认为的，“布热津斯基并没有提到这一决定意味着什么，但显然已经超出了同情的范畴”。[1] 7 月 3 日，卡特总统签署了两项关于阿富汗隐蔽行动的方案。第一项内容包括：授权支持阿富汗境内的反抗宣传和其他心理行动，利用第三国设施向阿富汗人民进行无线电宣传，单方面或通过第三国向阿富汗反政府势力提供资金或军事物资支持；第二项授权内容是：在世界范围内，“揭露阿富汗民主共和国的专制和对苏联的屈从”，并“宣传阿富汗反政府势力为恢复国家主权所作的努力”。[2]

起初，美国仅仅关注阿富汗反政府势力的活动并采取相应情报收集行动。1978 年夏天美国官员开始评估阿富汗反政府势力的能力，考虑美国是否要支持他们推翻塔拉基政权。6 月 22 日，艾略特大使离任后的临时代办布鲁斯·阿姆斯图茨（J. Bruce Amstutz）在报告中首次提到，一个由阿富汗军中第二号人物领导的主要反共组织与他接触，就如何更好地反抗当前阿富汗亲苏亲共的政府向美国寻求建议，并且这个组织正在考虑发动军事政变。他们相信：“如果没有苏联的干涉，他们可以在 6 个小时内获得政权。他们担心苏联会像干涉斯洛伐克一样，除非美国（可能还有伊朗和巴基斯坦）愿意与苏联对抗。”但是，他建议采取中立立场，“为这个组织提供鼓励和建议，而不是卷入另一个朝鲜”。这份报告后来也由国务院递交给布热津斯基和卡特总统。28 日，中情局副局长弗兰克·卡鲁奇（Frank C. Carlucci）在给国家安全事务副助理戴卫·艾伦（David L. Aaron）的备忘录中建议，为了收集情报应该与反抗势力保持联系，并鉴于苏联对任何反抗活动的强烈反应，有必要事先尽可能多地了解情况，以便更好地处理美苏关系。7 月 14 日，国家安全委员会负责南亚事务的托马斯·桑顿（Thomas P. Thornton）在给艾伦和布热津斯基的备忘录中，涉及中情局对阿富汗反抗组织的评估，从这两份评估中可以看出，中情局已经开始有意加强在阿富汗的情报收集工作。27 日，中情局局长特纳在给布热津斯基的备忘录中提到，国务院、国家安全委员会和中情局作出了一份关键决定，美国将继续与阿富汗的反抗人员保持联系，但不会为他们提供援助。[3]

---

1 Raymond L. Garthoff, *Detente and Confrontation: American-Soviet Relations from Nixon to Reagan*, p.1051.

2 FRUS, 1977–1980, Volume XII, Afghanistan, Document 53.

3 FRUS, 1977–1980, Volume XII, Afghanistan, Document 25.

随着苏联与阿富汗关系的不断升级，美国开始考虑是否对阿富汗反抗组织进行援助。9月，塔拉基和阿明对人民民主党内部的旗帜派进行了血腥清洗，并宣布乡村的伊斯兰抵抗运动为恐怖主义行径。苏联对此十分不安，指出这些镇压活动已经在民众间引起了不满，损害了政府威信和政权稳定。塔拉基除了对镇压活动辩护外还解释道，西方和美国正试图通过许诺提供援助来诱惑反政府势力，对此他向苏联表示："阿富汗将始终站在苏联一边，赞同与其他社会主义国家结盟。"[1] 与此同时，美国驻苏联大使认为，苏联虽然对塔拉基的镇压活动进行指责，但"无论好坏"都将该政权作为维护和扩大阿富汗"革命"的最佳选择，而莫斯科也有意扩大和深化苏阿关系。[2] 阿富汗的叛乱活动持续升级，尽管有苏联的援助，但塔拉基政府仍然难以镇压反抗势力。到了11月，反抗组织控制了阿富汗北部和东部大片区域，一位苏联军事顾问判断，阿富汗几年内都需要一支庞大的军事顾问部队。[3] 12月5日，塔拉基在莫斯科与苏联签订了《苏阿友好睦邻合作条约》，随即苏联大量的援助和各行各业的专家顾问涌入阿富汗。1979年1月26日，卡鲁奇向艾伦提交了关于阿富汗隐蔽行动的备忘录，奠定了美国对阿富汗隐蔽行动的基本内容。他提出几点关键看法：首先，美国通过政府援助等外交手段来影响阿富汗的政策，给美国在阿富汗带来的影响力十分有限，而就地缘和军事经济关系来看，苏联的影响力更大。其次，无论美国在叛乱问题上采取什么立场，反抗活动都将持续下去；持续的叛乱和阿富汗政府的无力应对，使得塔拉基政权有被推翻的可能；而反抗势力若要维持当前的反抗水平，就需要些外部的援助。因此，他认为，美国政府可以通过从宣传支持到秘密武器供应的各种隐蔽行动手段，增加塔拉基政权被推翻的可能性，并提出包括向反抗组织提供物质援助等具体措施。[4] 3月5日，中情局准备了一份

1 ［美］梅尔文·莱弗勒：《人心之争：美国、苏联与冷战》，廖蔚莹译，上海：华东师范大学出版社，2012年，第294页；李晓亮：《阿富汗战争：苏联高层决策研究（1979～1989）》，北京：世界知识出版社，2016年，第58～59页。

2 AAD, RG 59, Central Foreign Policy Files, Electronic Telegrams:1978, D780400-1081, https://aad.archives.gov/aad/createpdf?rid=228257&dt=2694&dl=2009, 2019-02-22.

3 NARA, Record Group 263, National Intelligence Estimates and Related Reports and Correspondence, 1950-1985, "*The Soviet Invasion of Afghanistan: Implications for Warning*", https://catalog.archives.gov/id/7327208, 2019-02-18.

4 FRUS, 1977-1980, Volume XII, Afghanistan, Documents 34.

关于向阿富汗反政府和反共组织提供秘密援助的方案，并准备上报特别协调委员会进行研究，其中清楚地写道："可以对阿富汗民主共和国采取隐蔽行动，其目标是从骚扰到实际推翻当前的共产主义政府。其主要目的是向苏联和第三世界表明，美国不会默许另一个国家进入苏联轨道。"[1] 3 月 30 日，特别协调委员会召开了一次小型会议，讨论了援助阿富汗反抗势力的政策，并在全体会议上确定具体方案，其中提出了包括广播宣传、直接间接的资金物资援助和培训相关抵抗人员等 9 项具体措施。[2] 4 月 6 日，特别协调委员会讨论了中情局准备的文件，最终认为应该通过巴基斯坦向阿富汗反抗势力提供资金和物质援助以及广播宣传。[3] 6 月 26 日，特别协调委员会确定了援助阿富汗反抗组织的最终方案和资金，并要求中情局起草一份总统令。7 月 3 日，卡特总统批准授权实施。[4] 美国开始了在阿富汗的隐蔽行动。

三、美国对苏联直接军事干预阿富汗的考虑

1979 年 7 月之后，阿富汗内部的叛乱活动持续升级，苏联相应地扩大了对阿富汗的军事援助。同时，阿富汗人民民主党内部的政治斗争也加剧了阿富汗的复杂性。苏联铲除阿明的计划落空，阿明杀害塔拉基并掌握阿富汗政权。由于阿富汗持续的叛乱活动和新领导人阿明的不确定性，苏联开始加强在阿富汗的军事部署，最终于 12 月底全面出兵阿富汗，镇压叛乱活动，并扶持新的政权领导者。1979 年夏以来，美国开始更加关注阿富汗的内部局势以及苏联增派部队的情况。然而，从情报部门的分析看来，他们显然已经预测到了苏联对阿富汗进行军事干涉的可能，并将苏联调动军队的情况及时上报华盛顿，但卡特政府在获悉苏联部队的异常动作后却并未作出强硬的反应。直至苏联出兵阿富汗，1980 年年初卡特主义出台，美国开始在阿富汗问题上正式与苏联展开较量。

1　FRUS, 1977–1980, Volume XII, Afghanistan, Documents 38.

2　FRUS, 1977–1980, Volume XII, Afghanistan, Documents 45.

3　FRUS, 1977–1980, Volume XII, Afghanistan, Documents 48.

4　FRUS, 1977–1980, Volume XII, Afghanistan, Documents 71.

第一，美国在1979年夏季开始的对阿富汗叛乱势力的秘密援助计划，其真正意图仍然值得推敲。一方面，1979年杜布斯大使在叛乱中身亡，卡特政府停止了对阿富汗政府的援助，但转而支持不断引发叛乱活动、并致使大使身亡的抵抗组织；另一方面，美国高层似乎意识到，持续的反抗活动会加剧阿富汗的混乱局势，并增加苏联对阿富汗直接军事干预的可能性。1979年9月，桑顿再次提醒布热津斯基，当前"阿富汗具备使苏联无休止卷入其中的所有特征。唯一缺少的是反对派的团结意识"，并且还建议建立一个统一的阿富汗解放阵线。[1] 同样，如中情局战略预警局局长道格拉斯·麦卡钦（Douglas MacEachin）认为，除了可预见苏联将展开有限的军事干涉外，更是看到了一个陷阱的开端："然而，一旦开始增加军事赌注，苏联很可能会发现自己被卷入更大的行动中，尽管他们可能必须避免这样的行动。"[2] 在1979年上半年，布热津斯基极力促成的以推翻塔拉基政权为目的的隐蔽行动，便是有意来增加苏联直接军事干预阿富汗的可能。十几年后，布热津斯基在一次采访中提到，他在苏联出兵阿富汗的半年前就告诉总统，"苏联可能会进入阿富汗"，并建议"不应该坐以待毙"。后来，他还透露了一些关于7月卡特批准隐蔽行动方案的细节："在那天，我给总统写了一张纸条来解释我的观点，在我看来这种援助将带来苏联的军事干预。"不仅如此，布热津斯基还谈到此时实施隐蔽行动的真正目的："我们没有推动俄罗斯人进行干预，但我们有意识地增加了他们这样做的可能性。隐蔽行动是个好主意。它的作用是吸引俄罗斯人进入阿富汗陷阱。"[3] 苏联出兵阿富汗后的12月26日，布热津斯基说，"虽然它可能成为苏联的越南，但由于国内外原因，干预的初期可能会对我们不利"，因此他正式建议总统扩大对阿富汗反抗势力的援助，并鼓励周边伊斯兰国家共同参与支持。[4]

第二，美国情报部门很早就发现，阿富汗内部政治斗争和叛乱不断升级的局势将会使苏联深陷泥潭，苏联为避免对阿富汗的直接军事干预，只能继续增加援助。

---

1 FRUS, 1977–1980, Volume XII, Afghanistan, Documents 61.

2 FRUS, 1977–1980, Volume XII, Afghanistan, Documents 56.

3 "*Les Revelations D'un Ancien Conseiller De Carter*", Le Nouvel Observateur, https://www.voltairenet.org/article165889.html, 2019–03–22; 英文版见 The Centre for Research on Globalization, https://archives.globalresearch.ca/articles/BRZ110A.html, 2019–03–22。

4 Carter Library, National Security Affairs, Brzezinski Material, Country File, Box 1, Afghanistan: 4–12/79.

早在4月份中情局就分析，苏联并不希望对阿富汗采取大规模军事行动，因为莫斯科也担心陷入阿富汗的泥潭之中。[1]到了7月隐蔽行动批准后，情报部门再次警告，莫斯科将不断升级的叛乱归咎于阿明的暴政，并打算撤免阿明，全力支持塔拉基。7月19日，桑顿和舒尔曼向布热津斯基汇报了一条重要信息，东德大使提醒他们，苏联可能会在8月撤免阿明，目的是为了保护“阿富汗的改革”。[2]7月23日，布热津斯基提醒总统注意苏联可能撤换阿明总理，因为阿明所推行的共产主义恐怖政策所产生的效果适得其反。[3]8月初情报部门的数份报告提出，面对日益严重的叛乱活动，阿富汗政权岌岌可危，塔拉基和阿明呼吁苏联进行直接的军事行动。莫斯科意识到这将不可避免地带来阿富汗伊斯兰反抗组织、伊朗及巴基斯坦的敌视，但同时“他们可能看到目前除了试图继续支持塔拉基和阿明之外，别无他择，尽管这一选择几乎肯定需要苏联在阿富汗有更深入的军事干预”。情报部门认为，这是“莫斯科自古巴（导弹）危机以来最艰难的外交决策之一”，因为除非苏联进行大规模的军事干预，否则任何行动都无法确保阿富汗政府不被反抗组织推翻。[4]8月底，克林姆林宫决定铲除阿明，并为此制订了一个详尽的计划。9月中旬，阿明发现了莫斯科和塔拉基的计划，不仅成功逃脱，而且囚禁了塔拉基，接管了政权。尽管苏联的高层一致表现出对阿明的不满，可包括勃列日涅夫在内都表示当前还无法放弃与阿明的合作。[5]与此同时，美国情报部门依旧时刻关注着阿富汗政府和苏联部队的动态，认为苏联可能打算对阿富汗进行直接的军事干预，并且相应的军事准备已经开始。9月14日，中情局专门提交了一份警报备忘录，再次警告，苏联可能开始认真考虑对阿富汗进行直接军事干预，当前巴普洛夫斯基访问喀布尔就是为日后苏联的军事干预做准备，而近几周苏联正在积极参与某些小规模作战，并且向喀布

---

1 FRUS, 1977–1980, Volume XII, Afghanistan, Documents 39.

2 Carter Library, National Security Affairs, Brzezinski Material, Office File, Box 1, Afghanistan: 978.

3 ［美］兹比格涅夫·布热津斯基:《实力与原则：1977～1981年国家安全顾问回忆录》，邱应觉等译，北京：世界知识出版社，1985年，第482页。

4 FRUS, 1977–1980, Volume XII, Afghanistan, Documents 56.

5 ［美］梅尔文·莱弗勒:《人心之争：美国、苏联与冷战》，廖蔚莹译，上海：华东师范大学出版社，2012年，第319页；李琼:《苏联、阿富汗、美国：1979～1989年三国四方在阿富汗的博弈研究》，北京：中国社会科学出版社，2016年，第47～54页。

尔增派了 3 600 名士兵。[1] 此时美国很清楚地意识到在面对不断升级扩大的叛乱活动与阿明政变，苏联不得不加紧对阿富汗的援助，做好直接军事干预的准备。[2]

不仅如此，而且美国深知苏阿矛盾将促使苏联加紧对阿富汗进行直接军事干预的准备。阿明指责苏联参与了塔拉基谋害自己的计划。对此，苏联内部不仅引起强烈反应，同时有人指出阿明有摆脱苏联的倾向。“1979 年 10 月到 11 月间，通过克格勃渠道汇集来的情报开始表明，阿明正在考虑某种改变对美政策的可能性，这使得苏共中央政治局委员们深感不安。”[3] 阿明上台后，多次向美国官员表示阿富汗有意同美国改善关系，并且邀请巴基斯坦总统和外长尽快访问阿富汗。11 月，阿明拒绝了苏联邀请他访问莫斯科的要求。无论阿明是否真正有意改变对美政策，苏联领导人已然对阿明暴露出来的离心倾向深感不安和怀疑。而克格勃所截获的阿富汗官员的反苏言论，使莫斯科更加确信阿富汗可能即将失控，为此苏联加紧了在苏阿边境地区的军队部署。根据美国情报部门的报告，10 月，苏联在与阿富汗的边境地区的地面部队活动异常，部署在那里的作战部队和预备役部队向阿富汗边境移动了几百公里，并且这些部队可以在 48 小时内进入阿富汗。[4] 12 月 13 日，情报部门内部讨论了当前苏联部队持续集结的情况，一致认为这反映了阿富汗军队和政府局势的恶化，但对苏联即将采取军事行动的规模和目的存在分歧。其中一些官员认为，除此之外，苏联集结部队的理由有可能与再次撤换阿明的计划有关。[5]

到了苏联出兵阿富汗前夕，华盛顿面对不断上报的关于苏联集结部队并即将展开军事行动的报告，决策者们有意给苏联带来一种错觉，美国并不关注阿富汗和苏联可能采取的行动。12 月 19 日，中情局在给总统和其他高级官员的备忘录里提到，苏联在苏阿边境集结的部队表明“苏联在阿富汗的军事承诺的性质已经发生了重大改变”，并且可能在边境附近部署更大规模的军队。[6] 21 日，国家安全

1　FRUS, 1977–1980, Volume XII, Afghanistan, Documents 62.

2　FRUS, 1977–1980, Volume XII, Afghanistan, Documents 67.

3　［俄］A. 利亚霍夫斯基：《阿富汗战争的悲剧》，刘宪平译，北京：社会科学文献出版社，2004 年，第 98 页。

4　FRUS, 1977–1980, Volume XII, Afghanistan, Documents 77.

5　FRUS, 1977–1980, Volume XII, Afghanistan, Documents 84.

6　FRUS, 1977–1980, Volume XII, Afghanistan, Documents 89.

委员会的苏联问题顾问马歇尔·布雷姆（Marshall Brement）在备忘录中也提醒布热津斯基和艾伦，针对苏联介入阿富汗长期的叛乱战斗，“美国政府必须以具体的方式和公共及私人的行动方案来予以回应”。[1] 22 日，国家安全局局长博比·雷因曼（Bobby Ray Inman）打电话告诉布热津斯基和国防部长布朗，苏联将在接下来的 72 小时内对阿富汗进行大规模军事干预。24 日，再次致电警告苏联的行动将在未来 15 小时内开始。尽管情报部门的报告一再警告阿富汗事态的严重性，但美国高层并没有通过私人或者官方渠道充分向苏联表达关注和警告。在苏联出兵阿富汗之前，美国总统、副总统以及国务卿等高层从未公开向苏联表达过对阿富汗形势的警告，唯一的官方声音仅仅是国务院发言人公开表示对苏联集结部队的关注和相关情况。[2] 虽然布热津斯基在回忆录中称他在苏联出兵阿富汗前夕一直在努力推动美国对阿富汗事态的关注，但在美苏之间，连华盛顿的官员都疑惑最高层为何没有对苏联表示应有的反应。当时美国国务院官员麦克·加里森（ Mark. Garrison）回忆道：“我们不止一次地提醒国内，可 12 月 13 日却收到卡特致勃列日涅夫的信函，里面谈的是柬埔寨边界问题。”[3] 在 12 月之前，万斯和苏联外长安德烈·葛罗米柯（Andrei. Gromyko）之间甚至任何美苏高层之间的会议，都未谈起过阿富汗问题。并且，在苏联行动前夕，卡特和万斯拒绝就阿富汗的局势发表评论。万斯曾解释：“11 月和 12 月，白宫和国务院都忙于处理伊朗人质危机以及我们正在同苏联人讨论的其他问题，特别是柬埔寨和南部非洲问题。”[4] 12 月 17 日关于伊朗问题的特别协调委员会会议也谈到了阿富汗的局势。会上中情局局长特纳专门汇报近期阿富汗的情况：“阿富汗北部边境新近设立了两处指挥点，还观察到空军力量有所加强，以及集结了近两个师的兵力。在阿富汗目前有 5 300 名苏联军事人员……”并且认为，苏联已经决定继续维持现政权，并且在必要的时候会动用军事力量。除此

1 FRUS, 1977－1980, Volume XII, Afghanistan, Documents 91.

2 “*U.S.-Soviet Relations during the Carter administration: A Chronology of Events*” https://nsarchive2.gwu.edu/carterbrezhnev/Carter-Brezhnev%20chron.pdf, 2019－03－25; Raymond L. Garthoff, *Detente and Confrontation: American-Soviet Relations from Nixon to Reagan*, pp.1053－1054.

3 ［俄］A. 利亚霍夫斯基：《阿富汗战争的悲剧》，刘宪平译，北京：社会科学文献出版社，2004 年，第 121 页。

4 ［美］赛勒斯·万斯：《困难的抉择：美国对外政策的危急年代》，郭靖安等译，北京：中国对外翻译出版公司，1987 年，第 242 页。

之外，会议还决定继续与巴基斯坦和英国探讨向反叛分子提供资金、武器和通信设备的可能性，“以使苏联的努力付出更多代价”；并且“在世界范围内加强对苏联的宣传压力”，“使苏联以伊斯兰宗教和穆斯林国家敌人的面目出现”；同时仍继续通过私人渠道保持与苏联的秘密外交接触，因为“当前公开这些对我们没有任何好处”。[1] 此时，美国除了刻意忽视苏联即将采取军事行动外，专门召开的关于隐蔽行动的特别协调委员会会议，很明显也是针对近期苏联在阿富汗的军事活动的。

12 月 24 日到 26 日，在苏联部队进入阿富汗之后，“使苏联尽可能地付出更多代价”成了美国在阿富汗战争中的主要目标。27 日，华盛顿首次通过驻苏联大使馆向莫斯科表示不满，并要求澄清其军事行动的意图。28 日，卡特总统一反常态，亲自向勃列日涅夫发出强烈警告，在电话备忘录中告诉勃列日涅夫，苏联的行动是“对和平赤裸裸的威胁”，并且是“两国关系中一个带有根本性且影响深远的转折点”。[2] 就在同一天总统发出警告之前，国家安全委员会专门讨论了眼下阿富汗的局势，内容则是关于如何鼓励别国公开反对苏联干涉阿富汗和对阿富汗叛乱分子的援助。当谈及秘密援助问题时，国防部长哈罗德·布朗向卡特表示，他们一致认为“加大对阿富汗反政府组织的援助是明智的”，但反抗势力不可能接管政府，随即万斯补充道：“他们可以坚持下去并让苏联付出代价。”同样，在谈到当前苏联出兵阿富汗的应对政策时，虽然多数官员认为迫使苏联从阿富汗撤退不太可能实现，但包括卡特、布热津斯基和布朗等在内，都同意应该借此“让苏联的卷入尽可能地付出沉重的代价”。12 月 30 日和 1980 年 1 月 2 日，国家安全委员会再次召开会议，最终决定以苏联撤军为根本目标，但同时“蓄意要莫斯科为其野蛮行为付出代价”。[3] 会上卡特总结说，他相信美国无法使苏联撤出阿富汗，但苏联在未来十年到二十年的行动将因我们在这场危机中的行为而受到影响。[4] 正如 1 月 3 日布热津斯基告诉

1 ［俄］A. 利亚霍夫斯基：《阿富汗战争的悲剧》，刘宪平译，北京：社会科学文献出版社，2004 年，第 120～121 页；“Special Coordination Committee meeting,” December 17, 1979, “*The Intervention in Afghanistan and the fall of Détente*,” Lysebu, Norway, 17 －20 September 1995, https://nsarchive2.gwu.edu/carterbrezhnev/docs_intervention_in_afghanistan_and_the_fall_of_detente/doc60.pdf, 2019－03－22.

2 FRUS, 1977－1980, Volume XII, Afghanistan, Documents 113.

3 ［美］赛勒斯·万斯：《困难的抉择：美国对外政策的危急年代》，郭靖安等译，北京：中国对外翻译出版公司，1978 年，第 245 页。

4 FRUS, 1977－1980, Volume XII, Afghanistan, Documents 135.

卡特，美国现在有机会使苏联陷入自己的“越南战争”，布热津斯基显然很愿意看到这个机会的到来。就在苏联行动后的几天内，他向卡特建议了具体的方案和战略，并告诉卡特，这如同杜鲁门总统在希腊和土耳其所做的，“一个重大的历史转折点已经到来”。[1]

结　语

在苏联出兵阿富汗初期，卡特政府的政策形成过程中当然还要考虑到诸如美巴关系、美中关系、伊朗危机等一系列外部问题，然而就阿富汗局势的具体问题而言，显然此时美国在其持续的观望态度和隐蔽行动之下，还有着更深层次的考虑。1980 年 1 月 23 日，卡特发表国情咨文提出：“任何企图控制波斯湾地区的外来势力都将被认为是对美国根本利益的侵犯，我们将采取任何必要的手段包括武装力量在内，来反击这种企图。”这就是“卡特主义”。随后，美国宣布了谷物禁运、抵制奥运会、加强美巴关系和推迟限制性战略核武器条约等一系列对抗苏联的措施。与此同时，史上最大规模的隐蔽行动也由此展开，并成为最终导致后来苏联解体的关键因素之一。

第一，1979 年 7 月，美国开启的隐蔽行动计划就是针对苏联可能对阿富汗展开的军事干涉。对比苏联方面关于 1979 年年初拒绝直接军事干涉和年底最终决策出兵的档案以及相关研究结果可以发现，卡特政府对苏联在阿富汗的军事部署、入侵准备和意图有着准确的情报分析和预测，其不仅深知苏联并不愿直接干涉阿富汗的混乱局势，并且很早便发现随着阿富汗内部政变的发展，苏联的直接军事干涉可能无法避免。那么，面对如此的趋势，对于依旧深受越战影响的卡特政府，隐蔽行动就成为日后对抗苏联的最合适的手段。

第二，美国希望苏联对阿富汗进行直接军事干预。美国情报部门较早便提出了阿富汗成为“苏联的越南”的可能性，也正因为如此，卡特政府在准确侦察到苏联

1　Carter Library, Remote Archives Capture Program (RAC), President's Personal Foreign Affairs File, NLC-128-1-1-1-7.

即将出兵的情况下，并未采取任何阻止苏联出兵的措施和反应，这与苏联出兵后美国政府立即出台的针对苏联的强硬政策形成鲜明对比。那么，有理由认为，卡特政府为使苏联步入阿富汗泥潭，有意采取一种沉默的态度。

第三，美国试图将阿富汗打造成“苏联的越南”。根据美国情报部门对苏联意图的准确分析和预测可以发现，卡特政府对苏联在阿富汗军事行动的目的有着清楚的认识，而布热津斯基所提出的苏联扩张的意图，无非是美国为采取强硬政策对抗苏联的“正义”口号。在美国情报部门给高层的报告中也提到阿富汗因局势复杂或将成为“苏联的越南”。由此，让苏联尽可能地付出更高的代价，就成为美国在阿富汗战争政策中的主要目的。

总而言之，卡特政府时期美国对阿富汗的利益关切十分有限，其政策的调整和变化依然是对苏联在阿富汗地区动作的反应，始终受制于冷战格局和地缘政治变化的影响，美苏冷战思维贯穿始终。显然，在阿富汗的局势中，卡特政府看到了打破缓和时期美国相对弱势的可能。然而，美国为此所展开的隐蔽行动，也并非迫使苏联撤退或拯救阿富汗人民于战争水火之中，卡特政府忽视了美苏在阿富汗民族和国家层面上的影响，而是希望利用阿富汗复杂的局势，使苏联深陷自己的“越南战争”中，以推崇人权外交和致力于美苏缓和的卡特总统，终究没有摆脱冷战思维，而此时的美国决策者们依然不惜与苏联直接对抗，也不顾阿富汗地区的动荡存亡，来实现他们的冷战目标。具有历史讽刺意味的是，美国利用阿富汗反抗组织对抗苏联，虽然使得苏联付出了巨大的代价，实现了其自身的战略目的，但为此培养和训练的圣战组织，多年后对美国展开的一系列恐怖主义袭击，同样也为美国人民带来了巨大的伤痛。

（本文原刊于《史学月刊》2020年第6期）

贰　美国与亚太

缅北蒋军问题与美国的对策（1950～1954）

李聪慧*

【**摘要**】20世纪50年代初在滇南战役中溃败的2000余名国民党军逃窜到缅甸北部，成为蒋介石“反攻大陆”的“境外之师”。出于强化美缅关系的需要，美国政府接受了缅甸政府从中斡旋调解的请求，迫使这支军队缴械、投降。然而，朝鲜战争的爆发却让杜鲁门总统放弃了调解政策，并开始秘密援助缅北蒋军“反攻大陆”，以缓解美军在朝鲜战争的压力。不过缅北蒋军并未完成其使命，反而因其带来的负面后果直接影响了美缅关系的发展，1953年缅甸政府不顾美方劝阻将该问题诉诸联合国便是主要表现。随着艾森豪威尔的上台和“新面貌”战略的确定，美国政府开始积极解决缅北蒋军问题，以期缓和恶化的美缅关系，遏制共产主义在缅甸的扩张。不过，美缅关系并未迅速升温，反之中缅关系得到快速发展。总的来看，以上历史过程深刻说明了冷战初期美国对缅政策深受意识形态和国家利益的影响，而目标与手段的背离是导致冷战初期美缅关系发展受挫的根本原因。

【**关键词**】缅甸；美国；联合国；“缅控案”

自20世纪90年代以来，外交史研究中出现了“去国家化”的潮流，并导致了

* 李聪慧，华东师范大学历史学系硕士研究生。

跨国史研究方法的兴起，[1]而多国多边档案的解密也为研究诸多冷战国际史课题提供了史料基础，缅北蒋军问题便是其中之一。近20年以来，缅北蒋军问题的学术研究集中体现出全方位、宽领域、多角度的特点，中、美、英、缅、泰等多国档案的解密也为利用多国多边档案的互证研究提供了契机。纵观缅北蒋军问题的学术研究，中外学者取得的重要成果表现为：

首先，中国大陆学者多关注该问题对美国与台湾地区、中缅关系的影响。如胡礼忠、张绍铎的《国民党军队残部在滇缅边境的活动及第一次撤退台湾始末（1950～1954）》、范宏伟的《缅北蒋军撤台与蒋介石“反攻大陆”：台湾与美国的分歧与妥协》等文章利用了《美国对外政策文件集》、日本或中国台湾的外交档案详细考察了美国、台湾当局的决策过程，既揭示了彼此在反共目标和政策上的差异性，也反映了冷战初期彼此相互利用、相互制约的双重特征。[2]梁志则利用美国第二国家档案馆和缅甸国家档案馆的档案另辟新路，梳理了中、缅两国围绕该问题进行的外交沟通。[3]而傅敏则利用哈佛大学燕京图书馆馆藏的蒋廷黻资料，考察了蒋廷黻在“缅控案”[4]过程中发挥的作用。[5]

相对于中国大陆学者的多边关系研究，中国台湾学者更加关注该问题的形成和解决过程。比如：覃怡辉利用中国台湾档案（台湾“外交部”档案、“国史馆”档案和“国防部”档案）和当事人的口述史、回忆录等史料完成了《李弥将军在滇缅边区的军事活动》《李弥部队退入缅甸期间（1950～1954）所引起的几项国际事件》和《金三角“国军”血泪史（1950～1981）》等。这些成果详细考察了缅北蒋

1　王立新：《在国家之外发现历史：美国史研究的国际化与跨国史的兴起》，《历史研究》2014年第1期；王立新：《跨国史的兴起与20世纪世界史的重新书写》，《世界历史》2016年第2期。

2　胡礼忠、张绍铎：《国民党军队残部在滇缅边境的活动及第一次撤退台湾始末（1950～1954）》，《史林》2011年第5期；范宏伟：《缅北蒋军撤台与蒋介石“反攻大陆”：台湾与美国的分歧与妥协》，《南洋问题研究》2012年第2期。

3　梁志：《一九四九年至一九五三年的中缅关系再探讨》，《中共党史研究》2016年第5期。

4　“缅控案”全名为“缅甸联邦关于台湾国民党政府侵略缅甸之控诉案”，即1953年3月25日缅甸政府向联合国提交的有关缅北蒋军问题的控诉案。

5　傅敏：《分歧与抉择：从“蒋廷黻资料”看台湾围绕缅甸控诉案的交涉》，《社会科学辑刊》2016年第4期。

军的历史背景、发展历程、撤军过程及其对美台关系的影响。[1] 另外，何家明的硕士学位论文《外交折冲下滇缅边区“国军”部队议案之研究（1952～1954）》将关注点集中于“缅控案”及其在缅北蒋军撤台中发挥的作用。作者认为，缅北蒋军撤离的根源在于冷战初期美、苏两个大国掌控外交主导权，而在联合国大会中弥漫着的同情缅甸的气氛和美方的一再施压加速了撤军进程。[2] 同时，徐银矶利用台湾“国史馆”档案分析了缅北蒋军、台湾地区和缅甸三方的关系。[3]

外国学者在该问题上的研究成果也十分引人注目。比如：维克多·考夫曼（Victor S.Kaufman）在《金三角的麻烦：美国、台湾和国民党第 93 师》一文提出美国的失策让美缅关系和整个遏制计划遭到重创。[4] 同时，肯顿·克莱默（Kenton Clymer）和彼得·斯科特（Peter Scott）也提出了类似的看法，他们分别从美国对外政策和“白纸方案”[5] 角度指出多方国际势力介入缅北蒋军问题令美缅关系日趋紧张。[6] 另外，尼古拉斯·塔林（Nicholas Tarling）和马修·弗利（Matthew Foley）利用英、美两国档案考察了该问题，前者认为美、英两国对缅北蒋军的态度体现出两国对缅甸政策的差异性，[7] 而后者认为缅北蒋军的撤离是美国的一种欺骗行为，因为撤离的人员和武器装备数量上远远低于当地的实际总量，而这种欺骗令美缅关系

---

1 覃怡辉：《李弥将军在滇缅边区的军事活动》，《中华军史学会会刊》2002 年第 7 期，第 75～116 页；覃怡辉：《李弥部队退入缅甸期间（1950～1954）所引起的几项国际事件》，《人文及社会科学集刊》2002 年第 4 期，第 561～604 页；覃怡辉：《金三角国军血泪史（1950～1981）》，台北：联经出版事业股份有限公司，2009 年。

2 何家明：《外交折冲下滇缅边区“国军”部队议案之研究（1952～1954）》，台湾暨南国际大学硕士学位论文，2013 年，第 3 页。

3 徐银矶：《滞缅“国军”与台湾和缅甸的关系》，《南洋问题研究》2010 年第 1 期。

4 Victor S. Kaufman, “Trouble in the Golden Triangle: the United States, Taiwan and the 93rd Nationalist Division,” *The China Quarterly*, No.166（June 2001）, pp. 440-456.

5 “白纸方案”一词为“operation paper”的翻译专有名词，指的是 1950 年 11 月 5 日由杜鲁门批准的一项援助缅北蒋军的方案，该方案的最早翻译见于覃怡辉的《李弥部队退入缅甸期间（1950～1954）所引起的几项国际事件》的文章，后来诸多中国学者采用了这一用法。因此，笔者也采取了这一说法。

6 Kenton Clymer, “The United States and the Guomindang (KMT) Forces in Burma, 1949-1954: A Diplomatic Disaster”, *The Chinese Historical Review*, Vol.21, No.1（May 2014）, pp. 24-44; Peter Scott, “Operation Paper: The United States and Drugs in Thailand and Burma”,*The Asia-Pacific Journal*, November 1, 2010.

7 Nicholas Tarling, “The British and the Kuomintang troops in Burma ,1950-1952”,*New Zealand Journal of Asian Studies*, vol. 2, No.1（2002）, pp. 40-64.

更加紧张并导致了第二次撤军。[1] 此外，缅甸学者貌昂苗（Maung Aung Myoe）也从中缅关系的角度考察了这一问题。在他看来，缅北蒋军不仅对两国政府构成了一定的军事威胁，也成为解决中缅边界问题的主要障碍。[2]

总的来看，中外学者的研究成果呈现出以下几个特点：（1）立足于一手档案文献的研究逐渐成为学术研究的主流，部分学者的研究成果甚至在一定程度上实现了多国多边档案的互证；（2）研究成果大多从多边关系角度考察这一问题，尤其以美国与台湾地区关系、中缅关系、美缅关系为主；（3）对缅北蒋军问题的细节研究逐步增加，比如“缅控案”“白纸方案”“天案”等，这些成果同样推动了该问题的学术研究。

但也不应否认相关研究中依然存在一些缺憾。一方面，学者们对美国、印度、缅甸等国家的档案利用度不是很高，比如美国第二国家档案馆档案、缅甸国家档案馆档案等。很多学者仍然只是根据本地区的官方档案进行学术研究，比如中国大陆学者大多利用中国外交部档案馆档案、中国台湾学者大多利用中国台湾“外交部”档案馆和“国史馆”档案、美国学者大多利用《美国对外关系文件集》等进行研究。另一方面，中外学者大多侧重于该问题对多方关系的影响，缺乏对美国决策过程的关注。而美国第二国家档案馆解密的大量档案，为考察美国的决策过程和回顾反思提供了史料基础。鉴于此，本文在现有研究的基础上，借助美国第二国家档案馆档案、美国中央情报局档案、《美国对外关系文件集》、缅甸国家档案馆档案，重新探讨 1950～1954 年间的缅北蒋军问题。

一、缅北蒋军问题的缘起

1949 年中国人民解放军解放中国大陆，国民党军一路溃败。到了 12 月，中国

1 Matthew Foley, *The Cold War and National Assertion in Southeast Asia: Britain, the United States and Burma, 1948–1962*, New York: Routledge, 2010, pp. 116–117.

2 Maung Aung Myoe, *In the Name of Pauk-Phaw, Myanmar's China Policy Since 1948*, Singapore: Institute of Southeast Asian Studies, 2011, pp. 32–39.

西南地区只有云南、西康和西藏尚未解放，但蒋介石并未放弃作最后的抵抗，他想把台湾和西南各省建设成为反攻大陆的重要基地。[1]而云南省政府主席兼云南省绥靖公署主任卢汉看到国民党军大势已去，开始秘密策划投诚事宜。12月9日，卢汉借开会之名软禁了国民党中央政府派驻云南的第26军军长余程万和第8军军长李弥。[2]当晚午夜，卢汉宣布起义，并表示“听候中央人民政府暨革命军事委员会命令”且“接受中国共产党的领导”。[3]卢汉起义拉开了西南地区解放的大幕，但蒋介石不甘心失败，紧急调整了昆明的人事安排，将第26军副军长彭佐熙和第8军副军长曹天戈晋升为军长，将第8军和第26军以及警卫团、宪兵六个团等小股部队合编为第8兵团，提升陆军总司令部参谋长汤尧为陆军副司令兼第8兵团司令，王伯勋为副司令。同时，任命李弥为云南省政府主席、余程万为云南省绥靖公署主任，并要求两军率部进攻昆明。[4]由于两军对昆明城的猛攻，卢汉一时招架不住，被迫释放了余程万和李弥。但因余程万丧失了斗志，决定让第26军全体撤退，而第8军也不敢单独贸然攻城并随之撤退，随后两军向滇南转进。

12月21日，中国人民解放军第二野战军四兵团入滇作战，当得知第26军和第8军向滇南撤退的消息后，刘邓部第94师开始追击。12月29日，正在莫斯科访问的毛泽东电告刘少奇，让他转告正在中国西南作战的刘伯承和邓小平：“转知卢汉及云南我军，只可在李弥、余程万之先头阻止其向越、缅前进，不可向其后威胁或追击，以免该敌过早退入云南。卢汉及我军均应向该敌进行政治工作，策动该敌起义”。[5]随即第94师被命令暂停推进，以麻痹国民党军主力。另一方面，陈赓率领第四兵团和四野三十八军的两个师开始进军云南，破坏滇缅公路以阻止国民党军向越南和缅甸逃窜。

1　吕芳上主编：《蒋中正先生年谱长编》（第九册），台北：“国史馆”、“国立中正纪念堂管理处”、财团法人中正文教基金会，2015年，第405页。

2　中共云南省委党史研究室：《中共云南地方史》（第一卷），昆明：云南人民出版社，2001年，第618页。

3　中共中央文献研究室、中央档案馆编：《建国以来周恩来文稿》（第一册），北京：中央文献出版社，2008年，第705页。

4　中共云南省委党史资料征集委员会编：《昆明起义》，昆明：云南民族出版社，1989年，第17页；吕芳上主编：《蒋中正先生年谱长编》（第九册），第409～410页。

5　中共中央文献研究室、中国人民解放军军事科学院编：《建国以来毛泽东军事文稿》上卷，北京：军事科学出版社、中央文献出版社，2010年，第109页。

蒋介石原本打算让第26军从蒙自机场空运至海南岛，第8军留在云南建立反共军事基地。但到了次年1月中旬第26军准备撤退时，人民解放军占领了蒙自机场，截断了第26军撤退的空中之路，于是国共两军在滇南展开厮杀，国民党军大部分被歼灭，[1]仅有少数部队逃亡缅甸和越南，其中逃亡缅甸的部队是国民党第26军93师278团和第8军237师709团的残余军队。2月下旬，这批部队先后抵达了泰缅边境的大其力（Tachileik）附近的孟捧（Mong Pong）地区。后来，“二战”期间参加过缅甸远征且留在滇南的一些国民党复员军人也加入了其中，这三支部队联合组成了一个统一的临时指挥部，并自行命名为“复兴部队”，人数在2 200人左右。随后他们与台湾方面取得了联系，而这批部队就是缅北蒋军的种子部队。[2]

二、“大其力之战”：美国对缅甸的外交支持

初入缅甸，国民党军队只能变卖一切值钱的东西以购买粮食，后来便依靠当地华侨捐助驻扎在大其力地区。[3]而这支部队窜入缅境也引起了缅甸政府的注意。1950年3月下旬，缅甸政府派遣部队到达大其力地区，邀约国民党军代表作了两次会谈，并向后者提出在4月底撤离或缴械的要求，否则会以武力将之驱逐出境。国民党军代表不接受建议，反而要求缅甸政府在互不相扰的原则下，允许暂时驻扎，等待补给完毕后即自行离去，双方不欢而散。[4]

6月，缅甸政府开始采取军事措施对缅北蒋军进行打击。一方面，缅甸政府开

1 《我军克蒙自切断滇南残匪逃路》，《人民日报》1950年1月19日，第1版；《云南残匪大半被歼 陆空逃路均被切断》，《人民日报》1950年1月22日，第1版；军事科学院军事历史研究部编著：《中国人民解放军全国解放战争史》第5卷，北京：军事科学出版社，1997年，第488～493页。

2 覃怡辉：《李弥部队退入缅甸期间（1950～1954）所引起的几项国际事件》，《人文及社会科学集刊》2002年第4期，第564～565页；Maung Aung Myoe, *In the Name of Pauk-Phaw, Myanmar's China Policy Since 1948*, p. 32.

3 覃怡辉：《李弥部队退入缅甸期间（1950～1954）所引起的几项国际事件》，《人文及社会科学集刊》2002年第4期，第565页；顾维钧：《顾维钧回忆录》第十分册，中国社会科学院近代史研究所译，北京：中华书局，1989年，第544页。

4 覃怡辉：《李弥部队退入缅甸期间（1950～1954）所引起的几项国际事件》，《人文及社会科学集刊》2002年第4期，第567页。

始以“拥有武器、图谋不轨”为名对缅北地区的华人华侨进行大规模的搜捕，以断绝缅北蒋军的外来援助。[1]另一方面，缅甸军方开始动用陆空军队向缅北蒋军发动进攻。战争初期，缅军占据了主要优势，缅甸国防军总司令奈温（Ne Win）对战争的前景十分看好，他对缅甸军方充满了信心。[2]其实，由原日本训练转化而来的缅甸军队根本不是久经沙场的国民党军的对手。随着战争的进行，国民党军将领李弥逐渐掌握了缅军的行军路线，并集中优势兵力破袭了缅军在大其力的根据地，缅北蒋军以战死 408 人、受伤 602 人的代价打死缅军 1 500 余人，击伤 3 000 余人，大其力也落入李弥之手。[3]

考虑到缅北蒋军对缅甸政府的军事威胁、“大其力之战”的失利和对中国政府以清剿缅北蒋军为由进入缅境的担忧，缅甸政府开始考虑通过外交途径解决这一问题。一方面，缅甸政府向中国政府表示，缅方有信心也有能力剿灭这批国民党军，请求中方给予时间上的关照。另一方面，缅甸政府向美国政府表达了斡旋调解的请求，希望美方能够敦促蒋介石命令这批部队投降或缴械。6 月 28 日，缅甸总理吴努（U Nu）向印度总理尼赫鲁表示，缅方正在努力解决缅北蒋军问题，希望印方能够劝说中方不要派遣军队进入缅境并给缅甸一些时间以独立解决该问题。[4]次日，吴努通过美国驻缅大使大卫·基（David Key）表示，希望美国政府能够向台湾方面施加压力，要求台湾当局命令缅北蒋军投降或缴械，并且吴努还以中国军队可能进入缅境进而助长共产主义在缅甸的力量为由向美方施压。[5]

而美国对华政策的失败和“遏制”战略的出台，也促使美国将远东政策的焦点转向东南亚国家。早在 1949 年 3 月，美国中央情报局就针对缅甸的形势出台了一

1 ［美］弗兰克·范：《中情局官员回忆：“国军”残部撤离缅甸》，罗山爱编译，《档案春秋》2011 年第 3 期，第 35 页；National Archives, Record Group 84, Records of the Foreign Service Posts of the Department of State, Box 10, Mass Arrest of Chinese in Kengtung, July 14, 1950.

2 NARA, RG84, Records of the Foreign Service Posts of the Department of State, Box 10, Telegram From American Embassy in Rangoon to the Department of State, June 15, 1950.

3 ［美］弗兰克·范：《中情局官员回忆：“国军”残部撤离缅甸》，罗山爱编译，《档案春秋》2011 年第 3 期，第 35～36 页。

4 NARA, RG84, Records of the Foreign Service Posts of the Department of State, Box 10, Memorandum of Conversation, June 28, 1950.

5 NARA, RG84, Records of the Foreign Service Posts of the Department of State, Box 10, Telegram From American Embassy in Rangoon to the Department of State, June 29, 1950.

份文件，该文件从战略、政治、经济和政策等角度详细论证了缅甸对于美国的重要性。中情局认为：“缅甸位于远东至关重要的地缘政治地区。从美国角度来看，由于共产主义的影响力在中国持续向南扩展，它的政治重要性正在增加。在经济上，缅甸作为这个食品匮乏的地区（东南亚）的一个食品富余国也很重要。并且，缅甸对美国之所以重要，也是由于它在国际结盟中的立场依旧是可疑的。”[1]然而，缅共的起义、克钦族的叛乱又加重了刚刚独立本就十分虚弱的吴努政府的政治威胁，同时，“共产主义势力在缅甸的扩张将间接阻碍美国获取东南亚丰富的人力与自然资源和战略军事基地”。[2]为此，美方应允了吴努政府的斡旋请求，并通过台湾驻美“大使”和美国驻台“大使”两方面向台湾当局施压，要求蒋介石命令缅北蒋军缴械或投降。7 月 7 日，美国助理国务卿腊斯克（Dean Rusk）召见了台湾驻美“大使”顾维钧，要求台湾当局指示缅北蒋军向缅方投降或缴械。腊斯克向顾维钧保证，如果这批国民党军投降或缴械将得到很好的待遇并且不会遭到报复，[3]但美方的要求并没有得到台湾方面的正面回复。与此同时，缅方再次提出将该问题提交联合国向美方施压。于是，7 月 27 日，腊斯克再次向台湾当局表示，缅北蒋军不仅仅给缅甸政府带来了严重的困难，甚至对整个东南亚的安全都构成了威胁，最好的解决方法是缅北蒋军向缅方缴械或投降，因为缅甸政府显然正在考虑将此问题提交安理会。如果该问题形成提案并上交联合国将让台湾当局及其友方陷入十分尴尬的境地。[4]同时，美方还向缅方表示，将全力向台湾当局施压，保证缅北蒋军问题的顺利解决，希望缅甸政府能够推迟向联合国提交议案的日期。[5]

---

1 ORE35-48, Current Situation in Burma，17 March, 1949, p.3, FOIA Collection, http://www.cia.gov/library/ readingroom/document/cia-rdp78-01617a003200120008-5.

2 ORE35-48, Current Situation in Burma,17 March, 1949, p.5, FOIA Collection，http://www.cia.gov/library/readingroom/document/cia-rdp78-01617a003200120008-5.

3 NARA, RG84, Records of the Foreign Service Posts of the Department of State, Box 10, Telegram From Secretary of State to American Embassy in Rangoon, July 7, 1950; *FRUS*, 1950, Volume VI, East Asia and the Pacific, Washington: United States Government Printing Office, 1976, pp.246－247.

4 NARA, RG84, Records of the Foreign Service Posts of the Department of State, Box 10, Chinese Nationalist Troops in Kengtung Province of Burma, July 27, 1950.

5 NARA, RG84, Records of the Foreign Service Posts of the Department of State, Box 10, Telegram From Secretary of State to American Embassy in Rangoon, July 31, 1950; *FRUS*, 1950, Volume VI, East Asia and the Pacific, pp.246－247.

考虑到缅北蒋军可能引发的国际纠纷，8 月 3 日，台湾当局向美国驻台“大使”罗伯特·斯特朗（Robert Strong）表示：台方正在尽最大努力命令缅北蒋军避免和缅甸军队发生连续的武装冲突，同时希望美国政府劝说缅甸政府不要采取过激措施，因为那样只能为中共提供侵入缅境的机会。[1] 当日，台湾“国防部”参谋总长周至柔致电李弥和吕国铨，命令两人于 8 月 14 日前将部队撤入云南从事游击战。[2] 吴努和奈温对于这样的安排十分满意，8 日，缅方决定将向联合国提交议案的日期推迟至 15 日，[3] 随后吴努决定不再向联合国提起诉讼。[4]

8 月 23 日，缅北蒋军撤离了驻地大其力，次日缅甸政府军进入了大其力，[5] 缅甸政府和缅北蒋军的冲突暂时得到了缓解。

从美国处理缅北蒋军问题的方式可以看出，美国政府一直站在支持缅甸的立场。在美国政府看来，这批国民党军的军事力量不足以对抗中共政权，反而会威胁到缅甸的领土安全，甚至给中共进入缅甸提供借口。为了遏制共产主义在东南亚的扩张，美国急需得到缅甸政府的支持，帮助缅甸政府顺利解决缅北蒋军问题便是实现“遏制”目标的一个途径。

三、“白纸方案”：美国“矛盾”政策的肇始

1950 年 6 月朝鲜战争的爆发改变了缅北蒋军的命运。9 月 15 日，以美国为首的“联合国军”在仁川登陆，一举改变了朝鲜战争的局势，朝鲜人民军一路败退，美军得以越过三八线。10 月 19 日，中国人民志愿军跨过鸭绿江，入朝作战。陷

---

1 NARA, RG84, Records of the Foreign Service Posts of the Department of State, Box 10, Telegram From Taipei to the Department of State, August 4,1950.

2 覃怡辉：《李弥部队退入缅甸期间（1950～1954）所引起的几项国际事件》，《人文及社会科学集刊》2002 年第 4 期，第 568 页。

3 NARA, RG84, Records of the Foreign Service Posts of the Department of State, Box 10, Telegram From American Embassy in Rangoon to the Department of State, August 8, 1950.

4 FRUS, 1950, Volume VI, East Asia and the Pacific, pp.250－251.

5 NARA, RG84, Records of the Foreign Service Posts of the Department of State, Box 10, Telegram From American Embassy in Rangoon to the Department of State, September 2, 1950.

入战争泥潭的美国政府一方面想取得战争的胜利，另一方面又实行“战争局部化”政策，不想将战争扩大到朝鲜半岛以外的地区。[1] 因此，利用缅北蒋军牵制中国兵力成了美国政府的一个选择。早在 1950 年 9 月美国海军少将厄斯金（Graves B. Erskine）率领“东南亚军援顾问团”访问泰国期间，李弥就想方设法和厄斯金取得了联系，并与后者进行了三次会谈。李弥希望能够得到美国政府的军事援助以反攻大陆，并向美方表示，其领导的部队可以进军云南。[2]

后来，美国中央情报局下属的政策协调办公室（Office of Policy Coordination）根据厄斯金的建议于 11 月 5 日向杜鲁门提出了“白纸方案”（Operation Paper），这一方案的主要内容是向缅北蒋军提供援助，让这批部队进攻中国西南地区，牵制中国兵力，以缓解美国军队在朝鲜半岛的压力。在讨论这个方案时，时任中情局局长史密斯（Walter Bedell Smith）将军认为中共兵力充足，这个冒险行动不可能让中共撤出朝鲜战场，因此极力反对这个方案。但是杜鲁门却认同这一计划，并要求中央情报局负责实施。[3] 值得注意的是，现有的解密档案无法证实国务院官员是否了解这一方案。美国学者维克多・考夫曼在杜鲁门图书馆、美国国家档案馆和美国对外关系文件集中均未找到艾奇逊对该行动是否了解的具体材料。不过，考夫曼也提出，鉴于艾奇逊与杜鲁门总统的私人关系，后者极有可能向前者告知了该计划。艾奇逊很有可能未将相关方案告知其下属，或者他也完全不清楚。[4] 不过可以确定的是直到 1951 年 9 月底，美国驻缅甸大使得到了事情的真相，并由远东事务助理国务卿利文斯通・麦钱特（Livingston T. Merchant）于 11 月底形成了备忘录，记载了事件的全过程。[5]

为了更好地实施“白纸方案”，中情局于曼谷设立了“东南亚国防用品公司”

1 牛军：《朝鲜战争中美国“战争局部化”政策的形成》，《哈尔滨工业大学学报（社会科学版）》2004 年第 1 期，第 33 页。

2 顾维钧：《顾维钧回忆录》（第十分册），北京：中华书局，1989 年，第 544～545 页。

3 Victor S. Kaufman, Trouble in the Golden Triangle: The United States, Taiwan and the 93rd Nationalist Division, p. 441; Maung Aung Myoe, *In the Name of Pauk-Phaw, Myanmar's China Policy Since 1948*, p.33.

4 Victor S. Kaufman, Trouble in the Golden Triangle: The United States, Taiwan and the 93rd Nationalist Division, p. 443.

5 FRUS, 1951, Volume VI, Part 1, East Asia and the Pacific, Washington: United States Government Printing Office, 1977, pp. 298-299，pp.316-317.

以掩人耳目，并于1951年2月开始，雇佣陈纳德的“民航空运大队”，从日本冲绳岛的美军基地，将多批武器装备运载至曼谷和清迈，中情局则在泰国政府的协助下将武器装备交给缅北蒋军，同时中情局也协助台湾“国防部”将一批武器装备交给了缅北蒋军。[1]除了武器装备援助之外，中情局自当年9月起按月向缅北蒋军拨款75 000美元。中情局之所以选择泰国作为援助缅北蒋军的中转站，除了考虑到泰缅交界便于行动，还考虑到让泰国为中情局提供外交掩护，一旦援助之事败露，中情局和美国官员可以及时撇清关系。而泰国之所以同意中情局的行动也有着自己的目的：一方面，泰缅两国在历史上是世仇；另一方面，泰国希望可以借此获得更多的美国援助。[2]

杜鲁门批准了“白纸方案”以后，缅北蒋军就展开了进犯云南的军事准备，但缅北蒋军的一举一动都在缅甸政府的掌握内。1950年12月，缅甸政府就得到了缅北蒋军计划进攻云南的情报，不过当时的缅甸政府并未打算阻止其行动。[3]但考虑到缅北蒋军的行动可能引起中国军队进入缅境，缅方还是向美方表达了这一担忧。1951年2月28日，缅甸外长藻昆卓（Sao Hkun Hkio）向美方表示，缅北蒋军问题已经成为中缅关系发展的一大障碍，其军事行动很可能给中国军队进入缅境提供一个绝佳的借口，缅甸政府希望美国政府向台湾当局施压，让台湾当局命令缅北蒋军向缅甸政府投降或缴械，同时指示泰国政府断绝给缅北蒋军的物资援助。[4]4月6日，不明真相的美国国务院向缅方保证，美国将让台湾当局命令缅北蒋军向缅甸政府投降或缴械，同时指示美国驻泰大使要求泰国政府停止对缅北蒋军的援助。[5]

不过美国政府的保证并没有让缅甸政府放下戒备之心。相反，缅甸政府加紧了

1　顾维钧：《顾维钧回忆录》（第十分册），北京：中华书局，1989年，第545页；Maung Aung Myoe, *In the Name of Pauk-Phaw, Myanmar's China Policy Since 1948*, p. 33。

2　Daniel Fineman, *A Special Relationship: The United States and Military Government in Thailand, 1947–1958*, Honolulu: University of Hawai'i Press, 1997, pp. 137–139.

3　NARA, RG84, Records of the Foreign Service Posts of the Department of State, Box 10, Telegram from Chiengmai to the Secretary of State, January 2, 1951.

4　NARA, RG84, Records of the Foreign Service Posts of the Department of State,Box 10, Conversation with Foreign Minister on Exchange of Goodwill Mission and on KMT Troops in Kengtung,March 3, 1951.

5　NARA, RG84, Records of the Foreign Service Posts of the Department of State, Box 10, Telegram From Secretary of State to American Embassy in Rangoon, April 6, 1951.

对美国政府的压力。5月初，中国驻缅大使姚仲明会见了藻昆卓并告知了缅北蒋军由泰国进入缅甸的消息，并询问缅方如何应对此事。藻昆卓保证，缅甸政府将会采取相应的军事行动。这次会谈让缅方对中国入缅歼灭国民党军的担心达到了顶点，以至于缅甸政府十分明确地告知美国政府只有三天时间解决国民党军问题，否则将向联合国提起诉讼。[1]

与此同时，李弥率领部队向云南发动进攻，以证明他存在的价值。5月下旬，缅北蒋军开始进犯滇南的耿马、双江、沧源地区，被击退后又于7月窜犯孟马、孟连、孟董等地。[2]根据中方史料记载，李弥率领的国民党军队并未取得较大战果，也未牵制过多的中国兵力。虽然李弥率领的部队在5月、6月攻占了云南边境的镇康、双江、耿马、孟定、沧源、澜沧、宁江、南峤八个县，但是云南军区立刻重整兵力对侵入云南的李弥部队进行了围剿。6月24日，滇西卫戍区第120团、121团、123团及公安2团1个营围剿耿马、双江地区的缅北蒋军，歼灭李部副司令以下500余人，余部逃出境外。6月28日，第115团和第117团分路进击孟连县城，歼灭缅北蒋军180人，余部逃出境外。[3]

杜鲁门当初援助缅北国民党军的主要目的就是让这批军队牵制中国大陆的军队，以减轻美国在朝鲜战场上的压力，而李弥的一系列行动也是为了借此时机争取美援，由西南进军大陆，在大陆建立反共基地。[4]虽然美国政府依据承诺在缅北蒋军攻入大陆的6月9日到12日间为缅北蒋军提供了武器空投，[5]但显然缅北蒋军没有完成牵制中国兵力和建立西南反共基地的双重任务。

缅北蒋军再次退入缅境加重了缅甸政府的担心和国民党军和缅军间的冲突。而

1 NARA, RG84, Records of the Foreign Service Posts of the Department of State, Box 10, Telegram From American Embassy in Rangoon to Department of State, May 5, 1951; NARA, RG84, Records of the Foreign Service Posts of the Department of State, Box 10, Memorandum of Conversation, May 8, 1951.

2 《解放军保卫了祖国云南边境安全，五年来坚决打击了窜犯国境的蒋贼残部》，《人民日报》1954年9月8日，第1版。

3 中国人民解放军历史资料丛书编审委员会编：《剿匪斗争·西南地区》，北京：解放军出版社，2002年，第44页。

4 Taylor H. Robert, *Foreign and Domestic Consequences of the KMT Intervention in Burma*, New York: Cornell University, 1973, p. 33.

5 从6月24日到7月15日，美国共空投了875支步枪、每支40发子弹、2 000支卡宾枪，每支50发子弹。详见顾维钧：《顾维钧回忆录》（第十分册），北京：中华书局，1989年，第545页。

这与美国国务院和杜鲁门采取的相互矛盾的政策有着很大的关系。一方面，美国国务院不断在缅、台两方相互协调，在向台湾方面施压的同时不断地劝阻缅甸政府不要将此事诉诸联合国，并且保证能够解决该问题。另一方面，杜鲁门出于牵制中国大陆兵力以缓解朝鲜战争的压力以及“遏制”共产主义扩张的双重目的，开始对缅北蒋军提供军事物资援助。然而国务院和中情局在制定对缅北蒋军的政策时，均将中共行动作为主要考虑因素。因此，美国对缅北蒋军的政策受制于“遏制”战略，遏制共产主义在东南亚的扩张是美国对缅政策的根本走向，杜鲁门认为缅北蒋军可以牵制中国的兵力，至少这是一种有益的尝试。但杜鲁门显然低估了缅甸政府对缅北蒋军的担忧程度，而又高估了缅北蒋军的政治价值和军事力量，从而导致了缅甸对美国的不信任，美国在缅甸乃止东南亚地区的威信也受到影响。

四、“沙拉之战”：缅甸政府无奈的选择

1951 年 8 月，遭遇军事失利的缅北蒋军陆续退回缅甸潜伏起来。而缅甸政府也逐渐认识到缅北蒋军与美国、泰国之间的军事联系，只是苦于没有找到证据。9 月 11 日，缅甸外交部的周报中指出，退入缅境的国民党军仍在佤邦和景栋地区潜伏，一旦得到美国和泰国的援助便会再次活跃起来。同时，周报提出李弥再次退入缅境显然是在愚弄美国人，并借此获取更多的资金和武器装备援助，政府应该采取一些措施解决国民党军问题。[1] 与此同时，中方也不断向缅甸政府施压，1952 年 2 月 25 日，周恩来总理兼外长向缅甸驻华大使表达了对缅北蒋军问题的关切，并认为国民党军队在缅甸的存在是决不允许的，希望缅甸政府立刻清算国民党军。[2] 为了快速解决缅北蒋军问题，缅甸代表于 1952 年初在联合国大会上口头提起诉讼，随即引发了苏联和其他社会主义国家对台湾当局的指责，这次“外交插曲”加强了

1 National Archives of Myanmar, No.37, Foreign Office Weekly Newsletter, September 11, 1951.

2 National Archives of Myanmar, No.F052, The Ambassador in China(Key) to the Government of the Union of Burma Foreign Office, February 2, 1952.

美方对秘密援助行动的担忧，并导致中情局停止了秘密援助行动。[1]

同年年初，美国政府制定了《美国在东南亚的目标和行动方针》，该方针确立了美国在东南亚的主要目标："防止东南亚国家落入共产主义的轨道，帮助其增强抵抗内外共产主义的意志和能力，并巩固自由世界。"美国政府担心若"共产党控制了整个东南亚"，将"危及欧洲的稳定和安全"，连带将"会使美国在太平洋近海岛屿链条的地位变得岌岌可危"，并且"严重危及美国在远东的根本安全利益"，甚至日本政府亦可能因此选择"同共产主义妥协"，对国际情势之影响甚大。[2]这一方针的确定为美国对缅政策的制定提供了指导方向。而缅北蒋军军事行动的失败也证明了缅北蒋军不具备和中共大陆政权相抗衡的军事力量和政治价值。加之此时朝鲜战争已经进入了停战谈判阶段，美国政府便将解决缅北蒋军问题作为对缅政策的主要出发点。而失去了美国援助的缅北蒋军处境不断恶化，1952 年李弥离开缅甸前往台湾也使得这批军队的境况雪上加霜。为了在缅北继续生存下去，剩余的部队开始与缅甸的反政府武装克伦族人合作以获得粮食和军事装备，并联合起来一同对抗缅甸政府军。1952 年 8 月中旬，缅北蒋军在未得到任何命令的情况下，袭击了缅甸人。[3]同时缅北蒋军还在泰缅边境从事贩毒活动。[4]

为了彻底打击缅北蒋军和少数民族武装的势力，缅甸军方于 1952 年 11 月在掸邦各地区实施军事戒严，随后便于 12 月取消了掸邦土司制度，直接施行军政管理，以断绝缅北蒋军的后援力量。1953 年 1 月 8 日缅甸军方见时机已经成熟，遂决定向克伦族武装力量发动军事攻击。由于李弥和克伦族签订了军事合作计划，因此李弥于 2 月 4 日下令全军策应克伦族武装作战。[5]这次驱逐缅北蒋军的战役又称为"沙拉之战"，结果以缅甸政府军的大败而收场。

1　顾维钧：《顾维钧回忆录》（第十分册），北京：中华书局，1989 年，第 548 页；覃怡辉：《李弥部队退入缅甸期间（1950～1954）所引起的几项国际事件》，《人文及社会科学集刊》2002 年第 4 期，第 572 页。

2　资中筠编：《战后美国外交史——从杜鲁门到里根》（上册），北京：世界知识出版社，1994 年，第 280 页。

3　顾维钧：《顾维钧回忆录》（第十分册），北京：中华书局，1989 年，第 549 页。

4　FRUS, 1952-1954, Volume XII, Part 2, East Asia and the Pacific, Washington: United States Government Printing Office, 1984, pp. 29-32.

5　覃怡辉：《金三角"国军"血泪史：1950～1981》，台北：联经出版事业股份有限公司，2009 年，第 37 页。

“沙拉之战”的失败是缅甸政府和军队“急功近利”的结果，其影响也是不可估量的。首先，由于李弥部队侵入云南并被驱逐时，中国人民解放军就以防止再次遭遇国民党军队进攻为由，在“1941 年线”[1]以西驻扎下来，这让缅甸政府深感忧虑。[2]此次战役的失败无疑向中方传达了缅甸军队无法独自解决缅北蒋军问题的信号，这更加深了缅方对于中国军队借机进入缅境的担忧。其次，美国国务院在 1952～1953 年间不断向台湾当局施压，希望台湾当局能够命令缅北蒋军侵入云南或另寻他处，而台湾当局则以缅北蒋军不受其控制为由，一再拖延问题的解决，[3]这直接影响了缅甸政府对美国政府的信任和依靠。最后，缅北蒋军与缅甸境内的少数民族反政府武装联合行动，并直接向缅甸政府军发动军事攻击，这些行动已经触碰了缅甸政府的底线。为了保卫国家主权和领土安全，缅甸政府军除了“背水一战”别无他法，战争的结果最终推动了“缅控案”的产生。

五、“缅控案”：美缅关系降到冰点

1953 年 3 月，缅北蒋军的数量不但没有减少，反而从原来的 2 000 余人发展到 12 000 余人，这引起了缅甸政府的担忧。[4]为了尽快解决缅北国民党军问题，缅甸政府加紧了向联合国控诉的步伐。3 月 2 日，吴努在众议院的演讲中表示，解决缅北国民党军问题只有三条路可以选择：（1）将此事件提交联合国；（2）通过中华民国的政府官员和中华民国政府开展外交谈判，让他们下命令迫使这些国民党军撤出缅甸；（3）政府军武力驱逐国民党军。随后吴努解释了这三种选择的

1　“1941 年线”指的是抗日战争期间，英国政府乘中国在战争中面临的危机情况，以封闭滇缅公路为压力，同国民党政府于 1941 年 6 月 18 日以换文的方式在佧佤山区划定了一条对英国片面有利的边界，史称“1941 年线”。参见朱昭华：《从班洪事件到中缅“1941 年线”的划定》，《中国边疆史地研究》2006 年第 2 期。

2　冯越：《中缅边界问题解决的历史过程（1954～1961）》，《南洋问题研究》2014 年第 3 期。

3　FRUS, 1952-1954, Volume XII, Part 2, East Asia and the Pacific, p. 3, pp. 6-7, p. 18, pp. 24-25, p. 28.

4　NARA, Record Group 59, Central Decimal File, Box 2994, Telegram From American Embassy in Rangoon to Secretary of State, March 2, 1953.

条件，并提请大会希望能够采取第三种选择。[1] 三天后，缅甸代表在联合国大会上提交了缅北国民党军和台湾、克钦民族独立军联系的直接证据[2]。3 月 17 日，缅甸政府告知美方：缅方决定自本年（1953 年）的 6 月 30 日起，停止接受所有来自美方的援助，直至缅甸政府成功驱逐国民党军为止。[3] 美缅关系随之降到冰点。[4] 3 月 25 日，藻昆卓正式向联合国秘书长提出控诉台方侵略案，案名为：缅甸联邦所提关于台湾当局侵略缅甸之控诉（简称“缅控案”），缅甸政府希望安理会能够宣布缅北蒋军侵犯缅甸领土主权、危害国际和平的行径是非法的，并且立即采取措施停止这种侵略行为，要求有关各方尊重缅甸的主权和政治独立，遵守联合国宪章。[5]

缅甸政府的控诉案提出后不久，美方就建议台湾当局向缅、泰双方转达同意撤军的声明，以期争取缅甸的谅解，或许能够让缅方撤回提案。[6] 台湾“外交部长”叶公超表示同意，并向两国政府发表了说明：“台湾当局对美国政府敦促李弥部队从缅甸撤退一事，在原则上表示同意并尽其最大努力进行合作，但是鉴于台湾当局对于履行这项同意所预料到的实际困难，包括台湾当局对李弥部队不能行使充分控制的事实，因此，台湾当局对其在情况允许及适合情理范围外所不能完成的因素，不能负责。”[7] 同时，美国国务卿杜勒斯请求尼赫鲁在联大会议上劝说缅甸政府撤销提案，并表示一旦撤销提案，美方将敦促台湾方面配合撤军。[8] 不过，台湾试图利

1　National Archives of Myanmar, No.172, KMT Aggression, March 2, 1953.

2　NARA, RG 59, Central Decimal File, Box 2994, Telegram From American Embassy in Rangoon to Secretary of State, March 6, 1953.

3　NARA, RG 59, Central Decimal File, Box 2994, Telegram From American Embassy in Rangoon to Secretary of State, March 17, 1953.

4　顾维钧：《顾维钧回忆录》（第十分册），北京：中华书局，1989 年，第 211 页。

5　胡礼忠、张绍铎：《国民党军队残部在滇缅边境的活动及第一次撤退台湾始末（1950～1954）》，第 129 页。

6　NARA, RG 59, Central Decimal File, Box 2994, Telegram From Department of State to American Embassy in Bangkok、Rangoon、Taipei, March 25, 1953.

7　NARA, RG 59, Central Decimal File，Box 2994, Telegram From American Embassy in Taipei to Secretary of State, March 27, 1953.

8　NARA, RG 59, Central Decimal File, Box 2994, Telegram From Department of State to American Embassy in New Delhi, March 2, 1953.

用推迟会议的方法拖延审议提案，这一想法遭到美方的拒绝。[1]4 月 7 日，联大第一委员会“无异议通过”将缅甸控诉案列入议程审议。

4 月 17 日，第一委员会正式审议缅甸控诉案。审议前，缅甸代表团分发各种证据，主要是军事地图和缅北蒋军与台湾联络的文件影印本。在蒋廷黻看来，其中最重要的证据有两：一是蒋经国 1952 年 1 月 26 日致保一师第一团转致“反共救国军总指挥部”春节慰劳电；二是蒋介石 1952 年 1 月 5 日致李弥电。缅甸外长吴敏登（U Myint Thein）在审议会中阐述了国民党军侵犯缅甸领土，以及与反政府武装联络的事实，同时，他还特别强调，滞留缅境国民党军“确受台湾指挥”，呼吁联合国为了本身的正义性，“对此项侵略采取行动”。蒋廷黻竭力否认缅方证据的可信性，标榜国民党当局一向采取“睦邻政策”，并试图证明台湾对这支军队“毫无控制力量”，也“无驾驭力量”令其撤出缅境，但并未赢得大多数与会国家的认可。[2]4 月 23 日，联大通过决议，谴责国民党军对缅甸领土主权的侵犯，要求其放下武器接受收容或立刻离开缅境，呼吁所有国家、地区尊重缅甸的领土主权和独立，要求所有国家、地区协助这些军队和平撤离缅甸而不要支援他们，[3]而联大决议也加快了缅北蒋军撤军的步伐。

“缅控案”的产生是缅甸—美国—台湾地区三方相互作用的结果。一方面，缅甸认为台湾当局的内政外交受制于美国，因而主动请求美方帮助解决缅北蒋军问题。[4]另一方面，美国不断要求台湾当局尽快督促缅北蒋军撤离缅甸，但蒋介石对美国的一再督促表示强烈不满，[5]并要求“国防部”加大力度援助缅北蒋军。[6]台湾的不配合、中共对缅甸的不断施压和缅北蒋军的不断坐大，让缅甸和美国陷入“进退两难”的境地。缅甸对美台牢固关系的固有印象、缅甸对美方解决问题能力的

1　傅敏：《分歧与抉择：从“蒋廷黻资料”看台湾围绕缅甸控诉案的交涉》，《社会科学辑刊》2016 年第 4 期，第 117 页。

2　傅敏：《分歧与抉择：从“蒋廷黻资料”看台湾围绕缅甸控诉案的交涉》，《社会科学辑刊》2016 年第 4 期，第 118 页。

3　FRUS, 1952-1954, Volume XII, Part 2, East Asia and the Pacific, p.99.

4　NARA, RG 59, Central Decimal File, Box 2994, Telegram From American Embassy in Rangoon to Secretary of State, March 16, 1953.

5　吕芳上主编：《蒋中正先生年谱长编》（第九册），第 164、170～171、174、176、189～190 页。

6　吕芳上主编：《蒋中正先生年谱长编》（第九册），第 178 页。

过度期待与缅北蒋军问题一直“悬而未决”的现实窘境形成了鲜明的对比。因此，缅甸只能选择上诉联合国，而联合国大会上弥漫着的同情缅甸政府的情绪和美方幕后对台方的不断施压，[1] 为撤军谈判开启了大门。

六、撤军谈判：美缅关系再难升温

1953 年 4 月 25 日，美国提议以美、泰两国代表作为中介，组成缅、美、泰、台联合军事委员会研究撤军的具体问题。[2] 5 月 22 日，联合军事委员会第一次会议在曼谷召开，美国代表帕尔默（Raymond D.Palmer）中校担任会议主席，泰国代表就建立撤军安全区、撤军人数、军事装备的处置方式和撤离计划等问题提交了方案。[3] 次日，联合军事委员会召开了第二次会议，并就撤军草案展开了讨论。最终，联合军事委员会决定划定孟萨（Monghsat）为安全集结区，缅北蒋军在一定的停火日期内进入集结区，经泰国撤回台湾。[4] 可蒋介石暗中拟定了“天案”，即象征性地撤出部分军队，以接纳美国政府的意见，而将缅北蒋军的主力编入克伦族反政府武装之中，以继续留在缅甸境内。[5] 为了达到目的，台湾方面想尽一切办法在联合军事委员会中周旋以拖延时间。6 月 29 日，缅北蒋军副总指挥李则芬在曼谷与美国驻泰国大使展开会谈，他声称联合国决议是非法的，强调只有一小部分军队愿意去台湾，并向后者转呈一份反对撤军的声明给杜勒斯。[6] 而美方也认

1 何家明：《外交折冲下滇缅边区“国军”部队议案之研究（1952～1954）》，《暨南大学历史学系学位论文》，2013 年，摘要。

2 NARA, RG 59, Central Decimal File, Box 2994, Telegram From Department of State to American Embassy in Rangoon、Taipei、Bangkok, April 25, 1953.

3 NARA, RG 59, Central Decimal File, Box 2994, Telegram From American Embassy in Bangkok to Secretary of State, March 22, 1953.

4 NARA, RG 59, Central Decimal File, Box 2994, Telegram From American Embassy in Bangkok to Secretary of State, March 23, 1953.

5 吕芳上主编：《蒋中正先生年谱长编》（第十册），第 201～202 页；覃怡辉：《金三角“国军”血泪史：1950～1981》，台北：联经出版事业股份有限公司，2009 年，第 153 页。

6 NARA, RG 59, Central Decimal File, Box2994, Telegram From American Embassy in Bangkok to Secretary of State, June 29, 1953.

识到了台湾方面有意拖延撤军行动，在进一步向蒋介石施加压力的同时，还提出发给每个撤台士兵 20 美元作为诱饵，以期迅速执行撤军决议。[1]

缅甸政府对撤军谈判的延缓十分不满。吴努还因此致信艾森豪威尔总统，要求美方进一步向台湾施压争取早日解决缅北蒋军问题。[2] 9 月 17 日，缅甸代表提出撤军协议签署 35 天内必须撤出不少于 5 000 名缅北蒋军，此后三个月内撤出全部剩余军队。台方表示不能接受，缅甸代表就此表示退出联合军事委员会。[3] 9 月 28 日，艾森豪威尔致信蒋介石，希望台湾方面应以实际行动展示其撤退缅北蒋军的诚意。[4] 同日，艾森豪威尔在给吴努的回信中表示，缅方代表退出联合军事委员会于事无补，台湾当局能够指挥的部队不多，需要各方努力才能实现撤军。[5]

1953 年下半年，艾森豪威尔政府也重新审定了美国的国家安全战略，制定了 NSC162/2 号文件，文件的核心观点是要美国政府花费最小的代价来最大限度地遏制共产主义的扩张。这个战略通常被称为"新面貌"战略。[6]"新面貌"战略的确定和各方对台湾当局的压力促使台湾当局不得不接受撤军协定。

10 月 24 日台湾当局签署了撤军协定。从 1953 年 11 月 7 日到 1954 年 5 月 9 日，缅北蒋军共撤退 6 572 人，其中官兵 5 699 人，家属 873 人。[7] 至此，缅北蒋军问题暂时告一段落。虽然艾森豪威尔的上台和缅北蒋军问题的解决或多或少地缓和了美缅关系，美国政府在缅北蒋军问题上的种种表现已经引起了缅甸政府的不满，这也促使缅甸政府开始考虑改善中缅关系。[8] 实际上，美缅关系的交恶为中缅关系的发展带来了契机，1954 年中缅两国总理的互访就是最好的体现。

---

1 FRUS, 1952-1954, Volume XII, Part 2, East Asia and the Pacific, pp. 121-122.

2 FRUS, 1952-1954, Volume XII, Part 2, East Asia and the Pacific, pp. 135-139.

3 FRUS, 1952-1954, Volume XII, Part 2, East Asia and the Pacific, p. 144.

4 FRUS, 1952-1954, Volume XII, Part 2, East Asia and the Pacific, pp. 152-153.

5 FRUS, 1952-1954, Volume XII, Part 2, East Asia and the Pacific, pp. 151-152.

6 刘雄：《艾森豪威尔政府亚洲政策研究》，长沙：岳麓书社，2009 年，第 20 页。

7 顾维钧：《顾维钧回忆录》（第十一分册），北京：中华书局，1989 年，第 576～578 页。

8 NARA, RG 59, Central Decimal File, Box 2994, Telegram From American Embassy in Rangoon to Secretary of State, March 26, 1953.

结　语

纵观缅北蒋军问题的产生、发展和解决的全过程，美国政府一直发挥着主导作用，而美方对缅北蒋军的政策也影响着美缅关系的发展进程。总的来看，美国对缅北蒋军的政策受制于意识形态和国家利益双重因素的影响。从杜鲁门的“遏制”战略到艾森豪威尔的“新面貌”战略，遏制共产主义在东南亚的扩张一直是美国对缅政策的出发点和落脚点。美国国务院认为缅北蒋军的坐大将导致中国以清剿这批国民党军为由进入缅境，一旦缅甸受到共产主义的威胁，整个东南亚的“安全”则再难保证，因而极力敦促台湾当局命令缅北蒋军或缴械、或投降、或撤退。杜鲁门却认为缅北蒋军兼具政治价值和军事价值，有助于完成缓解朝鲜战争的军事压力和重新建立反共基地的双重任务，因而暗中指派中情局对缅北蒋军展开援助，这实际上损害了美缅关系的长期发展。

“白纸方案”的出台是美国对缅政策的失误，反映了美国对缅政策的目标与手段的背离。一方面，缅北蒋军未能完成牵制中共军事力量和建设反攻大陆基地的双重任务；另一方面，美国迟迟不能解决缅北蒋军问题导致缅甸政府逐渐失去了对美国的信心，缅方不但主动断绝了美国援助，还将该问题上诉联合国，美缅关系随之陷入冰点。虽然艾森豪威尔上台后极力解决缅北蒋军问题，并试图挽回恶化的美缅关系，但缅甸政府逐步放弃了亲西方的“中立主义”外交政策，将发展中缅关系提上日程，在东西方阵营中采取更加灵活的外交政策。

东亚地区的冷战进程影响了美国对东南亚政策的调整。从美国的亚洲冷战战略来看，缅北蒋军问题集中体现了美国东北亚冷战和东南亚冷战间的互动关系，而相较于艾森豪威尔政府对东南亚积极主动的政策，杜鲁门政府对东南亚的政策则在一定程度上屈从于美国在东北亚的战略利益。

冲绳军用土地问题的形成（1952～1955）

张建伟*

【摘要】《旧金山和约》生效之后，美国方面改变了媾和前时期对冲绳军用土地实行的“无偿占领并使用”原则，转而推行1950年远东司令部指令中要求的“征购加租赁”的新政策。按照指令精神，民政府先后发布多条公告法规，其内容核心可以概括为“军事优先、强制征用、低价租赁、长期使用”，但都遭到了土地业主们的强烈反对和抵制。在政策制定和执行过程中，民政府单方面确定土地租赁条件和采用暴力征地的做法，不仅剥夺了土地业主们自由选择的权利，还与当地民众的关系大大恶化，促使其联合起来与之进行斗争。以新的土地征用计划为契机，军用土地问题突破了地方事务的框架，成为华府首脑们需要面对和解决的一道难题。究其原因，乃是在军方主政下，冲绳军用土地政策必须服务于美国在东亚的冷战战略，故而这一时期冲绳基地军事价值和战略意义的提升才是导致该政策日趋激进的最主要推手。军用土地问题的背后，反映出的是美国当局和冲绳民众对冲绳属性定位上的巨大差异。

【关键词】冲绳；军用土地问题；军用土地政策；美国；冷战

战后冲绳问题向来是学术界研究的重要课题之一。美国在冲绳的统治以及军用

* 张建伟，苏州科技大学历史系讲师。

土地问题的形成与发展既属于冲绳地方史研究的范畴，也与二战后美国的东亚战略有一定的关联性。[1]冲绳在冷战时期美国的国家安全战略中无疑占据了相当重要的地位：冲绳的军事基地是美国在亚洲围堵和遏制共产主义的环太平洋岛屿防御链中的重要一环，无论是朝鲜战争、台海危机还是越南战争期间都发挥了至关重要的作用。很明显，冲绳基地机能的变化与军用土地问题的演变是相互影响、相互作用的两个要素，同时也会与冲绳的社会发展和美日关系产生一定的互动。本文以美国对冲绳军用土地政策的发展演变为线索，梳理军用土地问题的形成过程并分析其成因，以期从另一个角度揭示美国在亚洲冷战政策的表现与实质以及冷战“国际性”与“本土性”两者之间的关联性。

一、媾和前美国对冲绳的军用土地政策

自 1945 年 6 月美军占领冲绳至 1952 年 4 月 28 日《旧金山和约》正式生效前这段时期，冲绳处于美军的军事统治下，在冲绳现代史的叙述中被称之为“媾和前时期”。负责占领区事务的美国军方先后在冲绳设立“琉球群岛美国军政府”和“琉球群岛美国民政府”（以下分别简称军政府、民政府）实施对该地区的统治。占领初期，军政府首先通过第 29 号指令《住民再安置计划与方针》向处于流散状态的居民临时性分配住房与耕地以稳定当地的社会秩序，随后又发布第 121 号指令成立地方各级土地所有权委员会来处理土地的测量、调查与记录工作，到 1950 年 4 月 14 日，以第 36 号公告为标志，基本恢复了土地所有权记录，新的土地登记与管理制度也得以建立。与此同时，美军在占领之初除了接管战前日军的机场、港口、军营等军用区域外，又额外圈占了大量原国有、县有和私有土地，统统将其扩建改造为军事用地，其面积一度高达 45 000 英亩，奠定了其日后在冲绳军事基地的雏

1　学术界对此的研究成果主要有：宮里政玄『アメリカの沖縄統治』，东京：岩波书店，1966 年；宮里政玄編『戦後沖縄の政治と法』，东京：東京大学出版会，1975 年；新崎盛暉『沖縄・反戦地主』，东京：高文研，1995 年；明田川融『沖縄基地問題の歴史 非武の島、戦の島』，东京：みすず書房，2008 年；来間泰男『沖縄の米軍基地と軍用地料』，宜野湾：榕树书林，2012 年；平良好利『戦後沖縄と米軍基地—「受容」と「拒絶」のはざまで 1945～1972 年』，东京：法政大学出版局，2012 年。

形。在随后对军事区域的强化管制过程中，美军又陆续将许多没有军事价值的土地恢复民用，军事区域面积有相当程度的缩减，军用与非军用土地出现分化，形成了“军用土地”这一描述特定土地用途的专门术语。不过受制于美国政府的对日政策和对亚洲政策还未最终确定，很难说这一时期有较为明确清晰的军用土地政策。另一方面，以 NSC13/3 文件为标志，杜鲁门政府确定了长期占领冲绳并将其作为军事基地的政策，在亚洲冷战格局形成的大背景下，从 20 世纪 50 年代初期开始由军方主导并开展了大规模、永久性军事基地建设，旨在将冲绳打造成美国在亚洲面积最大、配备军种最为齐全、设施功能最为丰富的海外军事基地，以发挥其在远东遏制共产主义桥头堡的作用。为配合基地建设，军方以远东军司令部（Far East Command，FEC）的名义发出指令（通称 1950 年远东司令部指令），改军政府为民政府，该指令同时明确以“军事优先”的战略来统治冲绳，首次指示地方当局采用购买或征用方式获取其需要的土地。1950 年远东司令部指令成为美国对冲绳军用土地政策正式形成的标志。此后，民政府按照指令精神继续对私人土地展开征用。截至《旧金山和约》生效前，美军占领并使用的军用土地面积约为 26 000 英亩。[1]

二、媾和后军用土地问题形成述评

1952 年 4 月 28 日，《旧金山和约》正式生效。从宏观层面而言，这对于冲绳的意义是巨大的，美国取得了对其的行政管辖权，也同时意味着，除了名义上保有残余主权（Residual Sovereignty）外，日本对冲绳包括冲绳民众不再具有任何法律上或是实质性的权力。但从中观和微观层面来看，对日和约的正式生效短时间内并没有使美国对冲绳的统治战略和当地政策产生深刻的变化。实际上，和约不过是对自 1947 年以来经联合国决议批准由美国对冲绳实施单独托管这一事实在国际法上

1　关于媾和前时期美国对冲绳的军用土地政策，参见：砂川惠伸、安次富哲雄、新垣進「土地法制の変遷」，宫里政玄編『戦後沖縄の政治と法』，东京：东京大学出版会，1975 年，第 480～506 页；前田哲南、林博史、我部政明編『「沖縄」基地問題を知る事典』，东京：吉川弘文馆，2013 年，第 2～9 页。

的再一次确认而已。和约生效两天之后，美国远东军司令部发出新的《关于琉球群岛美国民政府的指令》（以下简称 1952 年远东司令部指令），以取代 1950 年发布的旧指令。稍加对比两份指令就能看到，从执政目的、执政方针到对民政副长官（Deputy Governor）[1] 的补充指令各个方面，再具体到军用土地相关的指示上，均是以原文照搬的方式继承了 1950 年的指令。[2] 也就是说，远东军司令部作为名义上的政策制定者（实际由其上级——陆军部负责），对冲绳依然采用“军事优先”战略，同时沿袭了原来军事占领时期既有的征用土地以建设军事基地的方针。

然而也必须承认，《旧金山和约》的生效对美国的冲绳统治以及军用土地政策所产生的影响，随着时间的推移便逐步显现出来。一方面，和约赋予美国对冲绳的行政管辖权，使民政府能行使包括行政、立法与司法在内的一切权力，即一种事实上的主权。按美方的理解，此后可以不受任何约束地实践这种权力，而这种管辖权自然就包括土地征用权（以公共使用为目的，没收个人财产的权力，同时给予相应的补偿）。[3] 因而，在不受约束的情况下，此后民政府对土地征用的政策变得日趋激进，围绕军用土地的军民矛盾愈发严重，直至军用土地问题最终形成。

另一方面，和约的生效使美国在冲绳的军事占领状态得以终结，原先无偿占有并使用土地的法律依据也不复存在，随之当地民众的反对意见逐渐增多，并开始追究起先前以及之后土地征用事宜相关的法律问题。媾和之后，民政府面临的第一个问题就是“媾和前赔偿”问题。所谓“媾和前赔偿”（Pre-Treaty Claims），指的是在《旧金山和约》生效前，由于美军的战争和占领行为所引起的民众人身伤亡以

1　1950 年 12 月 15 日美国琉球群岛民政府成立后，由总部设在东京的美国远东军司令兼任民政长官（Governor），驻琉球美军司令任民政副长官，除大政方针外，民政副长官是冲绳地方事务的实际负责人。这种管理体制随着 1957 年 7 月远东司令部的废止而改为行政高级专员制（High Commissioner），直接对国防部长负责。但是由军人充任地方最高长官的做法一直延续到 1972 年美国将冲绳的施政权移交给日本。参见：大田昌秀『沖縄の帝王 高等弁務官』，东京：朝日新闻社，1996 年。

2　極東軍総司令部発琉球軍司令官宛（一九五〇年十二月五日），「琉球列島米国民政府に関する指令」，月刊沖縄社編『アメリカの沖縄統治関係法規総覧 I：第 1 部 現行法令 1972 年 5 月 14 日現在 第 2 部 法令別・年次別法令 第 1 編 行政命令その他 第 2 編 布告』，那霸：池宫商会，1983 年，第 331～332 页。極東軍総司令部発琉球軍司令官宛（一九五二年四月三十日），「琉球列島米国民政府に関する指令（一九五二年四月三〇日極東軍総司令部指令）」，月刊沖縄社編『アメリカの沖縄統治関係法規総覧 I：第 1 部 現行法令 1972 年 5 月 14 日現在 第 2 部 法令別・年次別法令 第 1 編 行政命令その他 第 2 編 布告』，那霸：池宫商会，1983 年，第 331～337 页。

3　宮里政玄『日米関係と沖縄 1945～1972』，东京：岩波书店，2000 年，第 119 页。

及（包括企事业单位在内的）财产损失，索赔方向美方发起的赔偿要求。具体到军用土地问题，一个显而易见的事实就是自美军占领冲绳以来，可以随意地将土地划为军事区域，并且无偿使用这些土地。从民众角度而言，当然会要求美军对征用其土地以及所造成的土地形状和性质的改变，支付相应赔偿费和租金。面对民众的赔偿要求，美方的态度十分强硬——那就是完全否认“媾和前赔偿”。他们先是援引 1907 年《海牙陆战法规和惯例章程》（下文简称《陆战法规》）中第二十三条之规定：“除各专约规定禁止者外，特别禁止：……（七）毁灭或没收敌人财产，除非此项毁灭和没收是出于不得已的战争需要”与第五十二条第三项之规定：“除非占领军需要，不得向市政当局或居民征用实物和劳务……”[1] 按照该法规，美军完全可以以战争需要为由没收敌方资产（即土地）并在占领状态下向市政当局或居民无偿征用实物（即土地和房产）。以上述法规为依据，军政府于 1945 年颁布了第 7 号公告《财产之管理》，告知全体冲绳民众：私人财产可根据国际法无偿占有，连同遗弃财产、国有资产一起由军政府委派专人管理。[2] 到了对日媾和完成之后，《旧金山和约》第 19 条（a）项规定：“日本与日本国民放弃针对联盟国与联盟国国民，就战争或与战争状态持续相关之所有请求权，同时放弃就本条约生效前联盟国军队与当局于日本领土之存在、职务行为或行动之请求权。”[3] 后来在出席国会质询时，美方官员明确表示：既然条约明确了日本国及其国民已放弃对美国的上述权利，冲绳民众针对媾和前土地使用的赔偿就失去了法律基础。[4] 以上三个方面的文件，构成了美国否认对军用土地占领与使用负有“媾和前赔偿”义务的法律依据。

然而，冲绳民众对此并不认同。他们提出《陆战法规》并不应当适用于军用土

1 http://www.icrc.org/chi/resources/documents/misc/hagueconvention4-18101907.htm, 2015-01-15.

2 United States Navy Military Government Proclamation No. 7, *Custodian of Property*, Undated, Gekkan Okinawasha ed., *Laws and Regulations during the U.S. Administration of Okinawa, 1945 -1972 Book (I): Presidential Executive Order, Military Government Proclamations, Military Government Special Proclamations and Civil Administration Proclamations, Military Government and Civil Administration Ordinances*, Naha: Ikemiya Shokai, 1983, pp.63-67.

3 鹿島平和研究所編『日本外交年表竝主要文書』（1），东京：原书房，1983 年，第 419～440 页。

4 Etsujiro Miyagi, *The Land Problem (1952-1958)*, in Masahide Ota ed., *A Comprehensive Study on U.S. Military Government on Okinawa (An Interim Report)*, Journalism, Sociology Department College of Law and Letters University of the Ryukyus, March 1987, p.40.

地的征用，因为该法规主要针对的是敌对国家主动的敌对行动，而绝大多数土地是在敌对行动结束之后征用的，故而媾和前时期军用土地的征用也应支付相关费用。这种主张很早便见诸行动，民用土地所有权认证工作完成后不久——1951 年 8 月，桑江朝幸[1]在《冲绳时报》上以广告形式登载了“尽早支付军用土地使用费的陈情书”。[2]同年 9 月 1 日，冲绳群岛议会也作出了相关陈情的决议。10 月 7 日，在 350 名土地所有者参与下成立了土地所有者协议会。[3]

当时，土地业主们的诉求并没有立刻得到美方的回应，他们也不清楚实际上美国军方对此曾有过指示。在 1950 年远东军司令部指令中，远东军司令部就在对民政副长官的补充指令第 3 点中明确要求：“对 1950 年 7 月 1 日之前由美国使用的民有财产，支付各类使用费。不过支付的时期和金额由民政副长官决定。”同时，补充指令第 9 点也阐明：“根据美国临时要求或本指令 D 部分第（8）项各段中罗列的要求，由民政副长官对上述不动产进行征用或租借。对其使用的相关部门须从相应拨款中支付自 1950 年 7 月 1 日后的租金。”[4]而在 1952 年的远东司令部指令中，同样保留有上述指示。[5]从内容来看，远东司令部的判断是向民众支付占领期间因军方对私有财产征用而产生的使用或补偿费用的条件已经具备（1950 年 7 月土地所

1　军用土地业主组织的领袖人物，后来担任冲绳军用土地委员会联合会会长，著有回忆录『土がある明日がある 桑江朝幸回顧録』(那霸：沖縄タイムス社，1991 年)。

2　沖縄タイムス社編『沖縄の証言〈下〉—激動の 25 年誌』，沖縄タイムス社文化事業局出版部，1973 年，第 183 页。

3　本永寛昭「沖縄における军用地問題の展開」，琉球政府立法院事務局 編『議会時報』五号，1956 年，第 4～5 页。转引自：砂川惠伸、安次富哲雄、新垣進「土地法制の変遷」，宫里政玄編『戦後沖縄の政治と法』，东京：东京大学出版会，1975 年，第 531 页。

4　極東軍総司令部発琉球軍司令官宛（一九五〇年十二月五日），「琉球列島米国民政府に関する指令」，月刊沖縄社編『アメリカの沖縄統治関係法規総覧 I：第 1 部 現行法令 1972 年 5 月 14 日现在 第 2 部 法令別・年次別法令 第 1 編 行政命令その他 第 2 編 布告』，那霸：池宫商会，1983 年，第 331～332 页。

5　極東軍総司令部発琉球軍司令官宛（一九五二年四月三十日），「琉球列島米国民政府に関する指令（一九五二年四月三〇日極東軍総司令部指令）」，月刊沖縄社 編『アメリカの沖縄統治関係法規総覧 I：第 1 部 現行法令 1972 年 5 月 14 日現在 第 2 部 法令別・年次別法令 第 1 編 行政命令その他 第 2 編 布告』，那霸：池宫商会，1983 年，第 333～337 页。C.C.B. Warden to Commanding General Ryukyus Command APO 331, *Subject: Directive for United States Civil Administration of the Ryukyu Islands*, 30 April 1952，月刊沖縄社編『アメリカの沖縄統治関係法規総覧 分野別索引』，那霸：池宫商会，1983 年，第 57、59 页。

有权的认证工作基本完成），遂将此权限下放给了民政副长官由其自由裁量。时任民政副长官罗伯特·S. 贝特勒（Robert S. Beightler）没有据此采取相应行动，而是将该问题搁置起来。其原因在笔者看来主要是当时民众对“媾和前赔偿”的呼声并不强烈，也不是民政府迫切需要解决的问题，相反，需要将有限的拨付资金优先用于当地的军事基地建设和军队相关人员的待遇改善上来。

此后，尽管民众仍然坚持美军应当支付土地使用相关费用的主张，并通过地方自治机构表达诉求，但直到对日和约正式生效以及新的远东军司令部指示（尽管指令内容完全一致）下达前夕，民政府方面才开始酝酿执行这一政策。1952 年 3 月 19 日，时任民政官（Civil Administrator）[1]詹姆斯·刘易斯准将（James M. Lewis）就此问题回复冲绳群岛代理知事，告知其如下内容：（一）对目前美军正在使用的军用土地支付租金，租金自 1950 年 7 月 1 日开始计算；（二）租金支付对象包括：（1）1950 年 7 月 1 日起以占领为目的且当前仍在使用的军用土地；（2）用栅栏围成的禁止区域内的私有地；（3）美军正在使用或预定使用业主无法行使所有权的土地，但不包括位于美国的代理机构占领区域内而业主仍享有充分使用权和管理权因而并未构成实质占有的土地；其地价由日本劝业银行提交的评定报告为基础，租金亦以此为基础由冲绳工程兵大队决定；至于土地恢复原状的问题，目前没有计划进行赔偿。[2]这是目前能够确定的最早一份冲绳地方长官同意就媾和前土地征用支付费用的文件，从中还可以发现当时民政府酝酿的媾和前赔偿内容中并不包括土地复原补偿问题。

5 月 15 日，贝特勒民政副长官致信琉球政府行政主席比嘉秀平，表达了要将土地无偿使用改为有偿租用的想法，同时还拟定了一份“土地租赁合同书”，打算从同年 6 月 23 日起开始办理与土地所有者订立合同的事宜。[3]但民众对民政长官的这番表态并不满意，6 月 2 日琉球政府立法院通过第 21 号决议，并向民政副长官和行政主席提出：“根据民主主义的原则，租金的确定应当由土地所有者派代表

1　在职务上仅次于民政副长官，具体负责当地的民政事务，亦由军人担任。——作者注

2　民政官ゼイムス・エム・ルイス発沖縄群島知事代理宛（一九五二年三月十九日），「軍使用地の地代について」，文教局研究調査课 编『琉球史料』第四集，琉球政府文教局，1959 年，第 419 页。

3　砂川惠伸、安次富哲雄、新垣進「土地法制の変遷」，宮里政玄 编『戦後沖縄の政治と法』，东京：东京大学出版会，1975 年，第 507～508 页。

参加”，具体办法是：（1）涉及军用土地的市町村，每百万坪土地派一名代表，加上相关地方自治机构和立法院选出的10名代表共同组成地价评定委员会。（2）从该委员会中选出10到30名代表与军方代表再行协商。[1] 6月13日，贝特勒再度致信比嘉主席，对于6月2日的立法院决议没有作正面答复，只是通知由其本人或委派代表与几名立法院议员代表共同出席军方的说明会。[2] 6月18日，立法院继续以决议的形式就军用土地问题向民政府表达诉求：“军方向琉球政府提供的军用地租既低廉又不合理，与民间正常土地租赁的金额差距过大，对相关人员的生活构成威胁，进而会成为经济、社会问题，对军民关系也会有较大影响。因此，此前通过的决议希望能让所有者代表参与地租确定事宜，但是未能得到您的答复。本决议再次期待您能就如下内容作出答复：（1）对21号决议请予答复；（2）请告知1945年8月15日至1952年4月28日期间军用地租金的计算时段，如无法一次支付可分次支付；（3）希望公示由军方评定的各市町村不同类型土地的最高与最低均价；（4）请告知1952年4月28日后租金确定与支付的方式及其法律依据。”[3]

民政府此后是否对立法院决议作了答复，由于档案材料不足，无法确定。但可以肯定的是，民众要求有土地业主参与租金评定的建议没有得到采纳。11月1日，民政府发布关于《契约授权》（Authority to Contract）的第91号法令。该法令声称：“出于对美国、琉球政府及其人民的保护与安全，由美国政府占据和持有某些土地与房产，这一点十分可取，也很有必要；同时对自1950年7月1日起因上述目的而发生的占领行为，愿意给予补偿。”其具体做法是：首先琉球政府与民政府签订编号为No.DA92-320-FEC-148的合同，再按照合同规定，由琉球政府行政主席责成专人或专门机构处理与被美方征用的私人土地的业主谈判、签订并执行租

1　「決議第二十一号（一九五二,六,二）軍使用地地代決定に土地所有者代表の参加に就て」，文教局研究調査课编『琉球史料』第四集，琉球政府文教局，1959年，第419页。

2　民政副长官、琉球軍司令官ロバート・S・ビートラー発琉球政府行政主席比嘉秀平宛（一九五二年六月十三日），「立法院決議第二十一号」，文教局研究調査课编『琉球史料』第四集，琉球政府文教局，1959年，第420页。

3　「決議第二十七号（一九五二年六月十八日議決）軍用地に関する再要望について」，文教局研究調査课编『琉球史料』第四集，琉球政府文教局，1959年，第420页。

赁合同等各项工作，并在收到美国政府拨付的资金后完成租金的逐年支付，再将承租下的地产转租给民政府。[1]

民政府此番盘算相当精明。一则，是将原来由美国方面直接面对当地民众的征地行动改为以琉球政府作为中间方，将与业主的协商谈判、签订合同等复杂与繁琐的工作一并交由其承担，毕竟作为名义上的自治政府，由琉球政府派专人出面负责在情感上也更容易为当地人接受，也能够减缓民众对民政府的直接不满和抗议，将有可能引发的矛盾与纠纷的责任转嫁给琉球政府。其次，这种将“媾和前赔偿”与新的土地征用相挂钩的办法，更有利于其后续征地项目的推进。从表面上看，在业主们的持续要求和立法院的呼吁下，民政府顺应民意，改变了原来一直坚持的军用土地无偿使用的立场，兑现了两年前在 1950 年远东司令部指令中已明确作出的指示，支付给业主们一部分媾和前时期（自 1950 年 7 月 1 日起）军用土地的使用费，出现了从无责任向有限责任的立场转变。但对媾和前期间征用的土地支付补偿费只不过是一个诱饵，其真正用意在于吸引业主们签订新的更有利于美军的租赁合同。因为在新的合同中明确写道：“1950 年 7 月 1 日至 1952 年 6 月 30 日期间的赔偿金将在租借合同签订完毕之后支付。”再来看租赁合同的具体条款，第一，租借期限为 20 年，自 1950 年 7 月 1 日起开始计算；第二，承租方如需终止合同提前 30 天告知；第三，年租金定价为地价的 6%。[2] 显而易见，美方提供的租赁条件极为苛刻：首先，作为出租方的土地业主必须签订期限长达 20 年之久的合同，且只有承租方的美军拥有单方面终止合同的权力；其次，租金的确定也不是双方协商的结果，而是由同为承租方的美军驻冲绳工程兵大队来确定；再次，租金的低廉程度更是令人震惊，每年租金为 1950 年 7 月 1 日地价的 6%，平均计算下来，每坪每年

1　United States Civil Administration of the Ryukyu Islands Office of the Deputy Governor APO 719, CA Ordinance No.91, *Authority to Contract*, 1 November 1952, Gekkan Okinawasha ed., *Laws and Regulations during the U.S. Administration of Okinawa, 1945–1972 Book (I): Presidential Executive Order, Military Government Proclamations, Military Government Special Proclamations and Civil Administration Proclamations, Military Government and Civil Administration Ordinances*, Naha: Ikemiya Shokai, 1983, pp.1144–1145.

2　Etsujiro Miyagi, The Land Problem (1952–1958), in Masahide Ota edited, A Comprehensive Study on U.S. Military Government on Okinawa (An Interim Report), Journalism, Sociology Department College of Law and Letters University of the Ryukyus, March 1987, p.42.

只有 1.8 元 B 元。[1] 而在当时的冲绳，1 瓶可口可乐的售价为 10 元 B 元，9 坪土地 1 年的租金不过换一瓶可口可乐。[2]

军用地租与当时生活必需品价格的对比（单位：B 元）

名　称	数　　量	金　　额
烟　草	1 个	10.00 元
食　盐	1 斤	7.11 元
白　米	1 斤	44.53 元
甘　薯	1 斤	3.00 元
大　豆	1 斤	52.60 元
素面条	1 斤	24.00 元

数据来源：文教局研究調査课 编『琉球史料』第四集，琉球政府文教局，1959 年，第 306 页。

不难想见，如此苛刻且不公的租赁条件必然遭致土地业主们的普遍反对，4 万多名私人土地业主中，最后签订契约的只有约 900 名，尚不及总数的 2%。[3] 91 号法令以失败而告终，民政府将媾和前赔偿与新的土地征用捆绑的意图也被土地业主识破，他们坚持签订租赁合同与支付媾和前地租两者应当单独处理并尽快完成后者的支付问题。

面对土地业主们的集体抵制，民政府不得不调整原有方针，于 1953 年 3 月 23 日发布第 105 号法令，题为"对 1950 年 7 月 1 日至 1952 年 4 月 27 日期间美国政府向琉球民众租赁私有土地缔结契约以及支付租金的履行权限"。该法令再次强调

1　Etsujiro Miyagi, *The Land Problem (1952–1958)*, in Masahide Ota edited, *A Comprehensive Study on U.S. Military Government on Okinawa (An Interim Report)*, Journalism, Sociology Department College of Law and Letters University of the Ryukyus, March 1987, p.42. 冲绳于 1946 年 3 月起以被称为 B 元的军票作为当地法定货币，一直使用至 1958 年 9 月。1 元 B 元相当于 3 日元，120 元 B 元兑换 1 美元。坪，日本的面积单位，1 英亩≈ 1 224.157 05 坪。——作者注

2　The Parable of the Bottle of Coca Cola, Undated, Tab M to Factual Date concening Specific Incidents and Conditions related to the Okinawa Land Problem, (00008–001) Ryukyus: Documents Pertaining to Okinawa Land Acquisition, Oct 1955, 沖縄県公文書館，資料コード：0000106041；新崎盛暉『沖縄・反戦地主』，东京：高文研，1995 年，第 28～29 页。

3　Etsujiro Miyagi, The Land Problem (1952–1958), in Masahide Ota edited, A Comprehensive Study on U.S. Military Government on Okinawa (An Interim Report), Journalism, Sociology Department College of Law and Letters University of the Ryukyus, March 1987, p.42.

“美国同意支付租金给 1950 年 7 月 1 日至 1952 年 4 月 28 日期间占据其土地的所有者。……但由于美国与数量如此众多的土地所有者直接打交道是不切实际的，因而琉球政府行政主席办公室是完成此项任务的不二人选。由琉球政府行政主席或其委派的人员承担下列事务：（1）代表本法令规定的土地所有者或作为其代理人，执行并递交与美方签订的租赁协议……（2）按照上述租赁协议，美方不承担任何租赁中的赔偿请求权。（3）在收到美方拨付的资金后，根据上述协议所列的资产清单向其法定所有者支付协议规定的租金……（4）为达成前述目的或使协议更趋完善，对协议作必要的修改或补充。”[1]

从指令内容来看，民政府在事实上否定了第 91 号法令将媾和前赔偿金与新土地租赁合同捆绑起来的做法，同时对适用土地赔偿金支付的期限改为 1950 年 7 月 1 日至 1952 年 4 月 27 日，即《旧金山和约》生效前，而在媾和前补偿费的判定、支付等具体作法上基本沿袭了 91 号法令的内容。一周以后，美国方面将首笔军用地租金（106 万美元）转交给琉球政府。[2] 截至 1955 年 8 月，对媾和前军用地赔偿费的支付完成了 98%。[3] 至此，关于媾和前土地使用的补偿问题，部分得到了解决。[4]

民政府立场的转变，并不是民意对其施加影响的结果。对于美国而言，解决“媾和前赔偿”并不是重点，重点是需要征用更多的土地以强化冲绳的军事基地职能。不要忘记，此时的东亚局势高度紧张，朝鲜战争仍未结束，冲绳基地的军事价

1　United States Civil Administration of the Ryukyu Islands Office of the Deputy Governor APO 719, CA Ordinance No. 105, *Authority to Accomplish Execution of Lease and Rental Payment of Privately Owner Ryukyuan Lands Occupied by the United States of America for the Period from 1st July 1950 through 27th 1952*, 23 March 1953, Gekkan Okinawasha ed., *Laws and Regulations during the U.S. Administration of Okinawa, 1945–1972 Book (II): Civil Administration and High Commissioner Ordinances*, Naha: Ikemiya Shokai, 983, pp.43–44.

2　新崎盛暉『沖縄・反戦地主』，东京：高文研，1995 年，第 29 页。

3　比嘉干郎『沖縄——政治と政党』，东京：中央公论社，1965 年，第 125 页。转引自：宮里政玄編『戦後沖縄の政治と法』，东京：东京大学出版会，1975 年，第 509 页。

4　之所以说该问题只是部分解决，是因为 91 号法令只是支付了 1950 年 7 月 1 日以后军用土地使用的租金，而在此日期之前涉及军用土地的征用以及媾和前就已恢复民用的土地征用和复原赔偿问题等依然悬而未决。包括这一问题在内所有“媾和前赔偿”问题的真正解决则要留到 1967 年《高级专员第 60 号法令》的公布实施以及 1971 年美日冲绳返还谈判中关于军用土地原状恢复补偿费所作的秘密安排。参见『いわゆる「密約」問題に関する有識者委員会報告書』，2010 年 3 月 9 日。http://www.mofa.go.jp/mofaj/gaiko/mitsuyaku/pdfs/hokoku_yushiki.pdf。

值只增不减。因而，新的土地征用刻不容缓。如果说媾和之前，美军还能以军事占领状态以及相关法律为理由，未经其所有者同意就能随意占领并使用其土地的话，到了对日和约生效之后就必须要先解决法律依据的问题来保障土地征用的顺利进行。于是，109 号法令应运而生。

1953 年 4 月 3 日，民政官刘易斯准将发布关于《土地征用令》（Land Acquisition Procedure）的第 109 号法令，宣称："琉球的法律中没有任何条款能够满足美方对土地占有和使用的相关要求，因而制定有关征用土地及其相关权益并给予合理公正补偿的办事程序，这一点十分合理且必要。美国对此也是责无旁贷。"具体规定如下：

1. 对于土地及其相关权益的临时性或永久性使用，经民政副长官特批，由冲绳地区工程兵大队代表使用部门负责征用土地或不动产并获取其相关权益。

2. 一旦确定对某块或以上数量的土地或不动产的征用无法通过谈判方式与所有者达成一致，民政副长官将以国家名义采取下列措施：

a. 通过个人、集体或出版物等形式发出征用通知书，告知将被征用土地或不动产的所有者，所征用土地的名目、价值、赔偿数额。产权人可以在通知发布的 30 天内选择接受或是拒绝美方的补偿条件。一旦某块土地被列入征用范围便以通知书的形式告知其所有者，产权人在 30 天的期限内要么接受美方提供的补偿条件，要么向民政副长官提出上诉。如果超出该时限，土地产权将被自动视为移交给美方。即使是选择上诉，也将只能就补偿事宜作出决定，而不能阻止美国方面对该块土地的征用。

b. 如若以谈判方式完成所征用的土地及其权益，则转让手续须在该地产所在辖区的土地登记事务所登记完成。

c. 如果通知发出后的 30 天时限已过，而产权人并未完成土地或不动产的转让手续，那么民政副长官将立即发布正式的《征用公告》，并在所在辖区的土地登记事务所完成土地转让的相关手续，将由冲绳工程兵大队评定的补偿费存入为其在琉球银行所开立的账户中。

d. 如果产权所有人选择上诉，民政副长官将委托土地征用委员会（依据本法令第3条成立）处理，在其授权范围内进行听证、调查和判决工作，在上诉期间，产权人可支取原先赔偿金额的75%。

e. 一旦琉球驻军司令认为有必要紧急征用，民政副长官[1]可以在30天上诉期结束之前就下令对该土地进行疏散工作。

3. 成立美国琉球土地征用委员会（United States Land Acquisition Commission for the Ryukyu Islands），其成员由民政长官任命。委员会人数的相对多数构成其行动的法定人数。委员会应保存其会议和行动的档案、记录，在其行使其职能时提供便利。

4. 上述委员会，有权对民政副长官或其上级委托的案例中的地产价值和赔偿金额作出判决，并经授权举行听证会，采信证词、证据，传唤证人，查阅书信、档案记录，或是在土地征用过程中作为准司法实体和记录法庭发挥作用。

5. 一旦委员会作出调查和判决，须将相关文本提交给民政副长官，再由副长官通知相关产权所有者与工程兵大队，后者将对前者银行账户金额进行调整。

6. 依据上述第2条a项的特别存款账户应当包括所征用土地上的作物损失、墓地、建筑物以及其他土地改良措施或行为。[2]

从法令内容来看，无不反映民政府在军用土地问题上的强势作风。首先，征用土地并支付租金这一行为，从法理上来看，应当是双方在自愿、平等的基础上建立的一种契约关系。然而实际情况却是在土地是否被征用问题上，如法令第2条规定的那样——“土地所有者的上诉只能限于补偿事宜”，这等于完全剥夺了土地业主自由选择的权利，而美军则完全可以按照自身的意愿对土地予取予求。其次，109号法令与91号法令在征用程序上几乎完全一致，涉及征用土地的丈量、估价等工作仍由驻冲绳美军工程兵部门单方面完成，即使上诉到征用委员会后，冲绳民众同样也没有任何话语权，只能听凭该委员会来确定赔偿金的数额。

1　即驻琉球美军司令——作者注。

2　United States Civil Administration of the Ryukyu Islands Office of the Deputy Governor APO 719, CA Ordinance No.109, *Land Acquisition Procedure*, 3 April 1953, Gekkan Okinawasha ed., *Laws and Regulations during the U.S. Administration of Okinawa, 1945–1972 Book (II): Civil Administration and High Commissioner Ordinances*, Naha: Ikemiya Shokai, 1983, pp.49–51.

一周之后，民政府又紧接着发布 110 号法令——《土地征用赔偿金支付手续》，细化了此前 109 号法令中关于赔偿金的支付方式，规定：（1）琉球政府作为受托人，根据民政府第 109 号法令，负责接收、保管美国提供的资金以及向相关地产所有者支付赔偿费。（2）如若资金在一年之后还未完成支付，美方有权将其收回，且赔偿金存放在业主账户中不得超过两年。[1] 4 月 14 日，民政府在第 3 号指令中要求琉球政府为配合美军的征地行动，需做好征用通知的转达与告知工作。[2] 5 月 9 日，在比嘉秀平主席的建议下，民政府设立冲绳土地委员会，其职能主要是为在土地征用办法和程序上协助民政府，向前者或土地征用委员会建言并协助后者提出恰当合理的租金要求。

109 号、110 号法令一经公布当即遭到了冲绳民众的普遍反对。当地的民主党、人民党和社会大众党纷纷发表声明表示反对。5 月 5 日，琉球立法院通过决议提出撤销 4 月 3 日公布的《土地征用令》的请求，反对新的土地征用。[3] 6 月 16 日，冲绳市町村军用土地委员会联合会成立（以下简称土地联合会），向琉球土地征用委员会提起申诉，要求提高地租金。8 月 8 日，琉球立法院又通过了冲绳土地委员会、立法院特别委员会、地方土地委员会联合会三方提出的关于《旧金山和约》生效后土地使用费的共同协议。[4] 尽管琉球立法院无权撤销美国民政府的决定，但却从侧面释放出一个信号：冲绳民众、各政治势力与社会各界在军用土地问题上已有了共同反对民政府的意向，这令美方的统治陷入颇为尴尬的境地。

事态后来的发展变得更加激烈，就在民政府第 110 号法令发布的第二天，美军在位于冲绳本岛的真和志村（今属那霸市）开始采用暴力手段强行征用土地。该村

1 United States Civil Administration of the Ryukyu Islands Office of the Deputy Governor APO 719, CA Ordinance No.110, *Procedure for Payment of Compensation for Land Acquisition*, April 10, 1953, Gekkan Okinawasha ed., *Laws and Regulations during the U.S. Administration of Okinawa, 1945–1972 Book (II): Civil Administration and High Commissioner Ordinances*, Naha: Ikemiya Shokai, 1983, p.57.

2 「琉球列島米国民政府指令第三號（一九五三年四月十四日）収用の告知業務」，月刊沖縄社編『アメリカの沖縄統治関係法規総覧 IV：第 2 部 法令別・年次別法令 第 4 編 指令 第 5 編 命令・訓令その他』，那霸：池宮商会，1983 年，第 581 页。

3 「決議第四号（一九五三年五月五日議決）琉球における米国軍使用地に関する決議」，文教局研究調査课编『琉球史料』第四集，琉球政府文教局，1959 年，第 421 页。

4 「基地問題の沿革（昭和二十年から平成十四年 12 月末まで）」http://www.pref.okinawa.jp/kititaisaku/new5enkaku.pdf, 2015-01-16.

的平野、安谢和铭刈等地，早在1952年7月7日民政府官员就发布通告称将在当地征用170 000坪土地，10月9日，要求包括200户人家连同墓地和农作物在内，在12月底前全部迁走。除了136户居民迁往同村其他地区外，其他人采取了申诉的办法。此时恰逢《土地征用令》颁布，因而成为该法令的首批适用对象。尽管民政副长官确曾指示琉球政府主席向居民转发土地搬迁要求的相关文件，但事实却是在通知还未完全到位的情况下，美军于1953年4月11日上午7点将重型机械开进村子实施强制拆迁，22户居民墓地被拆，并用卡车将居民迁移至与仪地区的县有土地上。这一事件拉开美军在冲绳群岛各地大肆采用暴力手段强行征用土地的序幕。根据官方资料，从1953年起美军在各地掀起的新一轮大规模强制性征地行动，还有如下几例引起了较大的反响：

（1）小禄村具志一带。民政府1953年4月20日发出通告，将当地约200户居民所在区域作为那霸航空队综合计划用地。居民经过申诉，军用区域缩小到28户。但是11月18日民政府对具志村西边约2 000多坪土地发出了农作物移除通知；12月5日，美军宪兵和民事情报部队命人开着推土机来到现场，在拆除围栏、驱散村民的过程中，甚至出动了军车，动用了催泪瓦斯和步枪。[1]

（2）伊江岛真谢区、西崎区一带。民政府于1954年7月14日发出通告，将当地用作空军射击场，涉及15户居民住宅，221 000坪耕地；1955年3月11日，再次发出撤离通告，将在5 000英尺危险区域的半径内竖立栅栏，3天之后，军队进入，强行将剩余的13户居民迁走。

（3）宜野湾村伊佐浜一带。民政府于1954年8月3日发出通告，当地32户居民住房约130 000坪土地（含北谷村部分土地）用作建筑工程用地。协商失败后，相关村民先后8次要求调解，但因连同此前被征用住房的居民共有58户居民反对而使得一度达成的解决方案再度搁浅。1955年7月11日，民政府发布搬迁通告，宣称其将于7月18日开始施工。居民答复说在替代耕地和补偿条件还不确定

1　文教局研究調查课编『琉球史料』第四集，琉球政府文教局，1959年，第326页；新崎盛暉『沖縄・反戦地主』，东京：高文研，1995年，第40页。关于小禄村具志地区土地征用的详细情况汇报和官方的反应，参见：(00014-001) Ryukyus: Land-Incident，Dec 1953，沖縄県公文書館，資料コード：0000106041。

的情况下一周内不可能完成搬迁。征地期间，恰逢美国国会代表团来访，双方对搬迁条件又再次进行了讨论研究。最后，民政府还是拒绝了居民的要求，实行强制征用。[1]

实事求是地说，美军在强制征地的过程中，也会在地方自治机构人员的配合下向村民提供必要生活物资和适量的其他援助，也没有出现因征地而造成的人员死亡案例，但由于军队的介入，军民之间在装备和力量上的悬殊对比，经过当地媒体的报道，略带煽动性的文字配以富有冲击力的图片，给整个冲绳社会带来的震撼是巨大的，无疑加剧了美军与当地民众间的隔阂与对立。上述几起典型事例在后来日本学者撰写的关于冲绳地方史的著作中都会反复、着重加以描述，成为美军在当地不施“仁政”的经典叙述。[2]

所更麻烦的问题在于，民政府在有关军用土地的政策设计上并没有因民众的强烈抵制而有所改变。如果说 109、110 号法令为美军在媾和之后土地军用化在方式和程序上提供了法律依据的话，那么为媾和之后这类军用土地在租金和赔偿费上提供法律依据的就是民政府于 1953 年 12 月 5 日和 12 月 9 日相继发布的名为《关于军事区域内不动产使用的补偿》的第 26 号公告以及同名的第 120 号法令，并宣布上述文件从即日起生效。在面向普通民众的公告前言部分，先是对此前的军用地政策作了一番回顾：“……根据对日和约第二章第三条所赋予美国的土地征用权，自 1952 年 4 月 28 日起，由美军按照其需要占领并使用部分地产……为了琉球群岛的防务和福祉，美军需要无限期（for an indefinite period of time）继续占领并使用所有军用土地。但是，美国方面的代理机构曾尝试通过谈判签订书面协定，通过协定以向业主支付赔偿费的方式使美国占领上述区域并获得其使用权，但并不成功”，进而提出新的办法以及法律依据：“从 1950 年 7 月 1 日之后，美方以默认契约（implied leasehold）的方式获得土地租借权益并负有支付自被征用之日起至今

1 文教局研究調查课编『琉球史料』第四集，琉球政府文教局，1959 年，第 326 页。关于美军在此二处强行征地的背景与过程，另可参见新崎盛暉『沖縄・反戦地主』，东京：高文研，1995 年，第 41～66 页。

2 儀部景俊、安仁屋政昭、来間泰男『戦後沖縄の歴史』，东京：日本青年出版社，1971 年，第 132～135 页；新崎盛暉『沖縄・反戦地主』，东京：高文研，1995 年，第 39～66 页；来間泰男『沖縄の米軍基地と軍用地料』，宜野湾：榕树书林，2012 年，第 26～30 页。

租金的义务。以公共目的继续使用私人土地而不支付补偿金的做法与美国宪法相背离，也会在琉球民众中产生不良影响。”公告全文共6条，涉及实质性内容的为第一至第四条。为便于叙述，对条文内容略作处理之后，呈现如下：

第一条　在此确认美方对此前由美军以默认契约方式获得的军用土地有占领和使用的权利，同时根据本公告第二条，对1952年4月28日或自该土地被征用次日起至1954年6月30日，经正式登记后，出于公共目的，不妨碍现存地役权且目前正由美国各机构使用的土地，美方保有占领和使用的权利。

而且，只要美方在60天内不发出《撤销通知》，登记过后土地的占领和使用权每年持续有效。

第二条　赋予美国在该地产所在辖区土地登记事务所登记《使用确认证》和租金委托的权限或该事务所拥有的其他登记权限。

对上述确认证和租金委托，须明确记录：（1）所有相关土地区划的法定记录书，（2）征用之后产生的或应当支付的估算租金额，（3）已取得的建筑物的价格以及此后每年产生的租金费用表单。

第三条　上述确认证书和租借费委托证明书一经发布，美方应立即委托琉球政府行政主席或其代理人，在进行适当的所有权调查和财产的实地验证之后，向该土地法定所有者或权利持有者支付估算地租金和所获得建筑物价值的等额资金，后者得到该笔资金后应发表其是合法领受人的声明，以作为琉球政府执行上述支付的证明。只要美方不发布解约通知，在每个财会年度结束之前，均按前述之办法用持有的保管资金支付土地使用费。每年保证充足资金以拨付租赁费。但是，自该不动产恢复民用之日起，不再支付租赁费。

第四条　按合同规定，委托向权利持有人支付的金额应当能满足基于第二条经登记后的地租金与建筑物价格。一旦合同签订，就意味着权利持有人对此表示接受。如果土地法定所有人对上述金额不甚满意，依然可以提取该金额的75%同时获得支取确认书和租赁费保管证，并在支取之日起30天内书面上诉民政副长官，由其交付依据109号法令第三条成立的琉球群岛美国土地征用土地委员会审理。征用委员会裁定的金额，无论多于或少于原基于第二条登记过的评估价格，都将是最终决定。

这一点，对已经作为义务产生的租赁费和此后每年生成的租赁费双方均适用。[1]

4天之后的第120号法令，对具体细则作了规定，其做法与此前两个土地使用与赔偿的法令基本一致——仍然由琉球政府作为美方委托方，由行政主席及其代理人执行军用土地租金的接受、保管和向地产所有人的支付工作以及其他有关手续。[2]

与此前几个公告或法令一样，第26号公告与120号法令同样问题多多。先是炮制出“默认契约”的概念来描述自1950年7月1日起美军单方面对土地占领并使用的行为，结果这一概念反过来又被美军当作土地已被租赁的“既成事实”，并以此作为租赁合同成立的理由。讽刺的是，即使公告本身也承认通过谈判方式订立书面契约的举措并不成功，无异于承认军民之间并未就此达成过一致。其次，该公告与法令最遭人诟病的就是美方提供的土地租金和补偿条件与土地业主们的要求之间相差过于悬殊。按照冲绳地方自治机构的说法，针对26号公告进行申诉的案例总数达12万，相对于美方平均每年每坪2元12钱的土地租金，民众要求将租金提高到十倍——21元37钱。为何双方对地价、租金的核算会出现如此大的差异？原因在于双方的计算原则和方法截然不同。美国方面采用的是相对评估法（Comparative Approach），即土地价格是以算定价格（登记价格）为基础，租金按地价的6%计算。这种方法在美国国内也同样采用。而土地业主认为应当采用收益还原法（Capitalization Approach）：第一，地租金的计算应当按土地收益为基础进

1 Civil Administration Proclamation No.26, *Compensation for Use of Real Estate within Military Areas*, 5 December 1953,Gekkan Okinawasha ed., *Laws and Regulations during the U.S. Administration of Okinawa, 1945–1972 Book (I): Presidential Executive Order, Military Government Proclamations, Military Government Special Proclamations and Civil Administration Proclamations, Military Government and Civil Administration Ordinances*, Naha: Ikemiya Shokai, 1983, pp.118–121.

2 United States Civil Administration of the Ryukyu Islands Office of the Deputy Governor APO 719, CA Ordinance No.120, *Compensation for Use of Real Estate within Military Areas*, 9 December 1953, Gekkan Okinawasha ed., *Laws and Regulations during the U.S. Administration of Okinawa, 1945–1972 Book (II): Civil Administration and High Commissioner Ordinances*, Naha: Ikemiya Shokai, 1983, p.193.

行计算；第二，租金应当是土地上产生的收益扣除总经费后纯收益的 80%；第三，在冲绳不存在从事其他行业的可能性；第四，冲绳也没有市场价格一说。他们主张该方法是在土地实行自由买卖、按照市场定价国家普遍采用的方法，同样适用于土地资源紧张的冲绳。[1]

据统计，民政府通过琉球政府总共在琉球银行存放 3 982 500 美元用于支付 1952 年 4 月 28 日至 1955 年 6 月 30 日期间的土地租金。当地业主总共提取了 3 100 288 美元，绝大多数人采取 26 号公告中提及的提取 75% 的地租金并进行申诉的做法。不消说，这就是民众对评估金额不满的直接表现。[2]

一波未平，又起一波。1954 年 3 月 15 日，美国陆军部在首都华盛顿发布了关于冲绳军用土地租金一次性支付的新计划。在这个计划中，不仅完全没有增加租金的可能，相反还要尽可能以低价获得土地以确保美国在当地继续保有永久性基地。事实上在 1953 年 7 月的时候，民政府就曾表示“以购买方式获得长期必要又无法恢复原状的军用土地，是军用地政策的一部分”。[3] 另外，民政府所藏档案显示，1953 年 10 月 16 日，民政副长官向民政长官提交了一份对当前军用土地状况的研究。该研究建议，对于美军当前使用的土地（临时使用的除外）通过购买方式获得其“绝对产权”（fee simple title）。民政长官欣然批准，随即将该研究报告上报陆军部，据悉将在接下来的国会提出拨款请求。只不过在提交给国会的建议中，美军提出取得的是“地上权”（Superficies）而不是“绝对产权”，即拥有永久使用权而将残余下的产权留给所有人。[4]

3 月 17 日，民政府召开新闻发布会在冲绳当地公布了该计划的详细内容：计划由陆军部长罗伯特·史蒂文斯（Robert T. Stevens）出面向国会要求拨款，向约

---

1 「沖縄市町村軍用地委員会連合会 軍用土地問題の概況」，文教局研究調査课 编『琉球史料』第四集，琉球政府文教局，1959 年，第 307 页。

2 Etsujiro Miyagi, *The Land Problem (1952–1958)*, in Masahide Ota edited, *A Comprehensive Study on U.S. Military Government on Okinawa (An Interim Report)*, Journalism, Sociology Department College of Law and Letters University of the Ryukyus, March 1987, p.46.

3 宫里政玄『アメリカの沖縄統治』，东京：岩波书店，1966 年，第 77 页。事实上，该政策却是以冲绳土地委员会的建言为基础的。

4 “History of United States Land Acquisition in the Ryukyu Islands”, 1 November 1954, (00014–003) Land Acquisition in the Ryukyus, No. 1, 1949–1954, pp.44–47, 沖縄県公文書館，資料コード：0000106041。

50 000 名土地业主购买约 45 000 英亩土地（这些土地当前正供美军使用）的所有权，以取代目前租金逐年支付的办法。民政府还援引一份来自华盛顿的报道，透露了民政副长官大卫·奥格登（David A. Ogden）近期曾飞赴华盛顿游说此计划的消息，报道还称奥格登此举是希望回应业主们对仅为地价 6% 的年租金无法维持生计的抱怨，并建议将 3 500 户受影响居民迁移至八重山、石垣岛、西表岛等地区。[1] 按照美方的解释，该计划旨在省去军方每年对地价（租金）重新评定和与业主谈判的麻烦。如果计划一旦付诸实施，可大大减轻因租金逐年上涨给美方带来的财政负担。一周之后，民政官查尔斯·布罗姆利（Charles V. Bromley）在记者招待会上透露："美国国会将在今年夏天审议（土地业主）仅保留所有权，一次性支付无限期土地使用权费用的动议。"

消息一经公布，在冲绳当地引起不小的震动。4 月 30 日，琉球政府立法院全体表决通过了《关于军用地处理的请愿决议》，其要旨后来被概括为"守土四原则"：第一，强烈反对地租一次性支付和以购买方式获得土地永久使用权；第二，租赁期内的土地，给予完全补偿；租金的确定应当以住民合理推算为基础，并逐年评定、逐年支付；第三，对不动产造成的一切损害，应按照住民要求的赔偿金额尽快支付；第四，美军不再需要的土地应尽快恢复民用并强烈反对新的土地征用。[2]

此后不久，琉球政府、立法院、市町村长协会、土地联合会共同成立四方协调会。从 1953 年起，尽管冲绳地方各界都对美国的军用土地政策愈加不满，也渐渐在该问题上有了初步的共识，但毕竟在立场、动机和利益诉求上各方还存有差异。而到了此时，总体上各方都已认识到必须"就军用地问题与美方进行斗争"，有必要成立共同体，通过统一行动形成合力。就"守土四原则"内容来看，与美方的要求针锋相对，是一个相当激进的主张，完全实现的可能性极小，但它能成为四方协调会的共同要求，某种程度上也反映出当地民众在军用地政策上被长期压抑的反感情绪何其高涨。

1　Etsujiro Miyagi, *The Land Problem (1952–1958)*, in Masahide Ota edited, *A Comprehensive Study on U.S. Military Government on Okinawa (An Interim Report)*, Journalism, Sociology Department College of Law and Letters University of the Ryukyus, March 1987, p.48.

2　「決議第三号（一九五四年四月三十日議決）軍用地処理に関する請願決議」，文教局研究調查课编『琉球史料』第四集，琉球政府文教局，1959 年，第 422～423 页。

纵然如此，美方仍不为所动，继续在各地发出征用告示。1954 年 7 月 14 日、21 日两次发布通告禁止宜野湾村、北谷村、北中城村、真和志市的 115 000 坪水田里继续种植水稻。8 月 3 日，要求宜野湾村 500 户居民、真和志市 50 户居民分别腾出 140 000 坪和 150 000 坪田地及住房。8 月 11 日，又命令三和村 42 户居民移除其 10 000 坪土地上的农作物。[1]

8 月 30 日，立法院再度通过决议，反对强制征用。决议表示："军用地问题对居民日常生活造成最直接的影响。这一问题不根本性解决，居民生活的维持和权利根本无法指望……拿走了农民的土地，等于宣判了他们的死刑……采取强制手段征用土地，不仅不能圆满解决这个问题，还会加剧军民之间的对立情绪"，呼吁民政副长官"撤回前一条指令，并在将来也废除土地的强制征用"。[2]

美方对此态度冷淡，直至 11 月 1 日，大卫・奥格登才致信立法院，对上述决议予以答复。在信中，奥格登将"守土四原则"斥之为不切实际的提案，美国对土地取得的根本原则是如下三点：第一，在美国行使统治权期间，只要是出于公共需要，任何私有土地都可征用；第二，对于已取得的私有土地将会支付合理的补偿费；第三，所谓合理的补偿金额，应当按与美国国内同样的标准和程序来确定。因此，该政策对双方都是公正和恰当的，还将继续执行下去。[3]

11 月 10 日，在民政府会议室召开的记者发布会上，先由奥格登的助手宣读了一份已拟定好的声明，表示"无论是土地征用委员会还是本人都无权更改国会在 26 号公告中作出的决定。"[4] 奥格登在信和声明中的态度意味着冲绳民众试图改变第 26 号公告关于土地征用政策的所有努力将无果而终。随后在谈到土地业主打算派代表团赴美向国会陈情时，奥格登答复道："我只能说我会竭尽全力争取最圆满的结果。"他进一步透露："就我个人对国会长期的观察，我只能说目前的长期租用办

1　「決議第十一号（一九五四年八月三十日議決）土地の強制収用に対する請願決議」，文教局研究調查课编『琉球史料』第四集，琉球政府文教局，1959 年，第 424 页。

2　「決議第十一号（一九五四年八月三十日議決）土地の強制収用に対する請願決議」，文教局研究調查课编『琉球史料』第四集，琉球政府文教局，1959 年，第 424 页。

3　民政副長官ダビ・エイ・オグデン発琉球政府立法院議長大浜国浩宛，一九五四年十一月一日，文教局研究調查课 编『琉球史料』第四集，琉球政府文教局，1959 年，第 424～425 页。

4　「米国土地収用委員の職分」，一九五四年十一月十日，文教局研究調查课编『琉球史料』第四集，琉球政府文教局，1959 年，第 430～431 页。

法或许还不是最终决定，不用多久一定对此作出慎重的评估，其最终决定将会是公平公正的。”陆军部和远东司令部对此则态度暧昧，指示奥格登，在派代表团赴华盛顿的问题上，“不应持支持态度，因为正是陆军部要求国会授权其实行土地的长期征用和租金的一次性支付。琉球人的反对有可能使国会否决该授权并导致军用地问题的无限期搁置。”他们仅仅希望奥格登就陆军部的预算要求向冲绳民众征询意见。奥氏也确实这么做了，得到的答复却是：“当前的政治形势使代表们不可能公开从‘守土四原则’要求再往后退。”[1]

由此可见，到了1954年，军用土地问题变得愈加突出、复杂：一方面，以《土地征用令》为依据，美军征用土地并强行驱逐村民的场景还在各处轮番上演，同时以第26号公告和第120号令配套实施的军用土地租金计算与支付方案又陷入了被业主全面抵制的窘境；另一方面，新的土地租金一次性支付计划呼之欲出，一旦在国会通过，无疑会令本已十分紧张的军民关系雪上加霜。从冲绳民众的角度来看，这种局面对他们相当不利，涉及土地问题的各个环节没有任何话语权，只能听凭美军的处置。

有鉴于此，1955年3月4日至5日，琉球政府立法院接连通过三项关于军用土地问题的决议（分别是《决议第七号〈土地租金一次性支付相关要求的决议〉》《决议第九号〈关于期待撤回第26号公告的决议〉》《决议第十一号〈关于土地征用的请愿决议〉》）。值得一提的是，此次集中发布的三份决议中有两份不仅呈送给民政长官、副长官，还特别注明将呈送给总统和国会参众两院议长。[2]这个信号再明显不过——土地业主们对在地方事务当局的框架内解决该问题已不再抱有期待，在国家首脑那里取得突破似乎是改变当前政策的唯一途径。不等总统和国会领袖们作出答复，由琉球政府行政主席比嘉秀平、经济规划室长濑长浩、土地联合会会

1 Etsujiro Miyagi, *The Land Problem (1952–1958)*, in Masahide Ota edited, *A Comprehensive Study on U.S. Military Government on Okinawa (An Interim Report)*, Journalism, Sociology Department College of Law and Letters University of the Ryukyus, March 1987, p.65.

2 「決議第七号 土地賃借料の一括支払に関する要望決議」，一九五五年三月四日；「決議第九号 布告第二十六号撤回要望決議」，一九五五年三月五日；「決議第十一号 土地収用に関する請願決議」，一九五五年三月五日；文教局研究調査课编『琉球史料』第四集，琉球政府文教局，1959年，第424～427页。

长桑江朝幸等 6 人组成的代表团，就于 5 月 23 日出发，赴美向国会正式陈述其立场（即“守土四原则”）。5 月 27 日，代表团抵达华盛顿，当天就前往白宫、国会山庄，会见美国政界要人，展开游说工作。[1] 代表团此次赴美访问长达 26 天，虽然国会没有明确表明其立场，但经过与国会各委员会成员的多次会晤，还是取得了一些成果：首先，美方表示将考虑暂时搁置一次性支付计划和地租金逐年支付的可能性；其次，国会将派出调查组赴冲绳实地调查；再次，对因海军陆战队转移至冲绳而需新征用的土地数量将严格限制在最低程度。在获得华盛顿方面的上述承诺之后，代表团启程返回。尽管国会的此番表态只能说稍显暧昧，最终立场仍不明朗，但当上述消息传回冲绳，土地业主们普遍还是报之以欢迎的态度。另一方面，虽然岛内美军的征地行动和民众的抗议活动也依然在继续，不过毕竟此后一段时间内军民之间围绕土地征用的冲突没有进一步升级，呈现出表面看似有所和缓实则矛盾高度对立的僵持态势，无论是民众还是军方都对国会以及即将到来的调查组来为这场似乎难以调和的矛盾作出最终有利于己方的裁决抱有一定的期待。

至此，由美军对冲绳土地的征用政策引发的军用土地问题历经了媾和前时期的萌发，对日和约生效后三年时间的逐步酝酿、升级，终于在当地民众的强烈反对下形成并成为当时冲绳社会的主要矛盾。以 6 人代表团赴美为标志，这一问题已不仅仅局限于当地主要社会问题的范畴，还有进一步上升成为国家层面讨论并加以解决的重要议题的趋势。以此为契机，冲绳军用土地问题随后逐渐得到来自军方和政府高层的关注与重视。

三、军用土地问题成因分析

如前所述，由日趋激进的冲绳军用土地政策引发的军用土地问题，几乎演变成一场地方当局的统治危机。那么需要进一步探讨的是，究竟哪些因素影响了冲绳军用土地问题的形成？

1　文教局研究調査课编『琉球史料』第四集，琉球政府文教局，1959 年，第 304 页。代表团访美的具体行程、国会陈情报告以及与美方政要的会谈记录，囿于档案的缺失，尚无法作出更为详尽的描述。

毫无疑问，首先是美国的军用土地征用政策。鉴于具体的政策内容在前文中已有充分论述，此处不再赘述。简要地说，在这个过程中，美方政策虽几经调整，但面对民众的反对始终保持强硬立场，在内容和方式上也并无根本性转变，其政策实质可以简单概括为“军事优先、强制征用、低价租赁、长期使用”。然而这一政策不仅与保护私有财产和重视契约自由的现代法制观念相违背，还直接损害了当地民众的基本生活权益，招致民众普遍不满乃是必然。

其次，强硬的军用土地政策背后更深层次的原因在于这一时期美国在东亚的冷战战略和军事部署对冲绳所起的指导作用。当然，这又与当时日趋激烈的冷战局势不无关系。从 1952 年到 1955 年，东亚地区战事不断，前有朝鲜半岛的热战在进行，后来又爆发了第一次台海危机。冲绳作为美国在西太平洋地区最重要的军事基地承担了相当多的军事任务。这些都大大增强了冲绳在华府决策者心目中对于国家安全战略意义上的分量。仅在对日和约生效之后美国政府领导人就多次在公开或非公开的场合反复强调美国将长期保有冲绳。1953 年 11 月 20 日，副总统尼克松在视察冲绳时发表讲话称：“只要远东存在共产主义威胁，美国就将继续占领冲绳，美国放弃冲绳就等于从亚洲撤退。”[1] 国务卿杜勒斯在 1953 年奄美大岛归还日本后的一项政策声明中谈道：“美国政府认为只要远东还存在威胁和紧张局势，那么为了达到和平和安全的目的，美国通过继续在琉球群岛行使其权限和权力来与亚洲和世界的自由世界国家进行合作就是极为必要的。”[2] 艾森豪威尔总统也在其 1954 年度的国情咨文公开强调：“我们将无限期地维持在冲绳岛上的基地”[3] 以上这些讲话，尤其是杜勒斯的公开声明，被喻为美国对冲绳实行的所谓“晴空政策”，凸显了对冲绳的战略定位。更重要的是，在这些讲话背后，美国在进一步强化对共产主义的遏制政策上所采取的实际行动，才是对冲绳的地方政策尤其是军用土地的政策演变的

---

1 ［日］新崎盛晖：《冲绳现代史》，胡冬竹译，北京：三联书店，2010 年，第 68～69 页。

2 US Congress, House, *Report of a Special Committee of the Armed Service Committee, Following an Inspection Tour October 14 to November 23, 1955*. Washington D.C.: U.S. Government Printing Office, 1956, p.7652.

3 Annual Message to the Congress on the State of the Union, 7 January, 1954, *Pubic Papers of the Presidents of the United States: Dwight D. Eisenhower, 1954*, Washington D.C.: U.S. Government Printing Office, 1960, p.8.

真正动因。1953 年 1 月艾森豪威尔政府成立后，在重新评估国际形势与国家利益侧重点的基础上，酝酿对其前任的国家安全政策进行了调整。10 月 30 日，以国家安全委员会 NSC162/2 号文件通过为标志，艾森豪威尔政府开始实施其所谓“新面貌”（New Look）战略，一方面强调以核武器作为威慑的战争边缘政策，另一方面要求削减地面部队及其开支，辅之以心理战、隐蔽行动等手段，成为其总统任期内的国家安全战略指导思想。[1] 在“新面貌”战略的总体安排下，冲绳作为美军战略空军基地进一步发挥其作用，当时新研发的中距离轰炸机 B-47 成为空军主力，配备在日本本土、关岛以及冲绳。截至 1955 年 8 月，空军在冲绳共占用 20 449 英亩土地，与陆军用地不相上下。[2] 此外，第一次台海危机期间，为了应对中国对沿海岛屿或台湾的进攻，美国采用了核威慑的方式，从 1954 年 12 月开始在冲绳部署核武器。从 1955 年开始，冲绳的基地机能又发生了新的重大变化——由于具有远距离作战能力的 B-52 战略轰炸机投入实战，战略空军就能向离大陆更远的关岛迁移，但原来在日本本土的海军陆战队第三师则向冲绳迁移，这样一来，约两万人规模的海军陆战队的驻扎又使得基地规模进一步扩大，当时提交的土地需求计划中，海军陆战队提出的面积高达 38 899 英亩（其中涉及征用私人用地 17 654 英亩）。[3] 由此观之，美军战略部署的调整与军用土地政策变化之间的关联不言自明。

那么，进一步追问的话，冲绳基地在美军的东亚战略以及上述军事行动中究竟起到什么样的作用呢？对此，1955 年众议院军事委员会提交的报告有着详细充分的叙述：

> 冲绳是美国全球防卫体系中至关重要的一环。我们在日本和菲律宾以及世界其他地区的基地能保持多久取决于这些对我们友好的政府能否继续存在下

1　关于“新面貌”战略的剖析，参见：[美] 约翰·加迪斯：《遏制战略：战后美国国家安全政策评析》，时殷弘、李庆四、樊吉社译，北京：世界知识出版社，2005 年，第 5～6 章，第 135～211 页。

2　TAB I, Total Land – All U.S Forces and Agencies, Enclosures to Study of Land Problem in Okinawa, 24 August 1955, (00016-006) Land Problem in Okinawa, Study of (USCAR, -Oct 1955) (2 items), p.84, 沖縄県公文書館，資料コード：0000106041。

3　TAB I, Total Land-All U.S Forces and Agencies, Enclosures to Study of Land Problem in Okinawa, 24 August 1955, (00016-006) Land Problem in Okinawa, Study of (USCAR, -Oct 1955) (2 items), p.84, 沖縄県公文書館，資料コード：0000106041。

去。我们对琉球的政治控制和岛内没有激进好斗的民族主义运动使得我们能够计划将其作为远东太平洋地区岛链中一个前沿军事基地长期使用，以服务于我们的国家政策。任何外国政府都无法限制我们拥有在此存储和部署核武器的权力。此外，除了上述因素，陆军、海军、海军陆战队在此执行的任务也大大增加了该岛屿的重要性。

陆军是在该地区采取军事行动的前沿基地，以拥有核能力的地面部队来对抗敌方的两栖和空中攻击来守卫该岛，为空军设施提供防空火力和为其他军种提供物资支持，同时作为管理方按照《旧金山和约》的规定承担对该岛屿及其人民实施行政管辖的责任。一旦发生战事，陆军司令部还将成为该区域的行动指挥中心。

作为美国及其盟国遏制共产主义在远东扩张的沿海岛屿防御链的一环，对冲绳的占领有力地巩固了美国在远东的“前沿战略”。在“冷战”时期，当地的海军航空设施可以保证侦察机对该地区共产主义活动执行不间断的监视任务。驻扎在此的太平洋舰队海军陆战队可以作为一支现成力量迅速出动至西太平洋地区的出事地区。在和平时期，将来一旦美军从日本本土撤离，维持冲绳作为军事基地的重要性又将大大提升。

在战时状态下，冲绳的战略重要性则会更加凸显。它恰好位于黄海和日本海的出入口和苏联远东基地的出口，一旦台海爆发战事，它将是一个理想的后援基地。作为该地区少数几个易守难攻的岛屿，在未来可能的太平洋战争中能有力地对先期的反攻提供支援。在朝鲜战争中，位于冲绳基地的陆海军飞机就执行了侦察行动和投放水雷等任务。在未来的战争中，可以承担反潜攻击和继续执行上述任务。此外，中城湾也可以作为一个先进的二线基地，既能执行潜艇上浮、为反潜舰护航和扫雷等任务，也可承担海军飞机的海上运输任务……

冲绳位于中国大陆以东 500 英里，距东京和马尼拉各 825 英里，是对美国安全至关重要的太平洋防御圈的一部分。远东空军的任务是为在该防御半径内的各美军基地以及该地区与美国有条约义务的外国军事设施提供保护、投放军队并为散布在该区域各部队承担物资运输等任务。同时冲绳也是空军各种战略战术力量应对共产主义进攻的一块跳板。它对发展当前海外军事基地形成基地链、构建战略空军网络至关重要。因此，无论是出于当前的国家安全还是未来面对侵略所必须的快速部署能力考虑，在可预见的未来，空军在冲绳的驻扎都是必不可少的。目前由嘉手纳基地的第313航空师承担军政事务，第18战斗机—轰炸机联队执行军事任务。[1]

这份报告，不仅言明了美军部署在冲绳的战略考虑，还将陆、海、空三军各自在平时与战时在该地区执行的任务逐条列出，对冲绳基地在该地区军事战略中发挥的具体作用作了极为全面和细致的阐释。通过这份报告，也能更清楚地洞察国家安全战略与地方政策之间的内在逻辑。

再者，如果转换一下角度，从冲绳民众的角度来看，军用土地政策在当地遭遇如此严重的危机则主要与当地民众对土地的高度依赖和特殊情结有关。而这又是由冲绳的自然环境与经济社会发展程度所决定的。这个远离日本本土的西太平洋岛屿，在交通手段与科技水平都欠发达的战前，在经济上几乎是处于与世隔绝的状态，其基本生产生活资料完全依靠自给，也就决定了当地的基本社会形态只能是也必须是以农业为主，即自古代开始经过长期发展形成的精细型农业——其特点是劳动力投入密集和对耕地的高度利用。全岛136 845户居民中有超过一半——72 600户是纯粹的农民。传统的农业为主的生产方式养育了当时约80万的人口，对比岛屿总面积295 000英亩中约80 000英亩的可耕地面积，很明显，冲绳是一个典型的土地面积狭小且人口稠密的区域社会（其人口密度最大可达1 142人每平方公里，为当时美国的22倍），人均耕地面积仅为0.8英亩。[2]地狭人稠、农业为主的区域社会特点，客观上要求着单位土地面积内必须有较高的农业产量，土地的价值也自然水涨船高，此其一。其二，单一的农业为主的社会经济形态还意味着一家人的生计全都依赖从事农业的收入所得，土地业主们既缺乏离开土地从事其他行业的动力

1 「プライス勧告書」，平成二十二年度外交記録公開（1），外務省外交史料館，分類番号A'.3.0.0.7-1，ファイル管理番号0120-2001-02627; US Congress, House, *Report of a Special Committee of the Armed Service Committee, Following an Inspection Tour October 14 to November 23, 1955*. Washington D.C.: U.S. Government Printing Office, 1956, pp.7656-7658.

2 「沖縄における軍用地問題」，文教局研究調査课编『琉球史料』第四集，琉球政府文教局，1959年，第308～313页。

也缺乏相关且必要的谋生手段与技能。因而，土地对于当地民众而言，绝不是经济学一般意义上的“财产”概念，这样一来，即使给予其相当于地价的经济补偿，并不能完全弥补其失去土地所带来的损失。第三，除了上述经济的理由，长期形成的农业社会经济形态更是在文化和心理层面使业主们对土地抱有根深蒂固的依赖情结。冲绳民众出于近乎宗教般对传统观念的坚持，认为放弃土地，是对祖先的不敬和家族的背叛，在社会上也会被视为一种屈辱，因而不到万不得已很少会有人选择将土地用来交易买卖。以上这些因素，都使得美军在土地征用过程中所遭遇的阻力变得更大，甚至出现部分民众不惜与之对抗到底的现象。

最后，从表面上看，军用土地问题似乎是双方对土地租金计算方式上的差异，但就其本质而言，则是军民各自对“冲绳”属性定位上存在根本性矛盾。通过前文的论述，可以很清楚地看到，美国国家层面的对冲绳政策，无论如何调整变化，始终都是将冲绳作为对美国国家安全、军事战略有重要意义的海外地区来看待，随着东亚冷战格局的形成和美国遏制战略的定型，确定了冲绳作为岛屿防卫链的重要一环，作为远东遏制共产主义的桥头堡发挥其军事基地作用。从国家政策再到地方统治方针的转化中，作为施政者的军方严格按照国家意志制定了“军事优先”的统治方针，从1950年远东司令部指令再到1952年，这一方针被原封不动地沿袭下来，于是乎，以军用土地政策为代表，民政府在当地出台的各种法律法规与政策指令都是围绕军事基地建设这一中心出发的。在东亚冷战乃至全球冷战的大背景下，上至华盛顿的决策者，下至地方统治当局，所关注并不断强化的只是冲绳的军事基地属性。再加上冲绳作为托管地区并非美国自身领土的现实，决定了民主主义原则以及当地经济社会发展与民众福祉——这些原本应当是民主国家（甚至是所有现代民族国家）施政目的和执政之基的东西，统统被置于从属和边缘的地位。对于当地民众而言，冲绳乃是其毕生生活、劳作的家园故土。对于家乡的热爱和眷恋，古今中外哪个民族莫不如是，因而，当美军以统治者的姿态迫使他们离开生于斯、长于斯、死于斯的家园，置提升治下居民的生活水平于不顾，肆意改变当地的自然与社会生态以满足自己的军事需求为第一要务时，民众的失望与不满之情不难想象。从这个意义上来说，冷战并非像某些冷战史专家所言的那样，是两种制度之间为争夺人心的一场斗争。至少本文通过对这一个案的考察呈现出的冲绳绝不是作为“自由世界”的“民主的橱窗”而存在，恰恰相反，更多的是以“下水管”或“垃圾场”的面目示人。二战之后美军在全球构建的海外军事基地，绝大多数都在当地引起严重的社会问题，最后汇聚成声势浩大的反基地运动，其发展历程与背后的深层次原因，是值得冷战史学界重视和探讨的一个课题。

概括而言，军用土地问题从外在形式上是由民政府在政策法规制定和实施上的单边性、强制性与土地所有者为捍卫自身利益所引发的矛盾冲突所致，并随着军用土地规模的进一步增加和政策的日趋强硬激进而逐步升级；但其内在原因则是一对难以调和的矛盾在起作用——（对于统治者的美国而言）定位于军事基地的冲绳与（对于被统治者的当地民众而言）作为故乡家园的冲绳之间的矛盾，抑或说，是自由民主体制的题中之义与“军事殖民地”属性之间的矛盾。不夸张地说，军用土地问题是战后冲绳前十年里统治者与被统治者双方关系的一个缩影，反映的是美国整个冲绳政策与当地民众基本利益之间的一种根本性矛盾，具有相当的代表性和典型性。

结　语

从 1945 年 6 月冲绳岛战事结束美军正式占领该地区，到 1955 年 5 月 6 人代表团赴美向国会陈述立场，美国在冲绳的统治恰好走过了十个年头。在这十年时间里，冲绳从一个饱受战火摧残的地区转而成为美国在东亚最重要的军事基地，这恰恰是与军用土地问题密切相关的。

从数量和规模来看，根据琉球政府的官方统计，截至 1954 年，美军在冲绳占据的军用土地面积达到 163 275 坪（约合 40 000 英亩），占冲绳陆地总面积的 12.7%。尤其是军事基地集中的冲绳中部地区，军用地面积占该地区面积的 42.13%，占冲绳地区军用土地总面积的 61.6%。这些土地，其中 44% 是原来的农业用地，相当于当地农业用地总面积的 17%，冲绳土地的军用化，造成约 50 000 名居民失去土地和生计手段，成为极其严重的社会问题。[1]

1 「沖縄における軍用地問題」，文教局研究調査課 編『琉球史料』第四集，那霸：琉球政府文教局，1959 年，第 329 页。

从媾和之后的军用土地政策内容而言，则大致经历了以下的调整变化：民政府首先试图以 91 号法令（《契约授权》）将“媾和前赔偿”问题的解决与媾和后土地使用权的追认两者相捆绑的方式达成一石二鸟的目的，但民众对此并不买账，加上由美方单方面确定且十分苛刻的租赁条件使得该法令走向失败。其后的 105 号法令虽然基本解决了媾和前土地使用的赔偿问题，但是 109 号法令（《土地征用令》）的出台使得军用土地问题变得表面化、公开化。该法令延续了此前由军方单方面决定土地是否征用的做法，还引入了强制征用的条款，在随后的执行过程中，由此引发的军民冲突连续不断，造成双方之间的矛盾激化。1953 年公布实施的第 26 号公告以及配套的 120 号法令，炮制出“默认契约”的概念，并依旧由美军单方面完成土地测量、地价评估等工作，土地年租金被限定在地价的 6% 的水平上，对此土地业主没有任何发言权。当地民众对该政策的不满导致该问题进一步升级，土地业主们采取成立组织、利用地方自治机构等方式与民政府相对抗，捍卫自己的基本权益。1954 年 3 月民政府公布了新的土地租金一次性支付计划，试图以买断方式获取土地的永久使用权。以该计划公布为契机，冲绳各界联合成立四方协调会并以“守土四原则”与民政府展开交涉，但双方立场针锋相对，矛盾无法调和。1955 年 5 月，冲绳 6 人代表团赴美陈述立场争取美国国会的支持，然而国会模棱两可的态度仅仅是令所谓的“土地斗争”暂时从“一触即发”变回“悬而未决”的状态，矛盾依然存在，问题也并未解决。冲绳代表团的赴美表明，军用土地问题最终形成。

总的来说，美国从为其对外政策和军事战略服务的角度出发来制定和推行其对冲绳政策，进而指示地方统治当局在冲绳推行军事优先的战略，其军用土地政策亦从属于这一战略并构成重要一环。随着东亚冷战格局基本定型，局部战争、军事冲突的频繁显现，美国位于冲绳的军事基地的地位与作用也不断凸显。相应地，地方统治当局征用土地的力度和范围也不断加强和扩大。虽然美方利用其取得的施政权，不受限制地以立法、司法和行政手段将土地征为军用，但征用过程中充满了强制与暴力，且没有给予或者给予极其低廉的经济补偿，引起了当地民众的强烈不满。可以说这一阶段美国在冲绳群岛的军用土地政策所造成的负面影响是巨大的。在土地征用问题上冲绳民众处于弱势地位，他们没有任何话语权，等于被剥夺了自由选择的权利，而双方之间的尖锐矛盾随着时间的推移不仅没有得到消弭，反而愈演愈烈，以致成为这一时期当地社会的主要矛盾。更何况，地方当局围绕军用土地政策所采取的行动又都是与以私有财产制为前提，倡导平等、保障人权的资本主义国家制度背道而驰的。冲绳军用土地问题犹如一面镜子，折射出美国在冲绳实行的托管统治，虽然高举遏制共产主义保卫“自由世界”的大旗，但实质上则是力避“殖民统治之嫌”，而大行“殖民统治之实”，不仅恶化了与冲绳民众之间的关系，也会对美日冲三者关系造成潜在影响。因而对军用土地政策的调整势在必行。

（本文原刊于《冷战国际史研究》2016 年第 21 期）

超越联合国？
——试析尼克松政府解散联合国韩国统一复兴委员会的对策（1971～1973）

闫　晋*

【摘要】联合国韩国统一复兴委员会，是冷战前期美国依托联合国处理朝鲜问题的重要政治工具。20世纪70年代初，面对国际形势变化与中朝方面解散该委员会的要求，美国通过与中、韩等国事先进行双边协商达成谅解、以避免在联合国出现不利争论的方式，同意解散该委员会。与相关各方协商并同意解散该委员会，反映出尼克松政府尝试变革其对朝鲜半岛的传统冷战政策，在处理半岛问题时意图削弱意识形态因素影响、去联合国化，代之以相关国家直接协商解决问题的政策趋向。但囿于相关各方对朝鲜半岛的基本目标存在根本矛盾以及半岛冷战式结盟体制的长期性，这一时期美国策略性调整的影响存有局限。

【关键词】缓和；联合国的朝鲜问题；美国对联合国朝鲜问题政策；韩国统一复兴委员会

自尼克松上任后，美国政府对其东北亚政策进行了一系列调整。这种调整主要反映在两个层面：一是调整美国与其亚洲盟国的防卫关系；二是弱化意识形态影响，改善其与共产党国家间的关系。受中美关系改善与美国调整其对韩防卫政策的

* 闫晋，四川师范大学历史文化与旅游学院讲师。

影响，朝鲜半岛相应出现了缓和迹象。这种缓和不仅反映在学界目前已广为讨论的朝韩所进行的直接接触与对话层面，同时也体现在相关国家协商解决联合国的朝鲜问题[1]上。联合国韩国统一复兴委员会[2]在这一时期解体就是其中十分重要的一个案例。

关于联合国韩国统一复兴委员会，目前学界虽在讨论美国政府对联合国朝鲜问题的政策、朝韩各自的统一政策以及中朝关系等问题时有所提及，但甚少有对该委员会解体问题与美国对策的专题研究。[3]事实上，对该问题的分析，有助于更为全面地揭示二战以来处理朝鲜问题的国际机制的发展与变革、中美关系缓和时期朝鲜半岛及周边国家的政策内涵以及联合国在朝鲜半岛影响力的变迁等影响至今的热点问题。有鉴于此，本文尝试利用新近解密的美国国家档案馆馆藏文献等美方资料，结合学界已有研究成果，以美国政策为主线，对该委员会的解体问题进行梳理与分

---

1 本文所论及的“联合国的朝鲜问题”与文内美方文件中所谓“联合国在朝鲜的存在”这一概念基本相同，主要指冷战、特别是朝战后在联大及安理会引发争议的各类朝鲜问题，其主要包括：韩国统一复兴委员会存废问题，驻韩联合国军司令部存废问题，指责中国“侵略”朝鲜半岛的“侵略者”决议案问题，是否应无条件邀请朝韩参与联大朝鲜议题讨论的“邀请问题”，以及朝韩加入联合国的“联合国成员身份问题”等。参见：NARA, Record Groups 273(RG273), National Security Study Memorandum(NSSM), Box 14, Korean Question at the 27th UN General Assembly, July 3, 1972。

2 联合国韩国统一复兴委员会，英文名为 UN Commission for the Unification and Rehabilitation of Korea。针对该委员会英文名称中“Korea”一词如何翻译的问题，笔者以《人民日报》为参考查证，发现 20 世纪 70 年代前《人民日报》的翻译并未统一，存在“朝鲜”和“韩国”交替使用的情况。自 20 世纪 70 年代后，该报在涉及此问题时统一将其译作“韩国”。并且由于自该委员会成立至解体期间朝鲜始终抵制该委员会，而该委员会的活动范围亦始终局限于韩国境内，故现今学界也一般将该委员会英文名中的“Korea”一词译为“韩国”，而非“朝鲜”。为保持行文一致与简练，本文亦采取此种译法，并在文中将其略写为韩国统一复兴委员会（UNCURK）。参见新华社：《朝鲜外务省声明谴责“联合国朝鲜统一复兴委员会”非法“报告”》，《人民日报》1965 年 11 月 24 日，第 5 版；新华社：《朝鲜外务省就“联合国韩国统一复兴委员会”非法“报告”发表声明》，《人民日报》1965 年 12 月 1 日，第 3 版；新华社：《巴基斯坦政府正式宣布决定退出“联合国韩国统一复兴委员会”》《人民日报》1972 年 11 月 25 日，第 6 版等。

3 学界目前有关韩国统一复兴委员会存废问题的专题研究并不多见，主要从三个角度涉及该委员会存废问题：第一，美国对联合国政策角度，最重要的成果是：Charles K. Armstrong and John Barry Kotchb, “Sino-American Negotiations on Korea and Kissinger’s UN Diplomacy,” *Cold War History*, Vol.15, No.1 (2015), 113–114。该文着重讨论驻韩联合国司令部问题，认为中方领导人的变更对美国未能成功实施其对联合国朝鲜问题政策产生重要影响；其二，中朝关系角度，参见沈志华：《面对历史机遇：中美关系和解与中朝关系（1971～1974）》，《华东师范大学学报（哲学社会科学版）》2014 年第 1 期；其三，该委员会组织史的角度，参见：Lee Kwang Ho, *A Study of United Nation Commission for the Unification and Rehabilitation of Korea,* Ph.D. thesis of University of Pittsburgh, 1974。

析，以期丰富联合国与朝鲜半岛史的研究，并特别为当今朝鲜半岛紧张与缓和跌宕的形势提供历史背景。

一、韩国统一复兴委员会解体问题的由来

联合国韩国统一复兴委员会是随冷战爆发而逐渐成形的。二战后伊始，在如何处理战后朝鲜半岛问题上，根据雅尔塔协定及莫斯科外长会议的最初安排，美、英、苏三方商定通过中美英苏四国联合托管形式，构建朝鲜国家。然而，随着战后美苏矛盾日益加深，1947 年 9 月 17 日，美国抛开苏联，单独向联大递交了有关要求朝鲜独立的提案并最终促使联大通过决议，成立了旨在督促建立朝鲜政府的联合国朝鲜临时委员会。对此，苏联给予激烈批判并拒绝承认该委员会。[1] 1948 年，在朝韩各自组建政府后，联大在美国主导下通过决议认定韩国为朝鲜半岛的“唯一的政府”，并建立联合国朝鲜委员会接替上述临时委员会，负责“观察与报告朝鲜半岛可能的军事冲突，寻求消除双方因分裂导致经济、社会及其他友好交往的阻碍，帮助朝鲜半岛实现统一”。[2] 朝鲜战争爆发后，美国一方面以联合国为旗帜召集军队援助韩国，另一方面则敦促联合国重新考虑朝鲜半岛统一的问题。1950 年 10 月 7 日，美国再次绕过安理会，通过联大会议投票决定建立韩国统一复兴委员会以接替先前的联合国朝鲜委员会。[3]

值得注意的是，韩国统一复兴委员会自成立伊始便带有鲜明的冷战单边色彩。首先，该委员会组建的基本目标，是督促通过民选“在代议制政府形式下建立一个统一、独立、民主的朝鲜政府”，这主要反映冷战初期美国对朝鲜半岛的基本政治

---

1 Chong-Ki Choi, “The Korean Question in the United Nations, ” *Law and Politics in Africa, Asia and Latin America*, Vol.8 (1975), 395–406.

2 NARA, RG273, National Security Study Memorandum (NSSM), Box 14, NSSM 154-United States Policy Concerning the Korean Peninsula, April 3, 1973.

3 NARA, RG273, National Security Study Memorandum (NSSM), box 14, NSSM 154-United States Policy Concerning the Korean Peninsula, April 3, 1973.

目标。[1]其次，该委员会的成员由澳大利亚、智利、荷兰、巴基斯坦、菲律宾、泰国与土耳其构成，凸显了其西方倾向。最后，就活动范围与效力而言，由于遭到朝鲜与苏联的抵制，该委员会在成立后活动范围始终局限在韩国境内，其具体任务是负责观察韩国的选举情况，并就统一问题、安全问题等与半岛相关的事态发展向联大汇报。上述这些特点使韩国统一复兴委员会成为冷战初期美国依托联合国处理朝鲜半岛统一问题的重要政治工具。

除韩国统一复兴委员会外，在朝鲜战争期间，美国还趁苏联抵制联合国之际于1950年7月7日促使安理会通过决议成立驻韩联合国军司令部，从而使美国军队能借联合国旗帜驻留韩国。[2]朝鲜战争后，这些决议与机构均被保留下来，成为联合国参与朝鲜半岛事务的主要机制。由于这些机制的冷战单边色彩强烈，故自朝鲜战争后，几乎每届联大都会就联合国在朝鲜的存在问题展开辩论。直至1970年第25届联合国大会为止，美国都成功地运用自身影响力聚集多数票，抵制了苏联等社会主义阵营国家要求解散韩国统一复兴委员会、驻韩联合国军事司令部以及给予朝鲜平等地位等重新评估联合国在半岛角色的提案。[3]

然而，20世纪70年代初，美国对联合国朝鲜问题的传统政策遭遇严重挑战。首先，在联大讨论朝鲜问题时，美国所获的支持率不断下降。一方面，新独立的亚非拉国家在大量加入联合国后，强烈要求联合国关注国家独立与发展问题，而非传统的冷战议题；另一方面，中国于1971年恢复其在联合国的合法席位，并直接参与联大、安理会关于朝鲜问题的讨论。这样，对美国来说，此时的联大给了朝鲜问题以争议的舞台，但却是对美国愈加不利的舞台。其次，就美国与朝鲜半岛及周边国家关系而言，自尼克松上任后，美国开始调整其亚洲政策并寻求改善中美关系。受其影响，朝韩关系亦随之破冰。1971年，朝韩通过半官方的红十字会进行接触，

1　Wilson Center Digital Archive International History Declassified, Report of the UN Commission for the Unification and Rehabilitation of Korea, August 30, 1973, http://digitalarchive.wilsoncenter.org/document/117554.

2　Official Documents System of the United Nations, Resolution Concerning the Complaint of Aggression upon the Republic of Korea Adopted at the 474th Meeting of the Security Council, June 27, 1950, http://daccess-dds-ny.un.org/doc/UNDOC/GEN/NL5/015/11/PDF/NL501511.pdf.

3　NARA, RG 273, National Security Study Memorandum (NSSM), Box 14, Korean Question at the 27th UN General Assembly, July 3, 1972.

并开展对国家统一问题的讨论，这就进一步引发了各界对冷战式的联合国在朝鲜存在意义的质疑与批判。最后，从韩国统一复兴委员会本身来看，这一时期该委员会也存在解体倾向。在其七个成员国中，智利、巴基斯坦也相继宣布退出。[1]对美国而言，该委员会已成为一个日渐消耗性的资产。

联合国形势的变化，朝韩及相关国家关系的变动以及韩国统一复兴委员会自身的解体倾向，构成了尼克松政府思考调整其对该委员会，乃至对联合国朝鲜问题传统政策的背景。

二、中美协商与美国对韩国统一复兴委员会政策的变动

尼克松政府上任后，面对国内外形势的挑战，开始寻求改善与中国的关系。1971 年 7 月，基辛格秘密访华，与周恩来就一系列问题进行商谈。在双方的首次会晤中，周恩来即提到朝鲜问题，但由于美国未对该问题作充足准备，因而基辛格没有过多回应中方立场。[2]

10 月 22 日基辛格再度访华。在此次会谈中，周恩来再次提出朝鲜问题，并言明中国对朝鲜半岛问题的三个关注重点：撤离驻韩美军，防止日本势力介入以及联合国在朝鲜的存在问题。双方在前两个问题上没有进行过多争论，针对中方的撤军要求，基辛格表示美方会在条件许可的前提下削减驻韩美军，且美军撤离不会导致日本势力的介入。但涉及联合国的朝鲜问题时，双方的分歧则非常明显。周恩来主张改变联合国的现存机制，给予朝鲜在联合国以合法承认，并具体提出废除韩国统一复兴委员会的要求。对此，基辛格推诿说改变联合国机制非常复杂，美国虽然认可这是一个长远的目标方向，但并不认为这是应该立即实施的一项政策。针对中方废除韩国统一复兴委员会的要求，基辛格提出可以考虑调整该组织的成员构成，让

1 NARA, the CIA Records Search Tool (CREST), Intelligence Memorandum, the 25th UN General Assembly, January 7, 1971.

2 FRUS, 1969–1976, Vol.XVII, China, 1969–1972, Document 139, https://history.state.gov/historicaldocuments/nixon-ford.

朝鲜加入该组织。但这一建议为中方否决。[1]

1971 年 10 月 25 日，中国恢复联合国的合法席位。在此届联大上，中国驻联合国代表团团长乔冠华在名为《中国属于第三世界》的演说中，再次将矛头对准联合国的朝鲜问题，呼吁联合国撤销关于朝鲜问题的非法决议，解散韩国统一复兴委员会。[2]

中国在联合国等国际论坛就朝鲜问题发难，以及中美协商中就联合国朝鲜问题存在明显分歧的情况，使美国政府急需确定自身对该问题的政策。由此，4 月 6 日，尼克松指示基辛格下达《第 154 号国家安全研究备忘录》，要求由国安会东亚跨部门小组负责研究美国对朝鲜半岛的政策，并将研究结果呈送高级审议小组审议。该研究应确认美国对半岛的利益与目标，并为美国在随后 3 到 5 年内提供政策选择。研究应关注中美关系改善对朝鲜半岛统一、半岛及相关国家关系的影响，以及联合国在朝鲜继续存在的问题。[3]

6 月 22 日，基辛格前往中国与周恩来进行会晤。在涉及朝鲜半岛的讨论中，虽然双方立场相较之前有了进一步的变化：中方认可朝鲜半岛将实现和平统一，但现在时机并不成熟；以及美国在原则上应保证撤离驻韩美军，但需要花费一定的时间，然而，在有关联合国的朝鲜问题上，双方的分歧依然存在。当基辛格探询中国对今年联大朝鲜问题的态度时，周恩来表示："我们认为韩国统一复兴委员会最好今年就能废除。"[4] 由于韩国政府强烈要求在今年联大延迟讨论朝鲜问题，而美国政府内部对此问题的研究也尚在进行，因而基辛格试图采取拖延策略，提出以考虑韩国统一复兴委员会的存废换取中国承诺在今年联大不就朝鲜问题与美国进行争论。当周恩来进一步追问是否能在今年废除韩国统一复兴委员会时，基辛格却以美国总统选举为由推说此举非常困难，且明确表示如果该问题出现在美国总统大选前，美国将予以反对。[5]

1　FRUS, 1969－1976, Vol.E-13, Documents on China, 1969－1972, Document 44.

2　FRUS, 1969－1976, Vol.V, United Nations, 1969－1972, Document 443.

3　FRUS, 1969－1976, Vol.XIX, Part 1, Korea, 1969－1972, Document 133.

4　有关韩国政府对联合国朝鲜问题的立场，见：FRUS, 1969－1976, Vol.XIX, Part 1, Korea, 1969－1972, Document 150。

5　FRUS, 1969－1976, Vol.XVII, China, 1969－1972, Document 233.

在中美针对该委员会存废问题争论期间，7 月 4 日，朝韩共同发表了《南北联合公报》，双方承诺在“不受外来干涉的情况下，通过和平方式实现超越意识形态和制度差异的伟大民族统一”。[1] 7 月 18 日，中国又向联大提交了一份解释备忘录，表示由于南北公报要求半岛在“不受外力干涉”情况下实现统一，故联大应重新考虑“韩国统一复兴委员会和驻韩联合国军司令部”的权责范围。[2] 这使得联合国在处理朝鲜问题上的合法性与合理性进一步受到动摇。加之 27 届联大即将于 9 月召开的紧迫情势，6 月 21 日，尼克松指示国安会东亚研究小组提前递交第 154 号国家安全研究备忘录中有关联合国朝鲜问题部分的相关研究。[3]

7 月 3 日，国务院代执行国务卿米勒按要求向基辛格递交了跨部门小组的研究成果。这份名为《27 届联大朝鲜问题》的备忘录，除列举美国应对 27 届联大朝鲜问题的具体对策外，还以更广泛的视角审视了联合国在朝鲜半岛的存在问题。文件指出，由于联合国朝鲜问题的争论出现在美国改善与中苏关系背景下，故在考虑该问题时，美国应关注三个相互关联的层面：

首先，是联合国在朝鲜半岛的存在对美国的价值。文件认为，基本来看，朝鲜半岛的联合国机制日渐成为一个时代性错误。随着联合国形势的变化及东北亚关系的改善，美国需要花费更多的时间与精力维持这些机制，但其成功的可能性却愈渐减少。其次，是联合国的存在对韩国的价值。文件认为，从本质来讲，韩国政府的合法性亦不依赖于其在联合国取得的有利地位。最后，那么，现在是移除联合国的存在，特别是韩国统一复兴委员会的时机吗？对此，文件称，虽然联合国的存在，特别是韩国统一复兴委员会对美国没有实际价值，但它却是韩国在国际有利地位的象征。尤其是目前正处于南北对话初期，如果今年美国贸然对其进行重大变革，将会有损半岛局势的稳定，对韩国造成心理冲击，影响美韩关系。

有鉴于此，文件推荐美国在今年应支持韩国政府的要求，奉行推迟朝鲜问题争议的政策，但同时也不能无限期规避该问题，而是应促使韩国同意在明年联大召开前与美国一道检视联合国在朝鲜半岛存在的所有问题。针对韩国统一复兴委员会，

1 新华社：《朝鲜北方和南方联合声明》，《人民日报》1972 年 7 月 5 日，第 1 版。

2 FRUS, 1969–1976, Vol.XIX, Part 1, Korea, 1969–1972, Document 152.

3 FRUS, 1969–1976, Vol.XIX, Part 1, Korea, 1969–1972, Document 133.

文件则为美国政府列举了五种政策选择：维持委员会、调整委员会的目标与成员结构、暂停委员会、终止委员会、认可对手关于解散该委员会的方针建议。沿袭上述总体政策思路，文件建议今年应在韩国政府的要求下维持韩国统一复兴委员会，但也要发展出一项应急计划，以对美方最有利方式考虑暂停韩国统一复兴委员会的活动。[1]就在文件提交基辛格当天，副国务卿约翰逊致电基辛格，特别提请基辛格注意上述研究中提到"解散"和"终止"韩国统一复兴委员会的页面，进一步明确国务院的建议，即可以向中方表示，如果能将该问题拖延一年，则美国"完全愿意考虑解散韩国统一复兴委员会"。[2]

为掌握政策主动，试探中方对美国上述政策提议的反应，7 月 26 日，基辛格与中国常驻联合国代表黄华进行了会谈。在此次会谈中，基辛格基本采纳了跨部门小组的上述建议。面对美方的拖延策略，中国的态度十分强硬：8 月 4 日，黄华答复基辛格说，中国"希望美国重新考虑延迟讨论"的立场，而对韩国统一复兴委员会问题，中方的立场是"韩国统一复兴委员会与联合国军司令部均是 20 年前冷战的产物，它们现在已经成为朝鲜独立与和平统一的阻碍"，"鉴于南北朝双方已发表的联合公报，这两个组织的继续存在是不合理的"。[3]面对中方的强硬立场，基辛格一方面固守美国立场，亦以同样强硬的语气回击说"我们不会重新考虑自身的立场"；[4]另一方面，他又迅速于 8 月 9 日主持召开高级审议小组会议，以 7 月 3 日的文件为基础，商讨美国对联合国朝鲜问题的政策。

需要指出，此次会议的重要性主要有两个：其一，是美国高层在会上就政府对 27 届联大基本政策达成一致，即确定今年将顺应韩国政府的要求，力求在 27 届联大上避免出现朝鲜问题的争论，如果这一尝试失败，美国也应尽力将该问题的争论拖延至总统选举后；其二，在于美高层开始系统考虑调整其对联合国朝鲜问题传统政策的可行性：在韩国统一复兴委员会问题上，国务院官员建议暂停或废除该组

---

1 NARA, RG273, National Security Study Memorandum (NSSM), Box 14, Korean Question at the 27th UN General Assembly, July 3, 1972.

2 DNSA, Korea Question; Recognition of the Sudan; Ronald Reagan in Europe, July 3, 1972, Item Number: KA08300.

3 FRUS, 1969–1976, Vol.E–13, Documents on China, 1969–1972, Document 148.

4 FRUS, 1969–1976, Vol.E–13, Documents on China, 1969–1972, Document 148.

织，并表示此举不会动摇韩国政府的合法性。在朝韩参与联合国事务问题上，与会代表一致同意放弃要求朝鲜在认可联合国对其管辖权后方可参与联大朝鲜问题争论的传统立场，转而表示其只需接受联合国宪章原则即可参与争论。而在驻韩联合国军司令部问题上，会议也决定对其角色和作用进行进一步的研究。[1]

至此，面对中美关系缓和后联合国及半岛局势的变化，特别是中朝方面解散韩国统一复兴委员会的要求，美国政府经一系列政策研究及讨论，通过对该委员会价值的判定，基本形成拖延但将尽快解决该委员会问题的政策共识。以应对韩国统一复兴委员会问题为切入点，美政府决策层亦相应开展对联合国在朝鲜存在价值的研究。在美国政策日益明晰之际，中国方面经考虑亦采取务实态度，适度调整了立场。9 月 19 日，黄华告知基辛格，中方理解“朝鲜问题的复杂性，以及美国今年面临的特殊形势”，因而虽仍旧坚持自身的主张，但就 27 届联大的朝鲜问题“在具体安排上持有灵活态度”，“如果美方存在不利的复杂局势，那么可以作出安排将讨论延迟至 11 月选举后”进行。[2] 这样，在中美协调下，27 届联大通过了推迟讨论朝鲜问题的决议。

经过 1971～1972 年的多次协商，中美基本了解了对方在朝鲜问题上的立场，因而在 1973 年 2 月与基辛格会晤时，周恩来相较之前的数次会谈，对朝鲜问题给予了较低关注。关于韩国统一复兴委员会问题，周主要向基辛格询问了美国废除该委员会的具体政策。对此，基辛格承诺说美国将在今年下半年与韩国协商废除该委员会，并将在 3 月中旬告知中国具体的实施方法。周恩来则回应说不仅中方会保持相对的耐心，给予美国一定的施政空间，并且中国也将双方的共识告诉了“朝鲜朋友，而他们对此也有所理解”。[3]

三、美韩协商与韩国统一复兴委员会的解散

通过与中国的协商，成功实现在 27 届联大推迟讨论朝鲜问题的目标后，美国

1 FRUS, 1969－1976, Vol.XIX, Part 1, Korea, 1969－1972, Document 153.

2 FRUS, 1969－1976, Vol.XVII, China, 1969－1972, Document 253.

3 FRUS, 1969－1976, Vol.XVIII, China, 1973－1976, Document 13.

政府面临的主要问题是如何与韩国协商，实现其在1973年废除该委员会的政策要求，兑现对中国的承诺。其实，早在1972年美国答应与韩国一道寻求拖延政策时，就曾向韩方暗示过美国调整政策的意愿。[1] 1973年2月24日，基辛格与韩国外长金溶植举行会谈，进一步探寻韩国对解散该委员会的立场。在答复基辛格的询问时，金溶植在回顾韩国统一复兴委员会的历史与联合国在朝鲜半岛的作用后，表示"然而，在当前的形势下，由于这种模式从未达成……"，说到此处，金外长突然话锋一转，继续说韩国认为这个组织应该继续保存，至少是为了给另一方施加压力。事后，美国务院官员认为这"似乎暗示其认可韩国统一复兴委员会的作用已经遭到折损"。[2] 韩国的这种虽然表露出理解当前联合国形势，但是仍要求保留该委员会的态度不得不影响到美国政策。

为制定一个能为中、韩双方都接受且符合美国利益的方案，基辛格在与国务院官员反复讨论后，为解散韩国统一复兴委员会划定了三个方针：首先，为掌握政策主动性，避免给国际社会造成美韩半岛传统政策被中朝击败的印象，美国应寻求韩国统一复兴委员会自身出台一个肯定该委员会过去价值并决定无限期休会的报告；进而，如果联大通过决议要求废除该委员会，则美国不表示反对；最后，为确保韩国同意该方案，还应注意并确保今年联大不会涉及韩国政府最为关心的驻韩联合国军司令部的存废议题。[3] 4月16日，美国将该方针告知中国，并要求中方予以配合，确保联大对所有朝鲜议题保持非争议性。中国对此表达了强烈的不满，指责美国在该问题上的立场倒退。[4]

就在美国出于维护自身利益与对韩国反应的担忧而准备采取相对保守的立场之际，韩国外交发生了重要转向。面对尼克松政府调整对韩防卫政策、中美关系正常化的冲击，特别是朝鲜国际地位日益提升的现实，韩国对自身安全及其国际地位面

1　NARA, RG273, National Security Study Memorandum (NSSM), box 14, Korean Question at the 27th UN General Assembly, July 3, 1972.

2　FRUS, 1969–1976, Vol.E-12, Documents on East and Southeast Asia, 1973–1976, Document 232.

3　FRUS, 1969–1976, Vol.E-12, Documents on East and Southeast Asia, 1973–1976, Document 236.

4　DNSA, Discussion of Vietnamese Conflict and Cambodia with Huang Hua, April 16, 1973, Item Number: KT00703.

临的威胁深感忧虑。[1]为在新的国际形势下争取外交主动权，韩国政府被迫对其传统外交政策进行重要调整。1973 年 5 月 25 日，韩国外长将其外交政策调整的基本思路告知美国驻韩大使，并询问美国的意见，后者很快将该信息通知国内。概括而言，韩国外交政策的新立场主要是在维持朝鲜半岛统一最终目标的前提下，承认半岛分裂现状的长期性。其中，在联合国问题上，除坚持驻韩联合国军司令部不应变动外，韩国将“不再在联大寻求延期讨论朝鲜问题；不反对朝鲜加入国际组织；不反对朝韩共同加入联合国；不反对暂停韩国统一复兴委员会”。[2]

与此同时，1973 年 4 月 3 日，东亚跨部门小组完成了 NSSM 154 的最终研究。该研究在 1972 年 7 月 3 日文件基础上，针对联合国在朝鲜的存在问题得出结论，认为在新形势下以促进“朝韩相互接触及达成协议”的方式最能有效实现美国对半岛的政策目标，与之相比，联合国在朝鲜的存在不仅“与这一目标并不相容”且对“美国对半岛政策来说也不再必要”。[3]6 月 15 日，基辛格再度主持高级审议小组会议讨论半岛政策。此次会议基本肯定了最终研究中关于联合国朝鲜机制价值的结论：除商讨解散韩国统一复兴委员会的方式外，与会官员更进一步讨论了驻韩联合国军司令部的存废问题。面对国务院提出废除该机构的建议，基辛格也表示他曾“数次考虑过驻韩联合国军司令部是可有可无的”，但显然更关注美国能从废除该机构中得到中朝方面的何种体制保障。[4]

这样，在获悉韩国外交的新动向，并经美国内部讨论联合国在朝鲜存在的价值后，基辛格最终决定调整立场，不再主张韩国统一复兴委员会先达成“无限期休会”的决议，而是寻求直接解散该委员会。6 月 19 日，在中美会谈中，基辛格告知黄镇美国将在 1973 年解散韩国统一复兴委员会，并在 1974 年寻求解散驻韩联

1　朝鲜于这一时期在国际论坛上积极发动外交攻势，并于 1973 年加入联合国的专门机构世界卫生组织，这对韩国多边外交政策提出了严重挑战。参见 Christian F. Ostermann and James F. Person, eds., *The Rise and Fall of Détente on the Korean Peninsula, 1970–1974*, Woodrow Wilson International Center for Scholars, 2011, pp.105–106, https://www.wilsoncenter.org/publication/the-rise-and-fall-detente-the-korean-peninsula-1970–1974。

2　DNSA, Assembassy Seoul to Secstate, Foreign Policy Changes, May 25, 1973, Item Number: KO00144.

3　NARA, RG 273, National Security Study Memorandum (NSSM), Box 14, NSSM 154-United States Policy Concerning the Korean Peninsula, April 3, 1973.

4　FRUS, 1969–1976, Vol.E-12, Documents on East and Southeast Asia, 1973–1976, Document 238.

合国军司令部。[1] 8 月 21 日，基辛格以尼克松的名义下达“美国对联大朝鲜问题政策”备忘录，确定了美国解散韩国统一复兴委员会的最终政策，即“寻求韩国统一复兴委员会在其年度报告中推荐在不否定其过去活动的前提下解散组织，并尽快将其报告递交联大，除非共产党国家的提案不否定该委员会的过去活动，否则美国不应支持联大对此作出正式决议”。[2] 8 月 30 日，韩国统一复兴委员会的执行主席向联大递交其年度报告并推荐解散该组织。[3] 9 月 21、26 日，基辛格在与黄华会谈时再次重申了上述立场，强调希望中国方面对联合国的朝鲜争论进行一定的限制。[4] 最终，中美双方协商同意不将各自支持的决议案交由联大表决，而是由联大通过一个一致意见，从而避免争论。11 月 21 日，联大政治委员会发表了解散韩国统一复兴委员会的声明。[5] 11 月 28 日联大通过了该决议。至此，韩国统一复兴委员会正式解散。

四、从联合国的朝鲜问题到朝鲜半岛的多方会谈

在东亚缓和的新态势以及中朝在国际社会就各类联合国朝鲜问题发难的背景下，尼克松政府开始重新审视冷战初期构建的、带有鲜明单边色彩的联合国机制对美国在朝鲜半岛利益的效用。经过一系列研究讨论，在判定“联合国在朝鲜的存在”与美国“维持朝鲜半岛稳定现状”这一总目标不相容的前提下，尼克松政府开始酝酿进行一系列调整，而废除韩国统一复兴委员会便是这一调整的先声。[6]

面对中朝方面解散韩国统一复兴委员会的强烈要求，尼克松政府的政策经历了拖延、无限期休会到决定彻底解散该委员会的变化。这种延迟与变动，主要是出于

1 FRUS, 1969-1976, Vol.XVIII, China, 1973-1976, Document 37.

2 FRUS, 1969-1976, Vol.E-14, Part 1, Documents on the United Nations, 1973-1976, Document 56.

3 Wilson Center Digital Archive International History Declassified, Report of the UN Commission for the Unification and Rehabilitation of Korea, August 30, 1973, p.25.

4 FRUS, 1969-1976, Vol.XVIII, China, 1973-1976, Document 52.

5 王泰平主编：《中华人民共和国外交史（1970～1978）》，北京：世界知识出版社，1998 年，第 42～43 页。

6 FRUS, 1969-1976, Vol.XIX, Part 1, Korea, 1969-1972, Document 133.

维护美韩盟友关系、协商交换最大化利益的考虑。而美国政府之所以愿意回应中朝方面的要求，其原因则主要在于变革传统冷战色彩鲜明的联合国朝鲜机制，代之以多方协商的方式处理朝鲜问题，更符合尼克松亚洲政策调整的施政方向，也更有利于在新形势下维护美国对朝鲜半岛的基本政策目标。

值得注意的是，尼克松政府在处理韩国统一复兴委员会解体问题上存在两个极为鲜明的特点：其一，是将该问题纳入变革联合国在朝鲜的存在这一更大议题中考虑。在研究讨论是否解散该委员会时，美高层并未将其作为单独问题，而是极为关注该问题与驻韩联合国军司令部的存废、构建半岛长期和平机制、朝韩加入联合国等构成联合国在朝鲜存在基本方面的重要问题的关联性及牵动性。在决定废除该委员会后，美政府相继就上述问题提出建议与政策。其二，是寻求与中、韩等相关国家进行事前协商，借此将原本属于联大、应由联大讨论的问题通过双边事前协商方式解决，从而避免在联合国出现不利于美国的局面。

这样，以同意解散代表联合国在朝鲜半岛存在重要政治方面的韩国统一复兴委员会为开端，这一时期，尼克松政府相继向朝鲜半岛及相关国家提出了废除联合国驻韩军事司令部，并以长期的和平协定取代 1953 年的临时停战协议，支持朝韩共同加入联合国，交叉承认朝韩等一系列意图去联合国化、代之以相关国家协商解决半岛问题、以求各方承认朝鲜半岛分裂现状的建议，希冀以此实现新形势下美国维持半岛长期稳定的基本政策目标。[1] 这为国际社会处理朝鲜半岛问题的模式由冷战、特别是朝战后的联合国深度参与冷战阵营敌对，向后冷战时代的多方、双边协商模式转变奠定了一定程度的基础。

变革美国对联合国朝鲜问题的传统冷战政策，去联合国化，代之以美国与相关国家协商以解决朝鲜问题，是尼克松政府任内调整其对朝鲜半岛政策的重要内涵。然而，新的施政方式并未动摇美国维持半岛现状稳定的基本目标。这种手段革新，目标不变的特点，在同期朝鲜半岛及相关国家的政策中均有体现。从朝鲜半岛的长期发展看，仍旧存在美韩方面希望以驻韩美军、美韩同盟维持半岛稳定与现状，和中朝方面撤离驻韩美军、实现半岛统一的基本矛盾，而这在朝韩之间尤为如此。由

1　有关美国对驻韩联合国军司令部存废的政策，参见梁志：《20 世纪 70 年代驻韩联合国司令军部存废问题——以美国决策为中心的考察》，《世界历史》2014 年第 3 期。

于韩国统一复兴委员会对各方而言并不具备实际价值，故而各方在该问题上存有较大程度的妥协空间。然而，当问题深入到至关重要的朝鲜半岛安全结构、半岛联盟关系变革时，这组基本的矛盾的存在，朝韩间仍存的疑虑与敌视，冷战体制下中美维护盟友、不愿与对方盟友直接接触的牵绊，最终致使各方未能就废除驻韩联合国军司令部等问题达成一致，而半岛问题的处理方式亦在很长一段时间呈现出大国协商与联合国机制并存的局面。

（本文原刊于《历史教学问题》2018 年第 6 期）

消除中美关系正常化的障碍
——卡特政府对中美资产索赔问题的处理

熊晨曦*

【摘要】中美资产索赔问题的解决是中美关系正常化进程中的一个重要事件。卡特政府在处理资产索赔问题时，在分析和借鉴尼克松政府失败经验的基础上，审时度势，从试探到首脑谈判，再到高层交涉，最终成功与中国政府签署解决协议。中美资产索赔问题的解决过程凸显了中美关系正常化进程中，卡特政府对中美关系正常化决策的复杂考虑，以及对是选择先建交，还是先恢复中美正常的经贸关系问题的抉择过程。就中美经贸关系正常化进程而言，一方面，中美两国对促进经贸关系的需要加速了资产索赔问题的解决，另一方面，资产索赔问题的谈判过程和最终解决也推进了中美两国在其他经贸问题上的合作。但中美资产索赔问题的解决对中美贸易合作的促进作用十分有限。

【关键词】资产索赔；卡特政府对华政策；中美关系正常化

中美资产索赔问题全称为美国私人索赔和被冻结的中华人民共和国资产问题。[1]尼克松政府时期，中美两国开始谈判解决此问题，却功败垂成。福特政府时期，谈

---

* 熊晨曦，华东师范大学历史学系博士研究生。

1 中美资产索赔问题，美国政府通常在其档案文件中称之为 the problem of private claims and blocked assets（即美国私人索赔和被冻结的中华人民共和国资产问题），简称为 private claims/blocked assets 或 claims/assets，其中文翻译也不尽相同，本文为了行文简洁参考第二种翻译，将其译为资产索赔问题。

判搁置。卡特政府时期，两国重新开始谈判，最终成功解决。中美资产索赔问题的解决过程与中美关系正常化的进程、中美贸易合作的发展以及两国国内政治的变化密切相联系。而关于中美资产索赔问题的解决过程在中美关系正常化进程以及中美贸易的发展中扮演着何种角色，学术界对此有着不同的观点。

国内外学者的研究大致可分为两类。第一类是在20世纪七八十年代，学者的研究多为现状分析和基本介绍；[1]第二类研究则从历史的角度对资产索赔问题进行分析。[2]而本文在前人研究的基础上，通过梳理卡特政府处理中美资产索赔问题的过程，进一步分析在中国实施改革开放政策之后，中美资产索赔问题在中美关系正常化进程中的角色及其作为中美贸易进一步合作的突破口的作用和影响。

一、卡特政府解决中美资产索赔问题的必要性和可能性

中美资产索赔问题缘起于20世纪50年代的朝鲜战争时期。杜鲁门政府于1950年12月16日宣布对中国实施经济制裁，并冻结中国在美国的资产。[3]中国政府随即作出反制措施。在1949年逐步开展的对外国资产的国有化政策的基础上，周恩来在1950年12月28日宣布将美国政府、个人和各类公司组织的资产收归国

1 这些研究有：Charles Ford Redick: “The Jurisprudence of the Foreign Claims Settlement Commission: Chinese Claims”, *The American Journal of International Law*, Vol.67, No.4, (1973), pp. 728–740; Charlene M. Levie: “The Blocked Chinese Assets–United States Claims Problem: The Lump-Sum Settlement Solution”, *Fordham International Law Journal*, Vol.3, No.1, (1979), pp. 51–70; Natalie Lichtenstein: “The Claims Settlement Agreement between the United States and the People’s Republic of China”,*China law Reporter*, Vol.1, No.4, (1981), pp. 25–30; Richard T. Devane: “The United States and China: Claims and Assets”, *Asian Survey*, Vol.18, No.12, (1978), pp. 1267–1279; Charles H. Bayar: “The Blocked Chinese Assets: Present Status and Future Disposition”, *Virginia Journal of International Law*, Vol.15, No.4, (1975), pp. 959–1008。

2 这些研究有毛瑞鹏：《关系正常化前夕的中美资产要求问题的谈判》，《美国研究》2012年第1期；William Burr: “‘Casting A Shadow’ Over Trade: The Problem of Private Claims and Blocked Assets in U.S.-China Relations, 1972–1975”, *Diplomatic History*, Vol.33, No.2, (2009), pp.315–349；邓峥云：《二十世纪七十年代中美关于私人求偿和冻结资产问题的谈判》，《中共党史研究》2016年第7期；邓峥云：《二十世纪七十年代中美经贸关系研究》，中共中央党校博士学位论文，2016年。

3 Harry S. Truman, “Proclamation of December 16, 1950”, *Department of State Bulletin*, Vol. XXIII, No. 599, Washington, D.C.: U.S. Government Printing Office, 1950, p. 1003.

有。[1]此后，中美两国处于长期的敌视状态，中国政府积极抢运和回购被美国政府冻结的资产，希望能减少损失，而美国被没收财产的个人和民间组织则不断向美国政府提起对中华人民共和国的资产索赔要求。由此，美国私人与中国政府的资产纠纷以及中国被美国政府冻结的资产问题便成了中美关系缓和之后，两国政府需要处理的中美资产索赔问题。

相对于被美国冻结的中国资产问题，美国政府更关注的是美国私人对中国政府提起的资产索赔问题。美国政府在 1954 年成立了下辖于司法部的国外赔偿清算委员会负责裁定和统计美国国民对外国政府的索赔案。1966 年 11 月 6 日，美国国会通过了有关中国资产问题的修正案，美国国外赔偿清算委员会便开始对美国在华私人资产进行调查。根据调查结果，美国政府总共认定了 381 项美国私人索赔，约合 1.96 亿美元的美国私人资产在 1949 年 10 月 1 日之后被中华人民共和国政府没收、国有化或占有。[2]

但美国政府对于被冻结的中国资产的调查则要粗糙得多，且结果不一。最为详细的是，美国政府 1979 年的统计数据，有 7 650～8 000 万美元的中国资产被美国政府冻结。但这个数据也有相当大的误差。由于美国政府事实上不能完全掌握中国在美资产。同时从 1950 年起，中国政府通过各种手段紧急取出了部分资产。因而，美国能够直接掌握的中国资产只有其中的一半。[3]而中国政府对中美资产的调查则开始得更晚，直到 1972 年美国驻法大使向中国驻法使馆提出要解决资产索赔问题之后，中国外交部、财政部、外贸部、商业部等部门才成立中美资产清查小组，负责清查美国私人在华资产和中国在美被冻结的资产。[4]中国政府对于被冻结的中国

1　周恩来：《中央人民政府政务院关于管制美国在华财产冻结美国在华存款的命令》，《山西政报》1951 年第 1 期。

2　“Department of State Briefing Paper, US-PRC Claims Issues, January, 1972”, *The Richard M. Nixon National Security Files, 1969-1974, Nixon's 1972 Trip to China (2)*, National Archives II, College Park, MD, pp.350-361.

3　USDDO, Summary of a meeting between Secretary of the Treasury W. Michael Blumenthal, Chinese Foreign Minister Huang Hua, and Chinese Vice Minister Zhang Wenjin regarding frozen property of U.S. citizens in China totaling $196.9 million, January 30, 1979, Document Number: CK3100162149.

4　上海市档案馆、财政部财政科学研究所编：《上海市外商档案史料汇编（二）对外清理估价工作文件》（内部资料），1987 年 7 月，第 345～347 页。

资产的调查较为详细，但与美国不同的是，中国政府没有将这些资产全部折算成现金，也没有计算出被冻结的中国资产的总金额。对于美国政府提供的美国私人索赔信息，中国清查小组对其中的大部分内容进行了核实，但这项工作尚未完成，中国外交部、财政部、外贸部便下达通知，要求停止。[1] 从双方的调查结果来看，在美国政府开始处理资产索赔问题之前，除了美国私人索赔有具体的金额之外，中国在美被冻结的资产的总金额则一直到两国开始正式谈判时都是模糊的。

中美资产索赔问题的重要性并不在于两国政府对于各自资产的争夺，而是其对中美关系正常化的影响。在中美两国关系开始缓和之时，中美资产索赔问题，特别是其中的美国私人索赔者对中国政府的索赔问题，对中美关系最大的影响在于阻碍了中美贸易关系正常化。在美国私人对华索赔问题没有解决的情况下，中国在美国的运输业和商业都会受到美国私人索赔者提出的法律诉讼的骚扰，中国在美国的正常商业贸易就无法开展。由于美国的行政部门无法干预法院，美国政府要解决这个问题，只能与中国达成资产索赔问题的解决协议。而且，资产索赔问题的存在还会影响美国国内舆论对于中国的态度。[2]

随着中美关系开始缓和，美国政府便开始与中国协商解决中美资产索赔问题，以期能够减少中美贸易中的阻碍因素，并促进中美关系正常化。这也是卡特政府在尼克松政府解决中美资产索赔问题失败之后，重新开始与中国政府接触，寻求解决资产索赔问题的方法。1977 年 3 月 11 日，美国商务部部长克里普斯（Juanita M. Kreps）在其向布热津斯基提交的备忘录中提出，资产索赔问题的解决能够促进两国之间的贸易展销、银行间的直接业务往来和海运、空运的发展。因此，在处理中美贸易问题时，美国政府需要考虑中美关系正常化并解决中美资产索赔问题。[3] 布热津斯基在同年 9 月 9 日给卡特总统的报告中也认为资产索赔问题等双边问题是目

---

1 上海市档案馆、财政部财政科学研究所编：《上海市外商档案史料汇编（二）对外清理估价工作文件》（内部资料），第 410～412、427～433、434～450、462～473、504～505 页。

2 NARA, "Department of State Briefing Paper, Issues and Talking Points, Bilateral Issues, February, 1972", *The Richard M. Nixon National Security Files, 1969-1974, Nixon's 1972 Trip to China (2)*, pp.484-502.

3 FRUS, 1977-1980, Volume XIII, China, Washington: United States Government Printing Office, 2013, pp.51-52.

前中美贸易扩大的阻碍因素之一。[1]因此，中美资产索赔问题对中美贸易有着重要影响，是卡特政府推进中美贸易正常化进程中必须要解决的关键问题，也是中美关系正常化进程中重要的双边问题。

在卡特总统上任之时，中美资产索赔问题的解决前景仍不明朗。而要探寻卡特政府解决资产索赔问题的可能性，首先必须考察尼克松—福特政府没能同中国解决资产索赔问题的原因。尼克松政府时期，美国政府中与中方商讨解决资产索赔问题的主要负责人是基辛格，而中方则是由周恩来负责。1972 年 7 月到 8 月，美国通过美驻法国使馆向中国提出解决资产索赔问题的要求，并提供相关资产的清单。中国政府积极回应，迅速开始对相关资产进行清查。[2] 1973 年 2 月和 11 月，基辛格在访华期间与周恩来就中美资产索赔问题进行了最为关键的两次谈判。

1973 年 2 月 17 日，基辛格和周恩来在北京的会谈中就资产索赔问题进行了一次简短的讨论。两人就资产索赔问题的解决原则交换了意见。基辛格提出希望通过政治手段全面解决这个问题，周恩来表示同意。[3] 3 月，中国外交部长姬鹏飞与美国国务卿罗杰斯在会谈中确认了资产索赔问题的赔偿原则和方案。中国政府接受了美国提出的一揽子赔偿原则，[4]以及用被美国冻结的中国资产来赔偿美国的私人索赔者的解决方案。[5]根据中国外交部、财政部、外贸部在 3 月 27 日下发的《关于结束清查中美私人资产工作的几点意见的通知》，“目前中美双方就两国私人资产问题已达成原则谅解，将采取换文方式，一揽子解决办法，不算细账”，[6]此时中国政府已经决定接受美国提出的一揽子解决原则来解决中美资产索赔问题。同年 11 月 12 日

1 USDDO, Talking paper and background information for the China Council for the Promotion of International Trade (CCPIT) delegation's meeting with members of the National Council for U.S.-China Trade (NCUSCT) regarding development of commerce between the two countries, June 14, 1977, Document Number: CK3100152193.

2 上海市档案馆、财政部财政科学研究所编：《上海市外商档案史料汇编（二）对外清理估价工作文件》（内部资料），1987 年 7 月，第 345～347 页。

3 FRUS, 1969－1976, Volume XVII, China, p.112.

4 即 One-package Settlement，其含义为由双方政府采取协议的方式，一次性解决所有索赔，而非逐项赔偿。

5 FRUS, 1969－1976, Volume XVII, China, pp.208－223.

6 上海市档案馆、财政部财政科学研究所编：《上海市外商档案史料汇编（二）对外清理估价工作文件》（内部资料），1987 年 7 月，第 504～505 页。

和 13 日，基辛格和周恩来在会谈中讨论了解决方案的细节。在这两次会谈后，基辛格和周恩来确定了解决资产索赔问题的基本方案是使用中国被冻结的资产抵消美国的私人索赔，此外中国政府再支付 1 700 万美元，以补偿已经被中国政府从第三国银行中取出的存款。[1]

虽然，中国政府早在 3 月便下发文件说明即将同美国解决资产索赔问题，基辛格也认为在 11 月的会谈后的一个月内可以解决资产索赔问题，[2] 但尼克松政府最终还是失败了。其中最大的变数来自中国。1973 年 11 月基辛格与周恩来会谈之后，中国政府的态度突然大变，冷淡地拒绝了美国进一步协商具体协议细则的要求。[3] 而造成中方态度转变的根本原因是中国国内政局以及周恩来在中共党内地位的变化。1973 年 11 月 21 日到 12 月初，中共中央政治局开会斥责周恩来及其主持的与基辛格的会谈，将其称为投降主义。[4] 之后，周恩来又不断地受到江青等人的批评与打压。他与基辛格达成的资产索赔方案被中国政府完全放弃。

在尼克松政府后期以及福特政府时期，中美资产索赔问题的解决进程陷入僵局。美国政府不断向中方表达希望解决资产索赔问题的要求，但美国政府尝试与中国政府重新就资产索赔问题达成解决协议的努力均告失败。1975 年 10 月 22 日，基辛格与邓小平的会谈中，邓小平甚至明确表示中国可以不解决资产索赔问题。[5] 因此，对于卡特政府而言，是否有可能解决中美资产索赔问题的关键，除了制定合适的政策之外，更重要的是中国政府对解决资产索赔问题以及中美关系的态度。

1977 年，邓小平第三次复出，中美关系迎来了新的发展时机。在 1977 年初期，卡特政府就已经开始通过美国驻华联络办公室的外交人员以及与中国有业务往来的美国银行家或商人等同中国官员进行低层次的接触，试探中国政府关于中美资产索赔问题的态度。1977 年 1 月 13、14 日，洛克菲勒会见了中国的工商界人士和

1　FRUS, 1969－1976, Volume XVII, China, pp.411－414, p.416.

2　FRUS, 1969－1976, Volume XVII, China, p.439.

3　FRUS, 1969－1976, Volume XVII, China, pp.455－628.

4　中共中央文献研究室编：《周恩来年谱（1949～1976）》（下），北京：中央文献出版社，2007 年版，第 634～635 页。

5　DNSA, Meeting between Henry Kissinger and Deng Xiaoping, Great Hall of the People, October 22, 1975, Item Number: CH0373.

外交部部长黄华，并提出了解决资产索赔问题的提议。此时黄华表示资产索赔问题无法解决的责任在美国。美方认为黄华的态度表明此阶段中国政府在资产索赔问题上的态度并没有软化。[1] 虽然，此时中国政府的态度没有恢复到 1973 年基辛格和周恩来会谈时那样的积极，但黄华对资产索赔问题的态度不像邓小平对基辛格那样强硬，这预示着中方态度的松动。

2 月 8 日卡特总统与中国驻美国联络处主任黄镇的会谈则更有力地说明了中方态度松动的倾向。黄镇在回应卡特提出的资产索赔问题时说，如果两国达成一个一揽子解决协议（one-package settlement）的话，这个问题将很容易被解决。这不是什么大问题。[2] 黄镇的表态似乎说明了此时中国政府态度的变化，不再拒绝与美方协商解决资产索赔问题，但实际上中方的态度仍有反复。3 月 17 日，美国助理国务卿霍尔布鲁克在会谈中询问中国驻美联络处副主任韩叙，中国政府是否有意与美国重新开始协商解决资产索赔问题。但韩叙强调资产索赔问题没能顺利解决的责任在美国。[3] 3 月 23 日，黄镇在与国务卿万斯和霍尔布鲁克的会谈中重申了这一观点。[4] 从 1977 年 2 月到 3 月的几次会谈中可看出，中国政府的态度虽有软化的趋向，但并不明朗且反复变化，在是否重新与美国解决资产索赔问题方面，卡特政府还不能从中方那里得到信心。

不过，1977 年 4 月 29 日韩叙与霍尔布鲁克、奥克森伯格的会谈给了卡特政府信心。韩叙说，为了增进中美双方的友谊，中方同意解决双方之间的资产索赔问题，即同意美国在中国的资产与中国在美国被冻结的资产相互抵消的一揽子解决协议的解决方案，并且中方原则上同意一揽子解决方案的精神，并将努力促进这个方案的达成。但中国已经从第三国银行取出的存款不包括在被冻结的中国资产中。[5] 中国政府此时关于解决方案的立场与 1973 年最大的区别就是不会额外给美国政府 1 700 万美元作为赔偿款。韩叙此次的表述清晰而明确，表明了中国政府愿意与美

1 AAD, Claims and Assets, January 17, 1977, Document Number: 1977PEKING00112.

2 FRUS, 1977–1980, Volume XIII, China, p.25.

3 AAD, Approach to PRCLO on Claims/Assets, March 22, 1977, Document Number: 1977STATE062960.

4 FRUS, 1977–1980, Volume XIII, China, pp.59–60.

5 FRUS, 1977–1980, Volume XIII, China, pp.83–85.

国政府解决资产索赔问题，并且提出了中国的解决方案。自 1973 年底，由于中国政府转变态度而导致的中美资产索赔问题谈判陷入僵局的情况到 1977 年 4 月发生了积极的变化，中美资产索赔问题的前景又回到了 1973 年 2 月基辛格和周恩来谈判之前的状态。

中国政府在 1977 年 4 月的态度变化给了卡特政府解决资产索赔问题一个绝佳的机会。但此时卡特政府尚未就如何推进中美关系和中美建交问题达成一致，因此，卡特政府面对的问题是趁中方态度软化迅速推进协商进程，将资产索赔问题的解决作为推进中美建交的跳板，还是等待对华政策总体方针确定之后再进行协商，使资产索赔问题的解决成为中美建交带来的成果。

二、卡特政府的决策过程

当卡特政府得到中国政府的较为积极回应之后，便开始对资产索赔问题的解决方案进行决策，包括平衡其对中美建交问题的影响。在这个问题上，影响卡特政府的决策的主要因素是美国国会在中美资产索赔问题解决方案上的立场以及美国政府内部对中美建交的决策。

对于中美资产索赔问题的解决方案，美国国会主要关注的是对美国私人索赔者的索赔金额。历史上，国会能够接受的资产索赔协议的赔偿金额最低是 40%。[1] 根据美国政府在 1973 年周恩来与基辛格的谈判时对中美双方资产的调查，美国私人索赔的总金额约有 1.96 亿美元，而被美国政府冻结的中国资产约有 7 650 万美元，其中存于第三国银行中的约 1 700 万美元已被中国政府取出。[2] 在 1973 年的谈判中，两国政府已在解决方案上达成一致，即一次性赔偿方案，使用被冻结的中国资产

1　根据美国政府的行文习惯，他们用“40 ¢”的说法来表达中国政府对美国私人索赔者的赔偿金占美国私人索赔者的总索赔额的 40% 的含义。但为了理解的便利，下文将使用百分号来表达赔偿金占总索赔额的比率，例如赔偿金占索赔额的 20%，即用 20% 来表达。

2　USDDO, Memo to Zbigniew Brzezinski from Michel Oksenberg regarding the U.S. claims/assets issue with the PRC and possible ways to recover some of the money China owes to the U.S., May 3, 1977, Document Number: CK3100094554.

赔偿美国的私人索赔者，并且周恩来同意另付 1 700 万美元来补偿已被中国政府取出的存款。因此，1973 年基辛格与周恩来商定的对美国私人索赔者的赔偿金额约为 39%。虽然没有达到 40%，但基辛格认为这个方案并不会引起国会的反对。[1] 但 1974 年国会拒绝了与捷克斯洛伐克的资产索赔协议（42% 方案）[2] 的案例说明即使赔偿金额达到了 40%，政府还是被国会和索赔者攻击，认为赔偿方案太廉价。因此，对于卡特政府而言，1973 年的赔偿方案实际并不保险，很可能也会受到国会的反对，卡特政府需要说服中国政府补充更多的赔偿款以防止国会从中作梗。

截至 1977 年 4 月，中国政府没有任何增加赔偿款的意向。韩叙在 4 月 29 日虽然表达了中国政府愿意解决资产索赔问题，但并不愿意另外支付 1 700 万美元。[3] 因此，卡特政府下一步需要考虑的就是如何使中国政府增加对美国私人索赔者的赔偿款。韩叙的明确表态使得卡特政府的工作变得更加艰难。同时，中美资产索赔问题作为中美关系正常化中重要的双边问题，对中美贸易和中美建交都有着一定的影响。在中美建交之前，让中国政府在资产索赔问题上让步是否符合卡特政府推进中美关系的政策就成了一个需要重点分析的问题。

1977 年 5 月 17 日，万斯、布热津斯基与卡特总统就中美资产索赔问题进行了一次讨论，商议资产索赔问题的解决方案和下一步的政策。万斯认为中国政府的态度是消极的，目前不会同意美方增加赔偿款的要求。中美两国在资产索赔问题的解决协议上达成一致的前提是中美两国建交。因此，万斯得出的结论是推迟与中国政府在资产索赔问题上的进一步接触，同时卡特政府需要避免将资产索赔问题与中美建交联系起来，否则会对中美关系正常化造成重大影响。[4]

布热津斯基与万斯的观点也基本一致。5 月 25 日，布热津斯基在给卡特总统的备忘录中对中美资产索赔问题进行了分析，由于在被冻结的中国资产中，美国政

---

1 FRUS, 1969-1976, Volume XVII, China, pp.430-441.

2 USDDO, Memorandum to President Jimmy Carter from Secretary of State Cyrus Vance regarding the use of frozen Chinese assets to pay off $196.8 million in U.S. claims and this plan's effect on U.S.-Chinese normalization negotiations, April 30, 1977, Document Number: CK3100478380.

3 FRUS, 1977-1980, Volume XIII, China, pp.83-85.

4 USDDO, Memorandum to President Jimmy Carter from Secretary of State Cyrus Vance regarding the use of frozen Chinese assets to pay off $196.8 million in U.S. claims and this plan's effect on U.S.-Chinese normalization negotiations, May 17, 1977, Document Number: CK3100478380.

府实际只能取得其中的一半，即 4 150 万美元，因此，如果只使用被冻结的中国资产作为赔偿款的话，只能达成约 20% 的赔偿方案。所以，可以采取的三种方案是：（一）与中国政府达成协议，接受 20% 的赔偿方案，但是这个方案可能不会被国会接受；（二）与中国政府继续协商，争取达成一个 35% 到 45% 的解决方案，但是中国的态度没有软化的倾向；（三）推迟与中国政府的进一步协商，暂时搁置该问题。布热津斯基认为应当采用方案三。[1]

卡特最后接受了万斯和布热津斯基的建议，决定暂时搁置资产索赔问题。但暂时搁置并不代表停止与中方商讨资产索赔问题，而是保持 1977 年初的试探与接触措施，利用商人、银行家以及在华的外交官向中国官员或半官方人士提出美方在资产索赔问题上的立场，试探中方是否有意接受美方的解决方案，增加赔偿款。根据万斯的建议，卡特政府采取的暂时搁置的解决措施应当会延续到中美建交完成之后。因此，解决中美资产索赔问题的下一步行动取决于卡特政府在中美建交问题上的决策。

1977 年 5 月到 1978 年初，卡特政府在第 24 号总统备忘录的基础上，对推进中美关系和中美建交的方案进行了详细的研究，并试图通过 8 月份的万斯访华来推进中美建交。6 月 27 日，由国务院、财政部、国家安全委员会等部门组成的政策审查委员会对第 24 号总统备忘录文件进行了分析讨论，认为美国政府需要尽最大努力与中国建立外交关系，并在其他领域加强联系。[2] 万斯访华虽然在一定程度上完成了 6 月 27 日政策审查委员会的任务，让中国政府了解美方在中美建交上的努力，但并没有取得实质上的成果。因此，卡特政府根据国家安全委员会提交的备忘录中的建议，决定暂缓推进中美建交，并考虑在解决资产索赔问题等其他双边问题上加强对华联系。在中美资产索赔问题上，委员会认为不必通过说服中国政府另付 1 700 万美元的方式来增加对美国私人索赔者的赔偿款，而可以自己寻找有效的方式来获得足够的赔偿款，例如使用被冻结的中国资产的利润等。[3] 1978 年 3 月，卡特政府确定了对华建交的政策，认为在 1978 年 11 月中期选举之后完成中美建交较

1 FRUS, 1977–1980, Volume XIII, China, p.88.

2 FRUS, 1977–1980, Volume XIII, China, pp.101–102.

3 FRUS, 1977–1980, Volume XIII, China, pp.231–239.

为合适。[1] 根据这次决策，卡特政府在中美建交问题上的目标是 1978 年 11 月之后完成中美建交。因此，根据 1977 年 5 月卡特政府关于中美资产索赔问题的决策，美国政府与中国政府进一步协商资产索赔问题的时间应当在 1978 年 11 月之后。

1977 年到 1978 年，卡特政府在处理中美资产索赔问题上的主要成果是在 1977 年初解决了资产索赔问题的解决进程上最大的障碍，得到了中国政府的相对积极的回应，愿意重新与美国政府进行协商。但卡特政府在分析了当前对华政策之后没有乘胜追击，迅速与中方进行深入地协商，而是决定等待中美建交之后再与中国协商谈判。1977 年 5 月至 1978 年期间，当卡特政府在作出建交之前暂缓推进与中国政府协商资产索赔问题的决策之后，卡特政府与中国政府在关于资产索赔问题的接触和试探上保持了 1977 年 5 月之前的模式，即利用工商界人士和中下层官员试探中国方面在资产索赔问题的赔偿方案上的态度。

1979 年 1 月 1 日，中美两国发布建交公报，正式建立外交关系。按照卡特政府的设计，中美资产索赔问题的解决也将在 1979 年提上美国对华政策的议程。万斯在 1978 年底给卡特的备忘录中就已经对 1979 年卡特政府对华政策中的优先事项进行了安排，美国将计划在 1979 年与中国签署资产索赔协定等几项基础协定，这些协定将推进中美在贸易领域的合作。[2] 因此，在 1979 年，卡特政府处理中美资产索赔问题的任务，是在试探中国政府态度的基础上，与中方就资产索赔问题解决方案的关键部分进行协商，争取达成一项符合国会要求的对美国私人索赔者的赔偿方案。

三、中美正式谈判和资产索赔问题的最终解决

1979 年中美建交之后，美国政府处理中美资产索赔问题时，从以试探中方态

1 FRUS, 1977－1980, Volume XIII, China, pp.357－367.

2 USDDO, Secretary of State Cyrus Vance provides President Jimmy Carter with a list of Carter administration foreign policy priorities for 1979 and 1980 and ways in which the U.S. could achieve these objectives, December 28, 1978, Document Number: CK3100701690.

度为主的意见交换，转向使用正式谈判来与中国代表商讨解决资产索赔问题。在1979年邓小平访美、美国财政部长布卢门撒尔访华和商务部长克里普斯访华期间，卡特政府与中国领导人和官员就资产索赔问题的解决协议进行了实质性的商讨。

中美建交之后，邓小平于1979年1月29日到2月5日访问了美国，邓小平的此次访美之行成了美国政府与中国开始就中美资产索赔问题进行正式协商谈判的第一次机会。在邓小平访美之前，卡特政府内部已经开始研究，如何在邓小平访美期间与中方就资产索赔问题进行谈判，并且希望能达成中美资产索赔问题的基本解决方案。1978年12月19日，在给国务院的电报中，美国驻华联络处认为，在邓小平访美期间，中美两国可能在资产索赔问题上达成解决方案，以便加速两国在贸易和投资领域上的合作。卡特政府可以要求邓小平亲自介入资产索赔问题的解决过程中，使美方与中方的谈判更加顺利。[1]

1979年1月8日，美国政策回顾委员会直接将解决资产索赔问题列入了卡特与邓小平的会谈要点中。关于中美资产索赔问题中对美国私人索赔者的解决方案，万斯认为美国立场可以是使用中国被冻结的资产加上中国政府另付赔偿款的方案，或是中国政府直接付赔偿款给美国，而不使用中国被冻结的资产的方案。[2] 1月26日，万斯给卡特的备忘录介绍了邓小平访美期间的会谈安排。卡特与邓小平的第三场会谈将讨论最惠国待遇问题和资产索赔问题。同时，万斯认为邓小平会对最惠国待遇问题感兴趣，因此，他建议卡特告诉邓小平，在这个阶段解决最惠国待遇问题比较困难，可以在布卢门撒尔访华时进行协商。[3] 在邓小平访美期间，卡特政府的目标是利用资产索赔问题与发展中美贸易和最惠国待遇的关系，来争取双方在对美国私人索赔者的赔偿金问题上达成一致。

邓小平与卡特总统在1月30日上午进行了第三次会谈，两国领导人在此次会谈中达成了中美资产索赔问题的基本解决原则。卡特认为，建立正常的贸易关系对中美两国都有利，而关于这个问题首要的障碍是中美资产索赔问题。双方应该采取一个灵活且有建设性的方法，才能使其尽早得到解决。卡特同时表示，美国财政部

1 AAD, Teng Hsiao-Ping's Visit to Washington, December 19, 1978, Document Number: 1978PEKING04198.

2 FRUS, 1977–1980, Volume XIII, China, p.702.

3 FRUS, 1977–1980, Volume XIII, China, pp.728–736.

长布卢门撒尔将代表美国政府与中方代表讨论具体的细节问题。邓小平建议，双方也许可以考虑如下的解决方法：把美国索赔的金额看作是一个无息贷款，中国在一段时间内还清，或者加上一些象征性的利息。其中的一些细节问题，可以让其他人去协商。卡特同意邓小平的建议，并将其视作资产索赔问题解决方案的原则。最后，双方商定由布卢门撒尔和黄华在随后的会谈中继续讨论解决方案的细节问题。[1]就中美资产索赔问题而言，邓小平与卡特的会谈取得了积极的进展。

1 月 30 日下午及 31 日中国外交部部长黄华、副部长章文晋等人与布卢门撒尔、奥克森伯格等人马上就资产索赔解决协议的具体赔偿方案进行了谈判，其中主要涉及了两个问题，一是被中国没收的美国资产的具体金额问题；二是中国政府对美国私人索赔者的赔偿方案问题。关于前者，中方代表只要求美方进行资产数额的介绍和解释，没有就相关解决协议进行进一步的讨论，而美方则承诺将在之后向中国提供更加具体的材料；[2] 至于后者，则是这两次谈判的重点。中美双方的代表的谈判围绕在对邓小平在 30 日上午向卡特提出的对美国私人索赔者的赔偿方案的理解上。黄华表示中国政府对资产索赔协议的立场是希望按照 1973 年周恩来与基辛格确定的一揽子解决协议，将中国被冻结的资产用于赔偿美国的私人索赔者，同时中国政府另外给美国政府 1 700 万美元作为赔偿款。而美国政府则认为中国代表提出的赔偿方案中对美国私人索赔者的赔偿金太少，无法得到国会的同意，希望中国代表能够理解美国国会在中美资产索赔问题上的影响作用，增加赔偿金的数额。[3]

可以看出，就美国政府最关心的对美国私人索赔者的赔偿方案而言，中方的立场依然是采用 1973 年基辛格和周恩来商定的赔偿原则。1973 年的赔偿方案在尼克

1 FRUS, 1977－1980, Volume XIII, China, pp.772－776.

2 USDDO, Summary of a meeting between Secretary of the Treasury W. Michael Blumenthal, Chinese Foreign Minister Huang Hua, and Chinese Vice Minister Zhang Wenjin regarding frozen property of U.S. citizens in China totaling $196.9 million, January 30, 1979, Document Number: CK3100162149.

3 USDDO, Summary of a meeting between Secretary of the Treasury W. Michael Blumenthal, Chinese Foreign Minister Huang Hua, and Chinese Vice Minister Zhang Wenjin regarding frozen property of U.S. citizens in China totaling $196.9 million, January 30, 1979, Document Number: CK3100162149; USDDO, Transcript of a meeting between Secretary of the Treasury W. Michael Blumenthal and Chinese Foreign Minister Huang Hua regarding claims and assets problems between the U.S. and China, January 31, 1979, Document Number: CK3100158545.

松政府时期是符合美国政府的目标的，但是在卡特政府时期却无法满足国会的要求。由于邓小平在会谈中提出的解决方案不够明确，加上美方也希望获得更多赔偿款以减少国会的阻碍，美方代表便朝有利于自身的方向理解了邓小平的话语，在对美国私人索赔者的赔偿方案上提出了更多的要求。但是中方并未接受美方增加赔偿款的要求。因此，在 1979 年 2 月 24 日到 3 月 4 日布卢门撒尔访华期间，他将继续在赔偿款等问题上与中方进行协商。

美国驻华使馆在 1979 年 2 月 27 日的电报中向万斯提交了一份资产索赔协议的草案。[1] 2 月 28 日，布卢门撒尔与华国锋讨论了中美资产索赔问题解决进程等相关问题。两人都对中美资产索赔问题的谈判进展表示满意，均认为资产索赔问题能在布卢门撒尔访华期间得到解决。[2] 之后，布卢门撒尔与中国财政部部长张劲夫就资产索赔问题的解决方案进行了谈判。在僵持许久未有进展之时，张劲夫提出了一个新的解决方案：美国政府解除对中国资产的冻结，由中国政府自行将这部分资产收回，同时中国政府给美国政府 8 050 万美元作为对美国私人索赔者的赔偿金。具体的步骤是，中国将在 1979 年 10 月 1 日付给美方第一笔 3 000 万美元的赔偿金，之后从 1980 年 10 月 1 日开始分五次，每年付 1 010 万美元给美国政府，共 5 050 万美元。[3] 这样就达成了一个符合国会要求的对美国私人索赔者的赔偿方案，即 41% 的赔偿方案。根据美国驻华使馆的报告，卡特总统授权布卢门撒尔代表美国政府同中国政府草签资产索赔解决协议。美方代表接受了张劲夫提出的方案。[4] 于是，中美双方终于在资产索赔问题的具体解决方案上达成了一致。

---

1 USDDO, Summary of a Special Coordinating Committee (SCC) meeting regarding a situation report on the Sino-Vietnamese conflict. The U.S. agrees to express publicly its opposition to the conflict, February 21, 1979, Document Number: CK3100480158.

2 USDDO, Text of conversation between Secretary of the Treasury W. Michael Blumenthal and Chinese Premier Hua Guofeng, March 1, 1979, Document Number: CK3100119924.

3 USDDO, Cable to Secretary of State Cyrus R. Vance regarding a claims settlement agreement between the U.S. and China to promote bilateral economic and trade relations on the basis of equality and mutual benefit, February 27, 1979, Document Number: CK3100119918. 张劲夫：《张劲夫文选：世纪回顾（上）》，北京：中国财政经济出版社，2000 年，第 387 页。

4 FRUS, 1977–1980, Volume XIII, China, pp.814–816.

1979 年 3 月 2 日，布卢门撒尔于北京代表美国政府与中国草签了中美资产索赔协议。[1] 中美资产索赔协议的草签说明中美两国在核心问题，即对美国私人索赔者的赔偿款的问题上已经达成一致。同时，由于赔偿方案达到了符合国会要求的 41%，中美资产索赔协议没有受到国会的反对。

为了能尽快解决中美资产索赔问题，美国政府计划在商务部长克里普斯访华期间与中国正式签署中美资产索赔问题的解决协议。克里普斯将在 5 月 7 日到 17 日访问中国，与中国政府协商正式签署资产索赔协议、中美贸易协议以及最惠国待遇等相关事项。[2] 为能够成功签署中美资产索赔协议，美国政府为她设计的谈话要点是：（一）未能签署资产索赔协议将损害邓小平访美和布卢门撒尔访华的成果；（二）资产索赔协议的正式签署是解决纺织品、最惠国待遇问题和贸易协定问题的第一步；（三）资产索赔协议的正式签署将清除中美经贸往来中的障碍，使双方能够关注其他的贸易问题。[3]

在克里普斯访华的日程安排上，克里普斯将在 5 月 7 日和 9 日与中国对外经贸部部长李强谈论中美资产索赔协议等相关事项。并且在 5 月 6 日的接风宴上，克里普斯在祝酒词中也提及她访华的目的之一是为了达成中美贸易的进一步合作，为了推进布卢门撒尔部长的工作，达成关于资产索赔的最终结果。[4] 最终在克里普斯访华期间，中美两国代表在资产索赔协议的文本上取得了一致。

5 月 11 日，克里普斯与张劲夫签署了《中华人民共和国和美利坚合众国政府关于解决资产要求的协议》。这份协议规定了中美资产索赔问题的解决方案，中国政府赔偿美国政府 8 050 万美元，其中的 3 000 万美元在 1979 年 10 月 1 日赔偿，剩下的 5 050 万美元分五年偿还，同时美国政府解除对中国资产的冻

1 DNSA, Visit of Secretary of Commerce Juanita M. Kreps to the People's Republic of China, May, 1979, Item Number: CH00462.

2 USDDO, Proposed agenda in preparation for Zbigniew Brzezinski's meeting with Secretary of State Cyrus Vance, Secretary of the Treasury W. Michael Blumenthal, and Secretary of Commerce Juanita Kreps to discuss the U.S.-Chinese trade agreement, April 22, 1979, Document Number: CK3100510770.

3 DNSA, Visit of Secretary of Commerce Juanita M. Kreps to the People's Republic of China, May, 1979, Item Number: CH00462.

4 DNSA, Visit of Secretary of Commerce Juanita M. Kreps to the People's Republic of China, May, 1979, Item Number: CH00463.

结。[1] 因此，中美资产索赔协议的正式签署标志着中美两国之间的私人资产索赔问题成功解决。

结　语

美国政府在处理中美资产索赔问题伊始，便将其放在中美关系正常化进程的大背景下。在卡特政府时期，中美资产赔偿问题更加深刻地与中美建交以及中美经济关系等政治经济问题联系在一起。并且在中美关系正常化进程中，资产索赔问题还扮演着桥梁和突破口的角色，既巩固了中美建交的成果，又促进了中美经贸关系的进一步发展，主要表现在两个方面：

一是，卡特政府在最终解决中美资产索赔问题时，没有将资产索赔问题作为中美建交的前提或突破口，而是等待建交之后再进行正式谈判，有效地平衡了中美建交和资产索赔问题之间的关系。资产索赔问题谈判重启之后，卡特政府保留了基辛格确定的一揽子政治协商解决原则，确定了资产索赔问题的优先级别，即在经贸上属于重点解决的问题，而在政治外交上需要让位于中美关系正常化。因为当时美国政府的对华政策的核心还是推进中美建交。在中美建交之前，卡特政府没有急于与中国达成资产索赔协议，而是放慢了推进的步骤，试探中国政府的态度，而不进行深入的谈判，不在此问题上对中国进行过多刺激和纠缠，也没有利用建交问题向中方施压。直到中美建交之后，卡特政府才开始与中方进行正式的谈判。就中美资产索赔问题的解决过程和结果而言，卡特政府的决策是行之有效的，既没有因为资产索赔问题而影响中美关系正常化，也没有因为其解决方案引起国会的不满和阻碍，反而有助于推进中美关系在其他领域的正常化，巩固中美建交的成果。

二是，中美经贸关系发展的客观需要加速了资产索赔问题的解决，而资产索赔

1　此协议的英文名是：Agreement between the Government of the United States of America and the Government of the People's Republic of China Concerning the Settlement of Claims，中国档案中对这个协议的表述是《中华人民共和国和美利坚合众国关于解决资产要求的协议》，下文为了叙述的方便，将其简称为中美资产索赔解决协议或资产索赔解决协议。

问题的解决又使得中美经贸关系能够正常发展。中美建交之后，促进中美贸易就成为美国政府对华政策的重点。而邓小平的对外开放政策也使得促进中国对外贸易成为中国对外政策的重点。因此，发展中美经贸关系就成为两国政府共同的追求。美国政府便加快了解决中美资产索赔问题的步骤。1979 年初，邓小平与卡特总统的会谈中对中美资产索赔问题及其赔偿方案进行了讨论，并强调了资产索赔问题的解决对中美经贸关系发展的重要性。在此基础上，中美两国代表迅速展开了实质性的协商并确定了赔偿方案。仅仅三个月之后，卡特政府就与中国达成了资产索赔协议。中美资产索赔协议的签署也解决了横亘于两国贸易之间的法律障碍，中国抵达美国的货物不会被美国的法院扣押以赔偿美国的私人索赔者。中美贸易因而能够正常开展。

同时，资产索赔问题的解决也成了中美两国在其他问题上进行博弈的筹码。中美两国政府并未将资产索赔问题当作是一个孤立的双边贸易问题，而是将此问题的解决与最惠国待遇问题和中美贸易协定问题等联系在一起。卡特政府利用最惠国待遇促使中方在赔偿方案上妥协，而中国政府则利用资产索赔问题的解决来换取其在最惠国待遇等经贸关系上的利益。在美国商务部长克里普斯访华期间，中美资产索赔协议正式签署，包含最惠国待遇的中美贸易协定草签。资产索赔问题的解决在一定程度上达到了双赢的效果。卡特政府得到了满意的赔偿方案，中国政府也得到了美国的最惠国待遇，中美经贸关系如愿得到正常发展，两国也进一步扩大了经贸合作。

（本文原刊于《历史教学问题》2020 年第 2 期）

叁　英国与亚太

英国对台湾地区的政策特点及原因浅析（1950～1960）*

宋　良**

【摘要】在东西方冷战的背景下，英国对台湾地区的政策受到多方面因素的影响，成为一个棘手且无法回避的敏感问题。20世纪50年代，英国对台湾地区的政策呈现“政经分离”的特点：政治上保守慎重，强调与台湾当局保持距离；经济上积极主动，努力促进双方贸易的发展。英国政府之所以采取这一政策，不仅考虑到台海局势的严峻性、复杂性，也受英国重商主义传统与灵活务实外交思维的影响。英国对台湾地区的“政经分离”政策，使其在兼顾自身政治与经济利益的同时，也加剧了台海局势的复杂性。

【关键词】英国；台湾地区；“政经分离”

第二次世界大战结束后，国际政治格局呈现出东西方阵营全面对抗的局面。作为西方阵营中的强国，英国一方面坚定地保持与美国的“特殊伙伴关系”，成为美国最核心的盟友，另一方面又秉持独立的外交思维与传统，拒绝扮演美国政策追随者的角色，这在对华政策上尤为突出。英国于1950年宣布承认中华人民共和国，成为首个承认新中国的西方大国；美国则于1954年与台湾当局签订《共同防御条约》，

*　本文为国家社科基金青年项目“英国对台湾贸易政策解密档案整理汇编”（18CSS034）的中期研究成果。

**　宋良，大连大学历史学院副教授。

对其提供军事装备和其他援助。台湾问题事关中国主权和领土完整，涉及中国核心利益，中国政府绝不容许任何人挑战这一底线。在这种复杂的关系下，20 世纪 50 年代的台海地区又经历多次危机，成为国际社会关注的焦点。在此背景下，英国对台湾地区的政策需要权衡多方面的因素，是一个棘手且无法回避的敏感问题。

学界关于 20 世纪 50 年代英国对华政策的研究成果颇丰，但具体到探讨英国对台湾地区政策的论著则稍显不足。就现有成果来看，国外学界主要从政治层面探讨英国对台湾地区的政策，焦点集中于英国国内利益集团、英美特殊关系、台湾地区自身的政治影响力等方面。国内学者大多以朝鲜战争、台海危机等研究为主线，在政治层面上着重讨论英国在历次台海危机中的对策和反应，在经济层面则仅限于梳理英国对台湾地区的贸易政策。[1] 鉴于此，本文综合利用英国外交部档案、英国内阁文件、《美国对外关系文件集》以及中国外交部档案、台湾“中央研究院”近代史研究所馆藏档案等资料，分别从政治和经济视角，考察英国对台湾地区政策的矛盾态度并分析其原因，以期深化相关问题的研究。

一、英国对台湾当局的政治态度

新中国成立后，英美对于台湾问题达成一定共识。1950 年 1 月 5 日，美国总统杜鲁门宣布：“美国无意使用武装部队来干预当前（台海）局势，不采取导致卷入中国内战的方针。”[2] 翌日，英国政府宣布正式承认中华人民共和国，派胡阶森担

---

1 具有代表性的论著有：Peter Lowe, *Containing the Cold War in East Asia: British Policies Towards Japan, China and Korea, 1948 –1953*, Manchester University Press, February 1997; Rand Rowan, *A Foreign Policy in Opposition: The British Labour Party And The Far East, 1951–1964*, Doctoral Dissertation, Graduate Faculty of Texas Technology University, 1992；汪浩：《冷战中两面派：英国的台湾政策，1946～1958》，台北：有鹿文化事业有限公司，2014 年；李世安：《战后英国在中国台湾问题上的两面政策》，《世界历史》1994 年第 6 期；萨本仁等：《20 世纪的中英关系》，上海：上海人民出版社，1996 年；田建刚：《20 世纪 50 年代英国对台湾政策研究》，湖南师范大学硕士学位论文，2012 年；赵天舒：《1950 年代前期中英关系与台湾问题》，南京大学硕士学位论文，2015 年；宋良：《英国对台湾的贸易政策研究（1949～1965）》，北京：中国社会科学出版社，2019 年。

2 *Public Papers of the Presidents. Harry S. Truman 1950*, Washington: United States Government Printing Office, 1965, pp. 11–12.

任驻华临时代办。尽管英国宣布不承认台湾当局，但保留了其驻淡水“领事馆”，希望继续与台湾当局保持正常的船运和贸易关系。[1]可见，英国不仅与中国大陆保持着外交关系，与台湾当局也并未完全关闭沟通的大门。然而，这一“骑墙政策”受到大陆和台湾的共同抵制。台湾当局对英国的做法表示愤慨，全岛上下产生了强烈的抗英情绪。1月8日，3名武装士兵冲入英国驻淡水“领事馆”，要求降下“领事旗帜”。两日后，8名军人手持冲锋枪冲入“领事馆”，武力夺走“领事旗帜”，而台湾当局派去保护“领事馆”的武装人员在冲突中毫无作为。此外，岛内还出现游行示威、威胁英国官员、切断电话线、向“领事馆”扔石头、涂标语等情况。[2]同时，中国政府对于英国的“骑墙政策”予以坚决回击，揭露其两面派做法，要求英国与台湾当局断绝一切往来。此外，英国驻海外机构也给出反馈，表示目前与台湾当局的接触，只会引发中国政府的误解、给英国带来尴尬。

在多重压力下，英国政府既已选择与台湾当局断交，就需坚持对其冷淡疏离的政治态度。其中，如何应对台湾当局的“外事”人员，是英国外交部需要重点关注的问题，稍有不慎就可能引发严重的政治后果。为此，英国外交部分别于1950年、1955年、1958年发布了第57号、第6号、第102号通知，作为针对上述问题的指导性文件。

第一份通知发布于1950年6月1日，当时台湾记者董显光正在伦敦开展活动。虽然董显光表面上是“中央新闻社”的记者，但他作为蒋介石的亲信，同时承担着蒋介石交付的秘密任务，即尝试与英国政府官员展开谨慎的高级别对话，意在为台湾当局争取精神和物质支持。鉴于这一情况，英国政府认为，“无论以官方还是非官方的形式，英国政府官员都不宜会见董显光”。以此事为契机，英国外交部专门发出第57号通知，对涉及台湾地区的“外事”接触进行指示：“英国政府驻海外代表需要避免与国民党当局的外事人员进行任何联系。当然，考虑到英方代表与台方代表之间的一些非正式社会接触在所难免，诸如常驻联合国代表团之间的日常碰面，英方代表需要谨慎周全，以免让外界误以为英国政府在与国民党当局断交的这

1 Foreign Office (hereafter FO) 371/83297, FC1024/14, *Foreign Office Minute (Severances of Relations with Chinese Nationalists)*, January 10, pp. 116–117.

2 FO371/83297, FC1024/19, *From Tamsui to Taiwan Provincial Government*, January 12, 1950, p. 29.

一原则性问题上犹豫不决。”[1]

这份通知发出后不久，朝鲜战争于 1950 年 6 月 25 日爆发，台海局势发生重大变化。美国一改此前“不介入台湾问题”的主张，派出第七舰队进入台湾海峡。面对盟友的这一外交转向，英国一方面支持美国出兵朝鲜，派兵加入“联合国军”，并在对华贸易管制政策上配合美国；另一方面则并不赞同美国在台湾海峡的行动。7 月，英国外交大臣欧内斯特·贝文向美国国务卿迪安·艾奇逊表示，美国在台湾地区的举动是不明智且危险的，违反了《开罗宣言》中关于台湾问题的决定。[2] 由于英国已经承认新中国，如果中美因为台湾问题产生敌意，那么英国夹在中间会十分尴尬。[3] 朝鲜战争停战后不久，中国人民解放军于 1954 年 9 月 3 日开始炮击金门，英国凭借此前与新中国关系的持续缓和，承担了此次危机调停者的角色，要求美国约束台湾当局，让其保持冷静，同时提醒美国其防御重点在于台湾和澎湖列岛，而非金门等沿岸岛屿。[4] 然而，美国与台湾当局缔结《共同防御条约》而未事先告知英国，加之英国对这一条约的内容和作用持保留意见，英国决定不再介入调停。[5] 可见，在面临台海局势风云突变的情况下，英国仍然对台湾事务保持谨慎与冷静，在实践中尽可能置身事外，以期独善其身。

第二份通知是英国外交大臣罗伯特·艾登于 1955 年 1 月 28 日发出的第 6 号通知，旨在对英国政府的外事活动进行全面指导。通知将英国代表可能在一些城市或国际会议上接触到的政权或地区代表分为三类：一是与英国没有外交关系的国家或地区代表；二是英国政府知晓、但尚未正式承认的政权或地区代表；三是英国政府不予承认的政权或地区代表。对于上述三类代表，通知要求英国外交人员不得与其建立官方联系，应避免采取任何主动行为，需拒绝参加任何专门为其举行的官方活动。在明确这一底线的同时，英国政府还保留了一定的灵活性。比如，关于是否接

1 FO371/83298, FC1024/32, *Relations with Chinese Nationalist Personalities*, Circular No. 057, June 1, 1950, p. 24.

2 FRUS, 1950, Volume VII, Korea, Washington: United States Government Printing Office, 1976, pp. 329–331.

3 British Archival Material: Public Record Office Cabinet (hereafter CAB) 128/18, C.M. (50) 55th conclusions, Minute 4, Far East and South-East Asia, September 4, 1950, pp. 5–7.

4 FO371/110231, FC1042/8G, *Formosa-Quemoy*, September 16, 1954, p. 35.

5 FO371/110240, *Secretary of State Draft Message to Mr. Nehru*, November 30, 1954, p. 28.

受邀请参加外交活动，需要根据上述代表的身份来决定。若是活动主办方邀请的贵宾，则拒绝参加；若是众多客人之一，则没有必要缺席。在这种场合中如果产生非官方的接触，则只需按照一般的社会习俗，表现出最基本的礼貌即可。同时注意避免那些可能引起事端的行为，如有必要可以提前离开（如在就餐演讲结束之后即离开宴会）。[1] 根据这份通知要求，英国外交代表不能与台湾当局的“外事”人员进行正式接触。对于非正式接触，则需要综合考虑活动内容、场所规模、人员级别、接触时间等因素，避免引起不良影响。

此外，英国政府对台湾当局保持距离的这一政治态度，还表现在其处理东南亚事务之中。由于一些东南亚国家曾是英国的殖民地，独立后成为英联邦国家，因此，东南亚地区仍是英国的传统势力范围。然而，台湾当局在东南亚的活动颇为频繁。1956 年 3 月，国民党“侨务委员会委员长”郑彦芬希望向新加坡派遣几名国民党官员，以鼓励当地华人忠诚于台湾当局。[2] 同年 6 月，台湾“行政院新闻局局长”沈锜计划访问东南亚，希望开辟新的贸易和信息渠道，增加台湾当局的影响力。[3] 面对这些情况，英国殖民部明确表态，禁止台湾当局在东南亚开展公开的政治活动。[4]

第三份通知发布于 1958 年 12 月 12 日。由于英国外交人员对于如何处理与台湾当局代表的关系仍然有些混乱，英国外交大臣赛尔温・劳埃德在得知这一情况后，要求英国外交部对这一问题予以明确。因此，在如何应对台湾当局“外事”人员的问题上，英国外交部向各政府部门及驻海外机构发出第 102 号部门通知，进一步强调，“英国代表与台湾地区代表之间关系的准确内涵，在很大程度上取决于时局以及国民党当局代表的角色。必须避免与之进行公开和官方接触，但有时对于无法回避的非官方接触，只要台湾地区代表保持理性且不利用这层关系，那么英国可

1　FO371/150537, Circular No. 06, *Attitude to be adopted by Her Majesty's Representatives abroad towards Representatives of Governments whose relations with Her Majesty's Government in the United Kingdom are not of a normal kind,* January 8, 1955, pp. 31–32.

2　FO371/120928, FC1053/2, *Tamsui to Commissioner General for the United Kingdom in South-East Asia*, March 27, 1956, pp. 8–9.

3　FO371/120881, FC1023/2, *Tamsui to Foreign Office*, May 16, 1956, p. 9.

4　FO371/120881, FC1023/3, *Commissioner General for United Kingdom in South East Asia to the Secretary of State for the Colonies*, June 7, 1956, p. 16.

以接受。但需时刻铭记的是，英国政府并不承认国民党当局，二者也没有任何正式联系。”[1] 对于这一态度，英国政府内部大致有两种观点，一种观点认为英方代表可以与台湾当局代表进行常规的私人接触，无须过多担忧中国政府；另一种观点则认为双方不但不能有官方和私人接触，而且无须对此事保持灵活和变通的态度。最后，在综合考虑后，英国外交部于 1960 年 10 月给出折中方案，即英方代表不能与台湾当局代表进行任何官方或私人接触，但可保留一定的自由裁决权。[2]

通过上述三份通知，在 1950～1960 年间，英国政府关于如何应对台湾当局“外事”人员的指导原则逐渐清晰。1950 年的第一份通知首次关注到这一问题并对其进行了规范，其目的是为了应对台湾当局“来访”人员，从动机来看略显仓促；1955 年的第二份通知则是经过慎重且全面的思考后，禁止英方人员与台湾当局人员进行正式接触，但允许一定程度的私人接触；而 1958 年的第三份通知则直接指明该政策的实施对象是台湾当局的“外事”人员，不允许与其进行官方和私人接触。不难看出，这三份通知体现出从临时应对到系统分类、从政策一部分到政策主体这一演变过程，凸显出英国政府对这一问题的重视程度在逐步加深。从内容来看，英国政府对这一问题坚持的基本原则具有一定的连续性，且有愈发严格的趋势。

除了解决如何面对台湾当局“外事”人员的问题之外，对于越来越多的英国政府工作人员因公或因私申请“访台”的问题，英国政府也规定了明确的指导原则。1960 年 5 月 17 日，英国殖民部向各驻海外机构发出《“访台”主要部门的政策通知》，明确英国政府的立场：“英国政府承认中华人民共和国……而中国政府对于英国与台湾地区之间的联系极度敏感，容易将其理解为暗示‘承认’或实践‘两个中国’政策，英国就此类问题与中国进行了激烈却无果的沟通，再加上有可能被台湾当局或美国误解，英国政府及殖民政府的工作人员在与台湾当局人员进行任何接触

---

1 FO371/150537, Circular No. 0102, *Relations with Chinese Nationalist Representatives*, December 12, 1958, pp. 29–30.

2 FO371/150537, No. JK 1903/5, *Far Eastern Department to British Embassy in Yaounde*, May 2, 1960, p. 36; FO371/150537, JK1903/5A, *Charge d'Affaries in Peking to Far Eastern Department*, June 6, 1960, p. 37; FO371/150537, JK1903/5B, *British Embassy in Cameroun to Far Eastern Department*, June 11, 1960, p. 38; FO371/150537, FCN1051/6, *Far Eastern Department to Charge d'Affaries in Peking*, October 28, 1960, p. 44.

时，务必极其慎重。因此，任何英国政府官员想要'访问'台湾地区，甚至去度假，都需要事先得到英国政府的批准。英国政府会综合考虑具体情况及其中利弊，但总体态度是不支持'访台'。"[1]

对于这一政策，英国政府各部门均表示原则上予以接受，但希望在实际操作中能够考虑一些特殊情况。比如，英国驻东南亚最高专员公署请求对部分"低调朴素"的"访台"申请予以同情和理解。[2]再如，英国驻北京代办处认为，英国官员在假期中"访台"不会带来太大的政治风险，但也要根据时局情况、是否会被中国当作让英国陷入尴尬局面的理由以及被台湾当局利用的可能性，建议对每一份"访台"申请都要具体分析。[3]又如，港英当局表示，对于低级别的政府服务人员，如司机、通信员、政府差役等非技术工人的"访台"申请，则不需要征求英国外交部的意见。[4]面对上述具体问题，英国外交部希望尽力维持政治上的反对与行政上的需求之间的平衡，遵守灵活处理的原则，按具体情况分析利弊。[5]

可见，在20世纪50年代，英国政府并不承认台湾当局，这一政治态度在宏观上是明确的。在具体实践中，英国政府主要围绕两个问题做出规定：一是对待台湾当局"外事"人员的态度；二是英国政府人员"访台"问题。对于前者，英国政府出台了三份通知，要求禁止与台湾当局代表进行官方和私人接触；对于后者，不支持任何英国政府工作人员"访问"台湾地区，但同时保留一定的灵活性。

二、英国对台湾地区的贸易政策及往来互动

与政治上的保守慎重形成鲜明对比，从1950～1960年，英国在经济上则较为

1 FO371/150553, FCN1631/5(A), *Colonial Office to Far Eastern Department*, May 17, 1960, p. 38.

2 FO371/150553, FCN1631/7, *Commissioner-General for South-East Asia to Far Eastern Department*, June 13, 1960, p. 47.

3 FO371/150553, FCN1631/7(A), *Charge d'Affaires in Peking to Far Eastern Department*, July 4, 1960, p. 48.

4 FO371/150553, FCN1631/5(C), *Hong Kong to Foreign Office*, July 22, 1960, p. 41.

5 FO371/150553, FCN1631/7, *Far Eastern Department to Commissioner-General for South-East Asia,* August 24, 1960, p. 51.

积极主动，对台湾地区的贸易取得显著进展，具体表现在以下三个方面：

（一）英国持续放宽其对台贸易政策

20世纪50年代，英国对台湾地区的贸易政策分为贸易管制和贸易信贷两个方面。从贸易管制政策来看，英国自1949年开始对整个中国（包括台湾地区）实行统一管制，禁止出口军需用品和战略物资等。随着朝鲜战争的爆发，这一政策的管制程度逐渐加大。至1951年7月，英国认识到台湾地区的特殊性，开始区别对待中国大陆和台湾地区，对前者进行更为严厉的贸易管制，对后者的管制程度则保持不变。1952年10月，英国国防部决定允许向台湾地区出口除军用物资之外的一切商品，前提是数量合理且确系民用。[1] 从贸易信贷政策来看，1957年9月，英国政府首次对台湾地区采取贸易信贷政策，对台湾地区的出口贸易订单允许采取分期付款的支付方式，若台商可提供银行担保，还可延长付款期限。[2] 为了配合这一政策，英国贸易委员会于10月底在其主办的《贸易委员会杂志》上首次刊登题为《英国可向台湾地区提供资本及其他设备》一文，详细介绍双方贸易的历史、现状及前景。[3] 随后，在1958～1960年间，英国政府还两度放宽信贷标准，将对台出口贸易订单的信贷期限从4年延长至5年，年度最高支付额度从50万英镑提高到100万英镑。[4]

英国政府的这一做法，为双方贸易发展提供了极大的政策便利。从英国的统计数据来看，1950～1960年间英国与台湾地区的进出口贸易额，与英国对台湾地区贸易政策的分阶段调整大致呈现对应关系。据下表可知，与1950年和1951年相比，自1952年英国放宽对台湾地区的贸易管制政策后，英国对台湾地区的出口额呈现大幅度的增长。自1957年英国对台湾地区贸易信贷政策确立后，当年就实现了从贸易逆差到贸易顺差的转变。

---

1 宋良：《1949～1953年英国对台湾地区的贸易管制政策》，《冷战国际史研究》2014年第1期。

2 FO371/127493, FCN1151/11, *Export Credits Guarantee Department to Treasury*, September 27, 1957, pp. 63–69.

3 FO371/133562, “United Kingdom Could Supply Capital and Other Equipment to Formosa”, *Board of Trade Journal*, October 25, 1957, p. 6.

4 宋良：《试论英国对台湾地区的贸易信贷政策（1958～1960）》，《当代中国史研究》2019年第3期。

1950～1960 年英国与台湾地区的进出口贸易额 单位：千美元

年份	1950	1951	1952	1953	1954	1955	1956	1957	1958	1959	1960
英国对台湾地区的出口额	123	324	4 104	2 654	3 240	2 321	2 853	3 928	4 163	4 662	3 918
英国从台湾地区的进口额	1 240	2 285	5 286	8 167	3 618	4 558	3 783	1 441	914	1 616	2 786
英国与台湾地区进出口总额	1 363	2 609	9 390	10 821	6 858	6 879	6 636	5 369	5 077	6 278	6 704

说明：英国对台湾地区的出口额（1956～1958 年）的部分数据未将台湾当局使用“自筹”外汇的进口贸易额计算在内，因而，不同统计版本的数据之间略有差异。1950～1960 年间，按英镑与美元的汇率为 2.8 : 1 计算，表中将单位统一为千美元。

资料来源：*Paper Prepared by E.C.G.D*, September 27, 1957, FCN1151/11, FO371/127493, p. 66; *Draft for Hints to Business Men Visiting Formosa*, December 3, 1959, FCN1151/15, FO371/141387, pp.101－113; *Tamsui to Foreign Office*, December 14, 1961, FCN1151/6(A), FO371/158471, pp.37－39.

随着 1958～1960 年贸易信贷政策的持续放宽，英国一直保有对台湾地区贸易顺差的优势，双方进出口总额也总体呈升趋势。在贸易种类上，从最初的茶叶、蔗糖等传统农产品，迅速扩展至农业机械、工业设备、矿业开采等领域。在贸易形式上，双方不仅就购买先进设备进行协商，还对技术学习及人才培训等方面进行讨论。由此，在 1950～1960 年，随着英国逐步放宽对台湾地区的贸易政策，英国与台湾地区的贸易也随之发展到了全新的阶段。

（二）双方人员频繁“互访”

从英国方面来看，自国民党败退台湾后，英国认定其是“腐败保守、效率低下的独裁当局”。[1] 然而，随着朝鲜战争的爆发，台湾海峡的战略地位陡然提高。1953 年 4 月，英国外交部电令其驻淡水“领事馆”，表示将重新评估台湾当局的实力，以利于英国预测其未来在远东的角色，要求详细汇报台湾当局的情况。[2] 对此，英国驻淡水“领事馆”回复认为，在美援的帮助下，台湾地区前景良好，建议英国政

1 FO371/105213, FC1026/1, *Minutes from Mr. Biggs to Mr. Scott*, February 3, 1953, pp. 4－6.

2 FO371/105213, FCN1026/3, *From Foreign Office to Tamsui*, April 15, 1953, p. 14.

府改变其对台湾当局原有的负面印象。[1]从台湾方面来看，台湾当局虽然对于英国承认新中国一事耿耿于怀，但鉴于英国的自身实力及国际影响力，仍然希望能拉拢英国，以缓和双方关系。蒋介石曾于1956年8月接受英国路透社记者采访时主动作出和缓姿态，表示愿意与英国继续做朋友，加深经济和文化上的合作。[2]此后，双方以贸易考察、学习调研等名义所进行的“互访”的人数陡然增加，“出访”人员的职业涉及政治、经济、媒体等多个领域，接待规格逐步提高，所产生的影响也不容小觑。

英国与台湾地区人员互动所呈现的明显变化，直接引起了中国政府的关注和警觉。1957年3月13日，中国驻英代办宦乡向我外交部详细汇报了这一情况：“今年开岁以来英官方对台湾态度有显著变化：1月上旬在英外交部支持下，前经济学人主编克罗齐（与英外交部有极密切关系），曾赴台访问月余；2月中旬英国贸易部低级官员先后（一处长级和两科长）访问台湾，考察英台贸易的可能性；2月下旬台‘立委’胡秋原、胡健中先后来英，据说胡健中曾与英外交部有接触；本月上旬保守党下院议员梯灵（即后文所指蒂林。——笔者注）赴台作1950年以来英议员对台的首次访问。”[3]英国外交部在总结1957年的大事时，也承认“1957年从英国去台湾地区的人数，比以往6年的总数还多”。[4]面对这一情况，中国外交部于1957年3月29日向宦乡发出指示，关于英国官方、半官方及舆论制造“两个中国”的活动，国内准备在宣传上予以揭露抨击。目前英政府还未出面，我方在公开评论时还应注意分寸，适当打击英方新的活动，同时强调这种政策对英的不利后果，做到“又拉又打”，区别英美。另外，推动工党、保守党中一些对我友好和进步人士在英报刊或议会中发表评论或提出质询。[5]随后，中国政府在宣传领域展开配合，《人民日报》于3月31日发表文章称：“近来，有一些英国人似乎对台湾发生很大兴趣。

---

1 FO371/105213, FC1026/3, *Note on the Progress of the Nationalist Regime on Formosa and its Future Prospects*, May 26, 1953, pp. 30–36.

2 FO371/120881, FC1023/4, *Tamsui to Foreign Office*, September 7, 1956, pp. 18–19.

3 中国外交部档案馆藏，110-00643-01，英国官方对台湾问题的态度，1957年3月13日。

4 FO371/133496, FCN1011/1, *Review of Events in Formosa during 1957 Together with a Chronological List of Some of the Main Events of That Year*, March 10, 1958, pp. 4–10.

5 中国外交部档案馆藏，110-00643-01，英国在台湾问题上的态度和表现，1957年3月29日。

他们到那里跑来跑去，对蒋介石集团做出各种各样的亲善姿态。”“蒂林这些人的活动如果不加以制止，只会损害中英两国的关系，并给远东局势带来不良因素。”[1]

然而，英国与台湾当局的互动并未收敛，反而有愈演愈烈的趋势。1958 年 1 月 4～8 日，英国议员蒂林再次“访问”台湾，甚至约见蒋氏父子，参与国民党军事和“外事”会议，担任台湾当局的英国公共关系顾问。蒂林建议以“贸易”为桥梁搭建双方关系，蒋介石表示出浓厚的兴趣，立刻指示“行政院”展开讨论。[2]之后，蒂林作为英国工人协会理事，于 2 月 4 日汇报了“访台”情况。这次会议由副会长皮葛特少将主持，到会者约 50 人，大部分是中上层保守党人员。[3]与此同时，台湾当局也意图趁热打铁，设法加强与英关系，如扩展双方现有商务关系及贸易范围、随时筹备“经济访问团访英”等。[4] 1958 年 2 月，宦乡与英国外交大臣劳埃德会谈时着重揭露了英国与台湾当局的密切互动，表示：“不仅有好些英国议员访台，还有很多台湾要人访英，去年台湾先后来英访问的不下 20 人，包括台湾高级官员沈昌焕、李国鼎……这样的高级人士间相互密切往返是不可理解的。”[5]

（三）英国外交部制订“商人访台指南”

随着英国对台湾地区贸易政策的逐步放宽，越来越多的英国商人开始关注台湾市场。1959 年，英国驻淡水“领事馆”向英外交部表示，他们已被英国商人的众多咨询所“淹没”，远远超出其正常的应对能力。面对这一情况，1959 年 12 月，英国外交部制订了“商人访台指南”（以下简称“指南”），供本国商人参考。[6]

“指南”共分 7 章，分别是概况、旅行海关住宿等信息、经济等各领域介绍、商业和贸易状况、外汇和贸易控制、付款条件、经销机构和商业信息，每章进行分类细述。比如，第 5 章详细介绍了台湾当局的进出口控制以及“进口许可证”的情况。具体而言，台湾地区的进口分为“允许”“控制”“禁止”三类。“允许”类包括大部分商品，如设备、工业原材料和重要的消费品等；“控制”类包括开矿用的

1 崔奇：《不识时务的幻想家》，《人民日报》1957 年 3 月 31 日。

2 FO371/133520, FCN1151/2, *Tamsui to Far Eastern Department*, January 11, 1958, pp. 14－18.

3 中国外交部档案馆藏，110－00724－01，1958 年 2 月 10 日。

4 台湾“中央研究院”近代史研究所档案馆，312/0002，“中英”关系，1959 年 7 月 15 日。

5 中国外交部档案馆藏，110－00337－01，1958 年 2 月 28 日。

6 FO371/141387, FCN1151/15, *Tamsui to Far Eastern Department*, December 3, 1959, pp.50－51.

炸药等，需要特许的许可证；“禁止”类包括所有的奢侈品等。台湾当局根据需要经常对分类进行修改，对于“进口许可证”，则是在“外汇和贸易管理委员会”的授权之下，由台湾银行或“中央银行”出具。

“指南”提醒英国商人，除那些通过公开招标并使用美国合作署资金的进口商品之外，其他所有销往台湾市场的商品都需要“进口许可证”。“进口许可证”只颁发给以下三类群体：已登记备案的进出口商；工业原材料的使用者，其产品涉及提高生活水平或“出口”目的；直接使用者，如由“外汇和贸易管理委员会”批准的工厂、矿场、农业和渔业组织以及自备外汇的持有者。再如，第 6 章详细分析了英国出口信贷担保局所支持的 4 种付款方式，即信用证支付、付款交单、延期支付以及收账。“指南”还根据不同付款方式的优缺点有针对性地提供建议和指导。[1]

不过，需要指出的是，经英国政府各部门的多方审议和讨论，对“指南”进行了诸多技术上的处理。比如，在文本内容上，将容易产生歧义的表述进行修改；在发行方式上，由公开出版变为匿名发行，最后改为由英国贸易委员会口头传达。[2]尽管在多重考虑之下，英国政府未将“指南”印刷成册发到英国商人手中，但其价值仍然不可轻视。“指南”逐一介绍了台湾地区各领域的情况，为英国商人了解台湾提供详尽具体的信息。之后，英国外交部就按照“指南”上的内容就有关咨询进行回复。因此，尽管“指南”是英国政府关于台湾地区贸易的内部参考文件，但却发挥着实际的指导作用。

总之，1950～1960 年间，英国与台湾地区在经贸领域的交往发展迅速。英国不仅放宽其对台湾地区的贸易管制程度，而且于 1957 年首次对台湾地区采取贸易信贷政策并持续放宽信贷标准，以促进英国对台湾地区的贸易出口。在这些贸易政策的推动下，1957 年起英国与台湾地区的人员“互访”次数明显增多，所产生的影响也不断扩大。面对日益频繁的经贸往来，英国政府出台“指南”，为本国商人开拓台湾市场提供参考。

---

1 FO371/141387, FCN1151/15, *Draft for Hints to Business Men Visiting Formosa*, December 3, 1959, pp.54–98.

2 FO371/150542, FCN1151/1, *From Far Eastern Department to Board of Trade*, May 6, 1960, p.10.

三、英国采取“政经分离”政策的原因分析

20世纪50年代，英国在处理对台湾地区的“政治”及“外交”事务中，不断强调与台湾当局的“外事”代表保持距离，也不支持政府人员“访问”台湾地区。然而，在经贸领域，英国政府不仅持续放宽对台湾地区的贸易政策，增加双方人员“互访”，甚至制订指导文件以促进对台出口。可以说，英国政府对台湾地区的政策呈现出“政经分离”的特征，其原因可从以下三个方面进行分析：

（一）台海局势严峻复杂，迫使英国在政治上保守慎重

20世纪50年代，是东西方阵营进行激烈对抗的时期，特别是在朝鲜战争爆发后，台湾地区因战略地位凸显，美国对台湾当局进行经济和军事援助，希望英国能与其步调一致。台湾当局看重英国的大国地位，频频示好以期达到笼络的目的。英国国内有不少同情国民党的政治势力，试图利用一切渠道缓和双方关系；而台湾问题事关中国主权和领土完整，涉及中国的核心利益，中国政府绝不允许任何人挑战这一底线。面对中国政府、美国和英国国内的亲台势力等的迥异心态，英国必须谨慎处理其对台政策。由于英国政府已于1950年宣布承认新中国，这就奠定了此后英国对台湾当局政治态度的基调。一旦英国政府在实际行动中表现出或被认定为存在改善对台关系的迹象，就会引发多方质疑和普遍猜测。为了避免陷入这一外交困境，英国政府于1950年、1955年、1958年接连发出三份通知，严禁本国外交人员与台湾地区代表进行官方和私人接触，同时于1959年明确表示不支持任何官方人员“访台”，在政治上保持与台湾当局的距离，以确保自身的政治利益不受影响。

（二）英国的重商主义传统，促使其在经济上采取积极主动的政策

作为一个老牌资本主义强国，英国有着悠久的重商主义传统，发展贸易是这一传统的主要表现形式。第二次世界大战以后英国虽处于东西方对抗的冷战格局中，但恢复和发展本国经济仍然是政府的重要职责和社会的普遍期待。然而，自1951年开始，英国经济出现内外交困的迹象，黄金和美元储备下降。[1]英国更为迫切地

1 CAB128/19, C.M. (51) 31st conclusions, Minute 4, Economic Affairs, April 26, 1951, p. 246.

希望与其他国家和地区互通有无，增加进出口贸易额，平衡国际收支，提高自身经济的发展动力。20 世纪 50 年代，台湾地区经济形势逐渐好转，从 1954 开始还得到了美援的支持，每年获得的国际贷款达 0.8～1 亿美元。面对这一迅速崛起的新兴市场，英国政府认为："尽管与台湾当局并无外交关系，但贸易关系与外交承认并不相关，并不意味着不能进行贸易上的往来。"[1] 因此，尽管面临诸多政治风险和外交压力，英国政府仍不愿放弃台湾地区市场，尽力开辟与台湾地区的贸易渠道。在此期间，英国政府持续放宽其对台湾地区的贸易政策，默许双方人员在经济层面的频繁互动，甚至制订了"指南"，为英国商人发展与台湾地区的贸易往来提供便利。可见，在重商主义传统的驱动下，英国政府想方设法发展对台湾地区的贸易，以期实现经济利益的最大化。

（三）英国政府灵活务实的外交思维是这一政策得以践行的重要保障

英国政府既想获得政治上的好处，又不放弃经济利益，采取了"政经分离"的对台政策，这在很大程度上得益于其在外交实践中的灵活性。比如，在关于如何应对台湾当局"外事"人员这一问题上，虽然英国政府下发的三份通知在内容表述上逐渐严格，从最初的"不允许密切接触"变为"不允许官方、私人的接触"，但考虑到不同行政机构面临的不同情况，最终允许各机构持有一定的灵活处理权利。再如，在探讨英国政府人员"访台"申请的问题上，英国政府充分吸取各驻海外机构的建议，同意按照实际情况，对每一份申请都进行具体分析。又如，在对"指南"的讨论过程中，英国政府不仅根据台海局势的发展，随时更改文件内容及相关表述，而且最后在发布方式上，先后考虑了公开出版、匿名发行、口头传达三种形式。在这种灵活的操作之下，"指南"既起到了指导本国商人与台商进行贸易的实际作用，又尽量避免了可能引发的政治风波。可以说，为了获得政治利益和经济利益的最大化，英国政府将相关政治和经济问题区别对待，尽管其对台政策存在一定的矛盾性，但在某种程度上实现了其政治利益和经济利益之间的平衡。

综上所述，台湾地区的战略地位因朝鲜战争的爆发而迅速上升，成为西方阵营在亚洲实现遏制战略的重要棋子。在此背景下，一方面，英国必须在政治和外交层

1 FO371/127493, FCN1151/9, *Tamsui to Far Eastern Department*, July 30, 1957, pp. 40–46.

面信守承诺，与台湾当局保持距离。另一方面，英国在经济上积极主动的态度不仅可以使其获得商业利润，还能在一定程度上缓和英国所面临的政治被动局面。从这个意义上说，英国对台湾地区所采取的“政经分离”政策，存在着看似矛盾、实则互补的内在关系。同时，这一政策使本就紧张的台海局势增添了诸多不确定因素，在一定程度上加剧了亚洲冷战格局的复杂性。需要指出的是，对中国政府而言，英国对台湾地区“政经分离”的政策特征，加之灵活的外交手段，具有一定的隐蔽性和迷惑性，因此，充分了解英国对台湾地区政策的双重目标、影响因素及实践方式，才能更好地通过看似矛盾的政策表象探寻英国政府的本质意图。

（本文原刊于《当代中国史研究》2020 年第 1 期）

英国印太战略的缘起、演变及结果（1964～1968）

彭永福*

【摘要】20 世纪 60 年代末，英国宣布放弃对苏伊士运河以东的军事承诺。在撤出亚洲的过程中，英国政府推出了统筹印度洋和太平洋防务的印太战略。印太战略以遏制中国向亚洲大陆南缘扩张为目标，以英美相互依赖为中心，以军事基地调整和防务责任分担为主要方式。这一战略要解决的根本问题是将英国在西南太平洋和印度洋海域的主导地位移交给以美国为首的盟友。总的来说，印太战略的政策逻辑与“多米诺理论”如出一辙，同时又带有浓厚的控制海洋、以海制陆的英帝国传统防务色彩。然而，由于英美两国之间存在政策重心和亚洲战略认知差异，印太战略在多边交涉中搁浅。另一方面，在英国的推动下，印太战略留存了部分遗产。英美在印度洋修建的以迪戈加西亚基地为核心的基地群成为美国印度洋霸权的标志之一。

【关键词】印太战略；东南亚中立化；印度洋基地；四国防务合作机制

2017 年 11 月，美国总统特朗普（Donald Trump）在他的首次亚洲之行中正式提出“印度洋—太平洋战略”（Indo-Pacific Strategy，以下简称“印太战略”）。在中国学者看来，此举是华府高层第一次将“印太”作为一项基本战略概念提出，是奥

* 彭永福，苏州科技大学社会发展与公共管理学院历史系讲师。

巴马（Barack Obama）政府“亚太再平衡”战略的进一步调整和深化，目的在于调动一切资源遏制中国的影响。当前，国际关系学界的普遍说法是，“印太”本身是一个地理学名词，近十年来在美国、澳大利亚、印度和日本等国政学两界的讨论中逐步进入了地缘战略话语体系。至于哪个国家最早提出和定义印太战略，学界尚未有定论。

确切地说，美澳印日都不是印太战略最早的提倡者。若深入挖掘历史档案就会发现，早在 1965 年英国即已提出印太战略，首次将印太这样一个生态概念用词付诸地缘政治的实践当中。英国印太战略的核心是联合英国与澳新美同盟，统筹印度洋和太平洋防务，将英国的亚洲驻军重新部署至澳大利亚和印度洋岛屿，扼守两洋的重要海峡和海上通道，进而构筑遏制中国的弧形防线。颇为遗憾的是，大多数学者尚未能就英国印太战略展开讨论。个别学者偶有提及，却未做深入研究，在定义上也存在多种解释。[1] 另一方面，尽管与战后英国东南亚防务政策调整相关的学术成果卷帙浩繁，但它们多集中探讨伦敦高层是否撤离以及何时撤离东南亚等问题，而忽略了对英军具体撤离方案及政策缘起的考察。[2] 例如，英军究竟如何撤离？是撤回本土还是撤至替代基地？英军撤离后盟军如何部署？作为当时东南亚海洋地区的主导性大国，英国在撤离过程中的防务政策调整很大程度上影响了

---

1 纱季・多克里尔（Saki Dockrill）在其著作中提及“印太”一词频繁出现在新加坡独立后的英国政府文件中，亦提及关于该战略的讨论将印太地区划分为东中西三个部分。布莱恩・法雷尔（Brian Farrell）谈及在 1965 年 12 月的英美会谈中，英国首相哈罗德・威尔逊（Harold Wilson）提出将远东战区调整为印太战区的设想。与两位学者不同，英帝国终结文件编者对印太一词的解释为“如无特殊情况，本文件集所涉及的远东和印太概念主要指当前的东亚和东南亚地区”。英帝国终结文件的定义，或可商榷。参见 Saki Dockrill, *Britain's Retreat from East of Suez: The Choice between Europe and the World? 1945–1968,* London: Palgrave Macmillan, 2002, p.131; Brian Farrell, “Quadruple Failure? The British-American Split over Collective Security in Southeast Asia, 1963–1966”, in Malcolm Murfett, eds., *Shaping British Foreign and Defence Policy in the Twentieth Century: A Tough Ask in Turbulent Times*, London: Palgrave Macmillan, 2014, pp.224 –225; S.R. Ashton, William R. Louis, *British Documents on the End of Empire: East of Suez and the Commonwealth 1964–1971, Series A Volume 5, Part I East of Suez*, London: The Stationery Office, 2004, p. cxxv。

2 Jeffrey Pickering, *Britain's Withdrawal from East of Suez: The Politics of Retrenchment,* New York: St. Martin's Press, 1998; Karl Hack, *Defence and Decolonisation in Southeast Asia: Britain, Malaya and Singapore, 1941–1968,* London: Psychology Press, 2001; Saki Dockrill, *Britain's Retreat from East of Suez: The Choice between Europe and the World? 1945–1968*, London: Palgrave Macmillan, 2002; Phuong Pham, *Ending "East of Suez": The British Decision to Withdraw from Malaysia and Singapore 1964–1968*, Oxford: Oxford University Press, 2010.

此后的地区格局。事实上，20 世纪 60 年代末英军并未完全撤离苏伊士以东。在印太战略的构思和实践过程中，一部分英军在《五国防务协议》(Five Power Defence Arrangements)[1] 框架下留守亚洲，一部分军事和技术人员协助修建印度洋英美联合基地。这一撤离方案逐步调整了英军在西南太平洋和印度洋海域的军力部署，同时“引导”着美国从太平洋中东部进入由英军控制的以新加坡为中心的西南太平洋以及有着“英国内湖”之称的印度洋海域。换言之，英美在东南亚的权力移交与两国在印度洋的进退是紧密联系在一起的。然而，无论是英国东南亚防务政策、英帝国史还是英美海军霸权转移的研究，这一段的英美权力交接讨论都是长期缺位的。[2]

在英国决策者的设想里，印太战略成功的关键在于澳新美同盟的支持。英国与盟友各自扼守印度洋和太平洋的核心区域和重要海上通道。可以说，英国印太战略构想的缘起、演变乃至最终搁浅，很大程度上是英国与澳新美同盟之间利益博弈的结果。虑及于此，本文拟在进一步挖掘新史料[3] 以及综合利用英国、美国、澳大利亚三国档案的基础上，详细梳理英国印太战略的缘起、演变及结果，分析印太概念由生态用词进入地缘战略话语体系的历史因素和现实背景，配合一定的文本分析，深入考察伦敦决策层关于如何撤离印太地区的思考逻辑，进而探讨印太战略在 20 世纪 60 年代英国海外防务政策调整中的地位和作用。

1　1971 年 4 月，英国、澳大利亚、新西兰、马来西亚和新加坡签署了《五国防务协议》，该协议于当年 11 月 1 日正式生效。《五国防务协议》并非严格意义上的军事同盟，而是松散的政治和军事合作。协议规定，若马来西亚或新加坡受到外来威胁，五国应立即协商解决方案。《五国防务协议》延续至今，是亚洲目前唯一的多国防务合作体系，存续时间和规模仅次于北大西洋公约组织。

2　近几年，部分学者注意到了这一课题。但他们的研究偏于宏观论述，所选个案也多集中于交接过程，并未论及政策的思考逻辑及缘起。参见 Sue Thompson, *British Military Withdrawal and the Rise of Regional Cooperation in South-East Asia, 1964–1973*, London: Palgrave Macmillan, 2014; Daniel Wei Boon Chua, *US-Singapore Relations, 1965–1975: Strategic Non-alignment in the Cold War,* Singapore: National University of Singapore Press, 2017; Wen-Qing Ngoei, “A Wide Anticommunist Arc: Britain, ASEAN, and Nixon’s Triangular Diplomacy,” *Diplomatic History*, Vol. 41, no. 5(2017), pp.903–932; Wen-Qing Ngoei, *Arc of Containment: Britain, the United States, and Anticommunism in Southeast Asia,* Ithaca: Cornell University Press, 2019。

3　主要指英国外交部信息政策司文件（ FO 953 ）。信息政策司文件收录了外交部计划参谋处（ Planning Staff ）拟定的绝大部分长期政策研究报告。印太战略最初即由计划参谋处提出，随后历经外交部和决策层的多次讨论，最终成为英国撤离亚洲的指导方案。据笔者涉阅所及，中外学界尚未有学者注意到这批材料的存在和价值。

一、英国亚洲军事部署调整与印太战略的缘起

经历了第二次世界大战的创伤和20世纪五六十年代风起云涌的反殖民运动，曾经船坚炮利的英帝国已日落西山。20世纪60年代初爆发的印（尼）马冲突将英国带到了亚洲冷战与热战交错的最前沿。在处理危机的过程中，伦敦决策层认识到了英国实力的有限性以及东南亚潜藏的意识形态、种族冲突的极端可能性。从哈罗德·麦克米伦（Harold Macmillan）到道格拉斯·霍姆（Douglas Home），再到哈罗德·威尔逊，历届英国决策者都坚信，如果任由共产主义运动和种族冲突在东南亚肆意发展，英国再次卷入的危险性将大为提高，海外防务经费有可能再度攀升。[1]这种看法对英国逐步思考放弃苏伊士以东起到了极大的推动作用。工党上台之前，保守党政府就已开始研究撤出新加坡基地和调整亚洲军事部署的可能性。

为了确保英军撤离后英国能够继续维持在该地区的影响力，英国外交部提出了“东南亚中立化”的构想，即东西方主要国家保障东南亚各国国境线的现状，允许他们在没有外来干涉的情况下选择自身的发展道路。[2]当然，中立化构想并非一蹴而就，应从政治和军事两个层面渐次推进。政治上，鼓励马来西亚参与亚非事务、保持中立化立场，推动“菲律宾、印尼和马来西亚的地区合作”；军事上，“将驻新英军部署至澳大利亚和印度洋的替代基地”。政策设计者希望以替代基地的修建来表明“英国不会放弃东南亚”，但“盟友需分担防务经费和责任”。[3]

东南亚中立化构想和亚洲驻军调整的前提是在澳大利亚和印度洋修建替代基地。20世纪60年代初保守党政府就已开始考虑在澳大利亚修建基地，但国防参谋长路易斯·蒙巴顿（Louis Mountbatten）担心过早讨论此事会招致盟友对英国放弃

1　Andrew Holt, *The Foreign Policy of the Douglas-Home Government: Britain, the United States and the End of Empire*, London: Palgrave Macmillan, 2014, pp.104–124; Harold Wilson, *The Labour Government 1964–1970: A Personal Record*, London: Weidenfeld and Nicolson, 1971, p.39;［英］哈罗德·麦克米伦：《麦克米伦回忆录6：从政末期》，山东大学外文系翻译组译，北京：商务印书馆，1983年，第237～252页。

2　The National Archives, London, United Kingdom (hereafter NAUK), CAB 148/10, DO(O)(S)(64)43, Report of the Long Term Study Group: Regional Study on the Far East, October 21, 1964.

3　NAUK, CAB 148/17, OPD (64)10, British Policy towards South East Asia, November 19, 1964; NAUK, CAB 148/43, OPD(O)(65)32, South East Asia and the Far East, May 5, 1965.

新加坡的猜疑。[1]此后，印（尼）马冲突爆发，驻新英军卷入其中，修建替代基地之事便被搁置。[2]直到工党上台后强调加速撤离，此事才又重回政策规划当中。如果说澳大利亚基地修建计划源于英国自身防务政策的调整，那么印度洋基地地位的提升则很大程度上来自中印冲突给英美高层带来的冲击。"二战"后很长一段时间内，美国实际上未能将势力投射到印度洋。1962年的中印冲突使华盛顿进一步意识到美国尚无法对印度洋海域及其沿岸地区的冲突作出迅速反应。因此，中印冲突后美国海军开始频繁地出入印度洋。1964年2月25日，英美举行首次印度洋问题会谈。美方提出定期巡航、修建联合军事基地的设想。鉴于美军介入可"遏制共产主义在印度洋沿岸的扩张，弥补某些基地的使用限制，强化英国的印度洋战略"，英方欣然应允。[3]此后，霍姆首相提出以美军介入印度洋基地来削减远东和东南亚防务经费的构想。在此基础上，外交大臣理查德·巴特勒（Richard Butler）建议将新加坡基地的合作以及印度洋基地的建设作为英美全球"相互依赖"战略的组成部分。具体言之，即引导美军第七舰队进一步利用新加坡基地，同时尝试建立以迭戈加西亚岛（Diego Garcia）为中心，阿尔达布拉（Aldabra）为西侧，科科斯岛（Cocos Island）为东翼的军事运输线。[4]随后的决策会议通过了巴特勒的提议，决定以印度洋基地作为亚丁（Aden）和新加坡基地的补充，借此固守印度洋海域并拱卫远东。[5]这样，在保守党执政的最后几个月里，英国就已定下了印度洋基地建设的总基调。

工党重掌政权之际，中国核试验成功的消息给唐宁街10号带来极大震动。1964年12月初，印度总理夏斯特里（Lal Bahadur Shastri）试探性地向英国提出核

1 NAUK, DEFE 7/1726, Mountbatten to Watkinson: Base Facilities in Australia, June 26, 1961.

2 NAUK, DEFE 25/105, UK Chiefs of Staff Committee Minutes: Base Facilities in the Far East, July 14, 1964.

3 NAUK, CAB 148/5, DO(O)(64)23, U.S. Defence Interests in the Indian Ocean, April 24, 1964; Memorandum From the Deputy Assistant Secretary of State for Politico-Military Affairs (Kitchen) to Secretary of State Rusk, March 3, 1964, *Foreign Relations of the United States (hereafter FRUS)*, 1964 –1968,Vol. 21, Near East Region, Arabian Peninsula, Washington: United States Government Printing Office, 2000, pp.87–88.

4 NAUK, PREM 11/4907, British and American Strategic Interests in South-East Asia and the Indian Ocean, April 20, 1964.

5 NAUK, CAB 148/1, DO (64)18th Meeting, The Indian Ocean, April 23, 1964, NAUK; CAB 148/1, DO(64)20th Meeting Minute 2, Indian Ocean, May 6, 1964.

保护的请求。[1]起初，伦敦就是否提供核保护存在较大分歧。行政部门认为印度政府自身立场尚未明确，英国宜保持沉默，只强调核武研发可能引发核扩散。然而，威尔逊首相否定了该意见，强调应突出中国的威胁以及英国可能的积极政策。[2]威尔逊的强硬态度很大程度上与其"苏伊士以东派"的立场有关。威尔逊虽为工党领袖，但在外交和防务政策上却是一个"浪漫的保守主义者"，时常表露出继承"帝国遗产"的雄心。[3]无论是在大选期间还是在上任后的第一次英美首脑会谈中，威尔逊都宣称要维持英国在苏伊士以东的大国地位和独立核威慑能力，以应对中国对亚洲大陆产生的影响。[4]

这种继承"帝国遗产"的执念使威尔逊常常提出一些在行政部门看来多少有些不切实际的想法。1965 年 3 月初，在未经决策层集体讨论的情况下，威尔逊提出了英、美组建太平洋核力量（Pacific Nuclear Force）的构想。[5]针对首相的建议，外交部再次提出了反对意见。他们认为，英国在亚洲的核部署规模远小于美国，若两国合作，英国的作用恐被忽略，也有可能再次被卷入地区纷争。外交部的看法得到了国防部和联邦关系部的认同。[6] 3 月 22 日，英国外交大臣迈克尔·斯图尔特（Michael Stewart）赴华盛顿与美国国务卿迪安·腊斯克（Dean Rusk）讨论苏伊士以东防务问题。会谈中腊斯克提出英联邦国家在亚洲组建一支多边核力量的建议。[7]尽管腊斯克紧接着解释说他只是随口一问，但当时的英联邦国家中只有英国掌握了核武技术，

1　NAUK, PREM 13/971, Meeting between Harold Wilson and Lal Bahadur Shastri, December 4, 1964.

2　NAUK, FO 953/2253, India: The Atomic Bomb, January 22, 1965, PLA 12/11.

3　Neville Brown, *Arms without Empire: British Defence Role in the Modern World*, Middlesex: Penguin Books, 1967, pp.28–29, p.118; Rhiannon Vickers, "Foreign and Defence Policy," in Andrew Crines and Kevin Hickson, eds., *Harold Wilson: The Unprincipled Prime Minister? Reappraising Harold Wilson*, London: Biteback Publishing Ltd, 2016, p.276.

4　Saki Dockrill, *Britain's Retreat from East of Suez: The Choice between Europe and the World? 1945–1968*, pp.71–75; "Message from Wilson to Johnson, 9 December 1964," in Simon Smith, eds., *The Wilson-Johnson Correspondence, 1964–1969*, Surrey: Ashgate Publishing, Ltd., 2015, p.42.

5　NAUK, FO 953/2253, PLA12/17, Michael Stewart to Harold Wilson, March 3, 1965.

6　NAUK, FO 953/2254, PLA12/21, John Nicholls to Michael Stewart, March 10, 1965; Ibid, John Nicholls to Neil Pritchard, March 11, 1965; Ibid, Draft Minute from Michael Stewart to Harold Wilson, March 11, 1965; Ibid, Neil Pritchard to John Nicholls, March 19, 1965; Ibid, F.W. Mottershead to John Nicholls, March 22, 1965.

7　NAUK, FO 371/184274, W 2/94/G, Record of a Conversation between Michael Stewart and Dean Rusk, March 22, 1965.

他的这一表态恐怕是在暗示伦敦应该更积极一些。或许是察觉到了美方的态度，外交部此后并未再明确反对威尔逊的提议。[1]最终，决策层采纳了太平洋核力量构想，但并非只是双边合作，而是寻求“与澳新美等国组建多边核战略协调机制”。[2]

推动东南亚中立化，将驻新英军部署至澳大利亚和印度洋，这些设想的实质是亚洲英联邦国家防务力量的调整。这也符合威尔逊上台之初加强英联邦合作的承诺。[3]而此时，中国核试验成功，印度和巴基斯坦关系加速恶化，印（尼）马冲突逐渐升温。这一切使伦敦确信，一条“雅加达—北京—卡拉奇轴心”正逐步形成。在印度次大陆和东南亚，任何一方的陷落都将导致另一方面临险境。[4]多重问题的复杂纠缠要求英国政府尽快推出某种一揽子解决计划。这样的政策构想，既要调整常规军事部署，又涉及核武层面的多边协调，既要解决防务经费削减问题，又要平衡南亚和东南亚政策，更要能够继续维持英国在亚洲的影响力。这对政策设计人员来说不啻为巨大的挑战。

1965 年 5 月 19 日，外交部计划参谋处官员约翰·汤姆森（John Thomson）在一份备忘录中提出“印度洋和东南亚双重防务机制”构想。具体是指，在亚洲构建南北两线的防务体系。北线主要指推动马来西亚、泰国和菲律宾的地区合作，进而扩展至印度、巴基斯坦和日本。南线则指英国与澳新美同盟的合作，继而“将印度洋基地和印度核问题纳入政策规划”。在汤姆森备忘录的基础上，计划参谋处随后推出了题为《印度洋和东南亚防务问题》的研究报告，旨在探讨“如何在亚洲大陆以外通过军事部署的调整来平衡中国的影响力”。报告采纳了汤姆森提出的双重防务机制构想，并进一步明确了南线的含义：在四国合作的基础上，共同使用印度洋和澳大利亚的军事基地。[5]这样一来，报告正式将霍姆政府以来英美开始筹建的印

---

1 NAUK, FO 953/2254, PLA 12/24, Michael Stewart to Harold Wilson: Pacific Nuclear Force, March 26, 1965.

2 NAUK, CAB 148/18, OPD (65)19th Meeting Minute 1, Problem of safeguards for India against a Chinese nuclear threat, March 31, 1965.

3 "Downer to Robert Menzies," in S.R. Ashton, Carl Bridge, Stuart Ward, eds., *Australia and the United Kingdom 1960–1975*, Canberra: Australian Department of Foreign Affairs and Trade, 2010, pp. 68–71.

4 NAUK, FO 371/180205, D1051/16/G, Paul H. Gore-Booth to Edward Peck, January 26, 1965; Commonwealth Relations Office to Harold Caccia, January 22, 1965, PLA 12/11, FO 953/2253, NAUK.

5 NAUK, FO 953/2254, PLA 12/40, FO Minute by John Thomson, May 19, 1965; NAUK, FO 953/2254, PLA 12/40, PC (65)16, Defence Question in the Indian Ocean and South East Asia, May 31, 1965.

度洋基地群纳入英国的亚洲整体防务规划当中。

1965 年 6 月 13 日，英国国防和海外政策委员会确认通过了推动东南亚中立化、调整亚洲驻军、研究苏伊士以东核部署等政策，从而奠定了此后数年英国亚洲军事部署调整的总框架。[1] 在该框架下，以汤姆森备忘录以及《印度洋和东南亚防务问题》报告为基础，计划参谋处进一步推出了“计划委员会 1965 年第 28 号文件”[简称 PC(65)28 号文件]。文件将这一地区的防务调整构想命名为“印度洋—太平洋战略”。文件概述了过去数年英国与盟友有过讨论但仍悬而未决的重要问题，包括四国磋商机制、印太地区长期防务安排、苏伊士以东多边核力量计划以及防止核扩散事宜。统筹处理以上几个问题的政策即文件所称的印太战略。[2] 这份报告是工党上台后外交部首次对印度洋和西南太平洋海域政策的全面评估，为决策层的讨论提供了一定的参考，它提出的几项政策构想最终被政府高层采纳。

那么，如何理解计划参谋处提出的印太战略构想？“印太”一词是在怎样的历史和地缘背景下从生态概念用词进入地缘战略实践的？要回答这些问题，首先需要从英帝国全球防务部署的历史去追溯。“二战”前，在英国的海洋霸权下，印度洋和太平洋海域形成了一个紧密联系的整体。这种以海洋为核心的防务和贸易网络有力地支撑着英国的全球霸权。1942 年 2 月新加坡陷落后，英国海军以惨重的代价抵挡住了日军的进攻，保住了印度洋海上通道的控制权，使澳大利亚、东南亚、印度次大陆一线至中东战场、北非战场的物资和兵力运送得以维系，为同盟国的胜利奠定了基础。[3] 战后，尽管皇家海军实力已今非昔比，但英国仍在两洋海域部署了包括 2 艘航母在内的近 80 艘各类舰船。英国在这一地区的出口额占全国总额的 25%。[4] 对英国来说，无论是战争时期还是和平年代，只要能够继续控制印度洋和西南太平洋的海上通道，大国地位就不会是前尘旧梦。正如威尔逊政府首任外交大

1 NAUK, CAB 130/213, MISC. 17/8, Defence Expenditure Review, June 10, 1965; Ibid, Defence Review, MISC. 17/6th Meeting, June 13, 1965.

2 NAUK, FO 953/2255, PLA 12/46, PC(65)28, Indo-Pacific Strategy, August 9, 1965.

3 Andrew Boyd, *The Royal Navy in Eastern Waters: Linchpin of Victory 1935–1942*, Barnsley: Seaforth Publishing, 2017, pp.398–399.

4 Phillip Darby, *British Defence Policy of East of Suez, 1947–1968*, Oxford: Oxford University Press, 1973, pp.27–28, pp.31–32; John Darwin, *Britain and Decolonisation: The Retreat from Empire in the Post-War World*, New York: St. Martin's Press, 1988, p.290.

臣戈登·沃克（Gordon Walker）指出："控制印度洋及其周边地区是英国维持世界影响的关键所在。这比德国驻军和本土军队更为重要。"[1] 在研究亚洲军事部署调整时，如何强化甚至恢复过往的防务联系自然成为政策设计者关注的重点。

当然，这种亚洲军事部署调整构想，首先是以承认帝国解体最后阶段英国国力和影响力的有限性为逻辑出发点的，其基本政治特征表现为冷战时期东西方阵营对峙背景下的集团对抗。政策设计人员认识到，苏加诺治下的印尼、中国核试验成功以及印巴冲突等，已明显呈现出一条"雅加达—北京—卡拉奇"轴心。不管历史上是否存在这样的轴心，在"唐宁街 10 号"看来，以中国为核心的共产主义势力始终是英国在南亚和东南亚利益的最大威胁。进一步而言，要推动东南亚的中立化和亚洲军事部署的调整，或者从更广泛的意义上来说，要在英帝国前亚洲殖民地寻求遏制中国扩张的新政策，决策层就必须面对从根本上对英国亚洲战略作出调整的重大挑战。印太战略正是在这样的历史和现实因素交错的背景下应运而生的。然而，此时的印太战略很大程度上仍然只能算是一个概念，《印太战略》报告也仅是一份总结文件，很多问题并未涉及。例如，印太战略究竟如何定义？涉及的地域有哪些？英国需要发挥怎样的作用？四国如何各负其责？这些问题仍然有待政策设计人员的进一步研究。

二、新加坡独立背景下的印太战略审查

1965 年 8 月 9 日，新加坡脱离马来西亚联邦。新加坡的独立打乱了英国防务审查和政策规划的步骤，导致英国匆忙之间向盟友提出迅速撤离的设想，进而造成此后一段时间英国与盟友在该问题上的争执。[2] 为了在多边磋商中提出更具说服力的军力部署方案，政策设计人员加快了印太战略的审查和修订进度。

---

1 Patrick Gordon Walker, "Thoughts on Foreign Policy," in Robert Pearce, ed., *Patrick Gordon Walker: Political Diaries, 1932–1971*, London: The Historians' Press, p.298.

2 Matthew Jones, *Conflict and Confrontation in South East Asia, 1961–1965: Britain, the United States, Indonesia and the Creation of Malaysia,* Cambridge Mass: Cambridge University Press, 2002, pp.286–291.

新加坡独立后不久，计划参谋处便提交了修订后的《印太战略》报告［简称PC(65)33号文件］。报告提出了关于如何在军事部署和地缘政治层面重新整合防务力量的一系列新看法。文件强调，“遏制中国是四国防务合作的基本前提”。在此基础上，文件第一部分建议组建一支类似于北约军队的联合作战力量，作战区域覆盖印度洋全境和太平洋大部分海域。第二部分具体评述了印太战略涉及的次级区域以及中国对这些地区可能造成的威胁，包括澳大拉西亚（Australasia）[1]、东南亚、印度次大陆、中东、非洲、香港和太平洋岛屿殖民地、印度洋岛屿殖民地等。[2]在文件的构想里，任何一个区域都不是独立的，英军的任何行动也不会是孤军奋战，印太地区的防务要求英国与盟友在所有区域的各司其职和密切配合。

严格来说，PC(65)33号文件是第一份印太战略规划报告，阐明了印太战略覆盖的地区和军事任务。应当看到，这份文件所反映出来的战略构想的实质，既是对英国传统亚洲战略的继承，又是对“二战”后英国亚洲防务体系作出的一种变革。所谓继承，指的是印太战略的逻辑与“多米诺理论”如出一辙。“二战”期间日本假道印度支那西进和南下，英国海军和日本海军在西南太平洋和印度洋东部海域展开了殊死搏斗。这一切迫使伦敦当局整合澳大利亚至印度一线的防务。正是这种历史经验使伦敦产生了英国亚洲各殖民地的命运彼此关联的看法。这种观点推动盟军在1943年组建东南亚战区，促使英国于1950年推出统筹南亚和东南亚经济援助的科伦坡计划，紧接着又为美国决策者所接受，进而成为“多米诺理论”的原型。[3]印太战略正是在这一层面继承了“二战”以来的英国亚洲战略，其要旨便是整合两洋海域的英联邦力量，将共产党势力围堵在印度支那半岛。

---

1 这是17世纪前后欧洲国家在西南太平洋航海探险时使用的地理区域名词。原指亚洲以南可能存在的全部陆地，其后专指澳大利亚大陆、新西兰、巴布亚新几内亚及邻近岛屿。广义说法包括马来群岛、菲律宾、波利尼西亚、美拉尼西亚、密克罗尼西亚、新西兰和澳大利亚。在英国外交部文件中，澳大拉西亚特指上述地区的英国殖民地。

2 NAUK, FO 953/2255, PLA 12/51, PC(65)33, Indo-Pacific Strategy, September 2, 1965.

3 Karl Hack, “Theories and Approaches to British Decolonization in South East Asia,” in Marc Frey, Ronald W. Pruessen, Tai Yong Tan, eds.,*The Transformation of Southeast Asia: International Perspectives on Decolonization*, Singapore: National University of Singapore, 2004, p.106；魏文擎：《至暗之时的多米诺逻辑——从新加坡沦陷、英美同盟和“中国渗透”看美国东南亚冷战政策的形成》，彭永福译，《冷战国际史研究》（第22辑），北京：世界知识出版社，2016年，第103～134页。

所谓变革，指的是印太战略打破了战后初期建立起来的英国海外防务体系。“失去印度”后，英国参谋长委员会调整了海外战区的设置，构建起了新的帝国防务体制。印度洋被一分为二，以东经 95 度线为界，将西侧的印度次大陆、孟加拉湾、印度洋岛屿划入中东战区；将东侧的马来半岛和印尼海域纳入远东战区。同时，“二战”期间驻守印度洋的东方舰队（Eastern Fleet）指挥权被并入远东军司令。考虑到印度次大陆的重要性，印度独立后在亚洲尤其是东南亚地位的提高，军方特别强调必要时可打破两大战区的责任分野。[1] 就政策的延续性而言，这种对英帝国遗产的留恋所带来的对印度次大陆重要性的认识，对印度洋和太平洋海域皇家海军指挥体制的调整，为帝国解体最后阶段威尔逊政府提出统筹两洋的战略构想埋下了重要的伏笔。印太战略在某种程度上可以说是两大战区核心区域的重新整合。总而言之，从“二战”后英国海外战区设置变化的角度看，印太战略是对既有战区规划的一个重要突破。但若从英帝国历史层面进行观察，所谓变革，本质而言是回归。冷战东西方对峙背景下，印太战略实际上回到了整合两洋海域的帝国防务传统。与 PC(65)28 号文件相比，PC(65)33 号文件划定的防务区域更为明显地强调了印太战略与英帝国传统防务框架的内在统一性。

从第一份统筹印度洋和东南亚防务的研究报告开始，至 PC(65)33 号文件初步明确印太战略所涉及的地域，计划参谋处的地区防务整合、多国防务合作机制等构想无不带有浓厚的英帝国防务色彩。更进一步而言，政策设计人员尝试打破战后英国海外战区的既有设置，设想撤离新加坡后英国仍然能够在西南太平洋和印度洋这一广阔海域发挥主导作用。然而，这种过于乐观的评估遭到了其他部门乃至决策层的批评。外交部东南亚司司长詹姆斯·坎布尔（James Cable）指出，“中国海空军实力有限，尚不足以威胁印太地区”，“报告不仅高估了英国的实力，更高估了中国的威胁”。[2] 在提交审议时，决策层同样认为报告忽略了“军力部署规模应与英国承

1 NAUK, DEFE 5/11, COS(48)100(0), Regional Headquarters in Middle East and Far East, April 29, 1948; NAUK, DEFE 6/9, JP(49)61Final, Areas of Responsibility of Headquarters Middle East and Far East-Position of Indian Sub-Continent, July 15, 1949; NAUK, DEFE 5/18, COS(49)428, Areas of Responsibility of Headquarters Middle East and Far East-Position of Indian Sub-Continent, December 5, 1949.

2 NAUK, FO 371/184520, Z3/127/G, Indo-Pacific Strategy, September 23, 1965.

担的政治义务相适应”。[1] 应当说，在印太战略的初步评估阶段，决策层对英国自身实力尚有较为清醒的认识，他们一再强调军力部署应与政治义务相适应。至此，印太战略正式进入英国国防和海外政策委员会的讨论日程。

此后，决策层针对印太战略进行了多次审查和调整，其内涵和外延也日渐清晰。关于四国防务合作机制，进一步明确了“英军并非独立作战，而是在联合行动中有所贡献”的方针，以防务合作推动政治上的“相互依赖”；关于印度次大陆问题，进一步提升了该地区在印太战略中的地位，强调“以影响印巴两国政策的方式突出英国在印太地区的重要地位”；关于核部署问题，设想在印度洋部署携带北极星导弹的潜艇，进而推动创建印太核力量（Indo-Pacific Nuclear Force），使之成为四国防务合作机制的一部分；关于遏制中国扩张的方式方法问题，决策层最终明确了推动亚洲大陆南缘中立化的设想，即“遏制中国的最佳途径并非对抗或军事部署，而是在东亚和南亚构建一条中立带，域外国家不可驻军于此”。与此同时，“西方屯兵于外围，平衡中国的影响，保证中立国家的能力和意志”。[2]

从政策逻辑上看，决策层的审查和调整延续了计划参谋处的总体思路，同时更为突出地强调了东南亚中立化和双重防御机制的设想。按印太战略的规划，西方要推动整个亚洲大陆南缘形成遏制中国的“中立带”。这条“中立带”在地域上涵盖了新加坡、马来西亚、泰国、印度次大陆一线。这样的规划，与其说是新的战略，不如说再次勾勒了“二战”时期的两洋战场。只不过它所防御的对象已非日本，而是所谓的“雅加达—北京—卡拉奇轴心”。11 月 8 日，决策层以“附件 F：印太战略”的方式将印太战略审查文件列入英国海外防务审查的阶段性报告当中。印太战略与欧洲政策、中东（政策）、中东（石油）、中东（波斯湾和南阿拉伯）、地中海政策并列，作为 1970 年代英国海外防务调整的重点。[3]

1965 年 11 月 24 日，决策会议审议通过了最终版本的印太战略报告《防务审查：印太地区军事任务》[简称 OPD(65)183 号文件]。文件更为具体地阐释了印太

1　NAUK, CAB 148/52, OPD(O)(DR)(WP)(65)10th Meeting, Indo-Pacific Strategy, September 24, 1965.

2　NAUK, CAB 148/52, OPD(O)(65)63, Indo-Pacific Strategy, October 6, 1965; NAUK, CAB 148/41, OPD(O)(65)22nd Meeting Minute 1, Indo-Pacific Strategy, October 11, 1965; NAUK, CAB 148/44, OPD(O)(65)63(Final), Defence Review Studies: Indo-Pacific Strategy, October 20, 1965.

3　NAUK, CAB 130/213, MISC. 17/14, Defence Review, November 8, 1965.

地区的东中西三个部分。英国在西部的印度洋发挥主导作用，具备核打击能力的皇家海军驻扎在印度洋基地，以应对可能的中印冲突；东部的太平洋由美军总负责，英军协助防卫部分岛屿殖民地；中部主要包括南中国海、马来海域三国、澳大拉西亚地区。"中部是印太地区的重心所在。"纵观全篇报告，尤为突出海洋优势的重要性，多处强调海军对印太地区海上通道的保护，主张加强英联邦军队在西南太平洋海域的海军实力，阻止印尼对邻国的海空突袭。受此影响，报告拟定的军事行动区域有两处明显变化：其一，特别增加巴布亚新几内亚的论述，预设若中国在印尼立足，澳大利亚在该地区的利益就岌岌可危。其二，增加海事防卫（Maritime Protection）的相关论述，强调印度洋和太平洋海域的海上通道和贸易安全。[1]

尽管此前决策层对计划参谋处夸大威胁的报告略有批评，但OPD(65)183号文件新增加的内容却更为明显地反映了伦敦高层根深蒂固的中国威胁认知。无论是历史渊源还是战后联合国处理殖民地事宜，巴布亚新几内亚问题均与中国无直接关系。新增加的海事防卫则盲目高估了中国的海军实力。颇为讽刺的是，同一时期英国联合情报委员会的评估与决策层大相径庭。联合情报委员会认为，中国海军的核心任务仍是近海防御。中国虽然具备攻击印度次大陆和印支半岛的能力，但并无此意图。在菲律宾、印尼等西南太平洋地区，则既不存在攻击意图，也不具备攻击的能力。[2]两相对比，"唐宁街10号"对中国的有限认知和思维定式跃然纸上。另一方面，在报告强调海权的逻辑下，印度洋基地的地位显著提高。1965年9月末，英美两国军方达成协议，在英国购买北极星核潜艇的款项中减免1 400万美元，作为美国分担的英属印度洋殖民地初期建设费用。[3]10月7日，英国国防和海外政策委员会设立了印度洋防务设施分委员会，负责印度洋军事基地的修建事宜。11月8

1 NAUK, CAB 148/24, OPD(65)183, Defence Review: Military Tasks in the Indo-Pacific Area, November 22, 1965; NAUK, CAB 148/18, OPD(65)52nd Meeting Minute 1, Defence Review, November 24, 1965.

2 NAUK, CAB 158/62, JIC(66)34(Final), The Chinese Threat in the Far East up to 1970: Summary of the Paper and Its Conclusions, April 25, 1966.

3 National Archive II, College Park, Maryland (hereafter NACP), RG 59: General Records of the Department of State (hereafter CDANZPI, RG 59), Bureau of East Asia & Pacific Affairs: Country Director for Australia, New Zealand & Pacific Islands, Entry 5421, Box 31, File: Armed Forces-UK Defence Review, Jeffrey Kitchen to Dean Rusk, October, 1965.

日，英属印度洋领地成立，英美两国开始研究迪戈加西亚基地的修建问题。[1]外交部在讨论 OPD(65)183 号文件时亦特别指出，以基地的建设来要求美国承担更多的印度洋防务责任，“若印度洋爆发英军无法控制的紧急事态，美国可通过四国防务合作机制介入其中”。在美国尚未主导印度洋海域之前，英国需引导他们一步步参与进来。[2]这样，印度洋基地逐渐成为印太战略的重要支柱。

以 OPD(65)183 号文件的出台为标志，威尔逊政府的印太战略最终成型。从政策构想来看，它从一开始便将“中国势力的扩张”视为西方在亚洲大陆南缘的主要威胁。为此，印太战略关注的地域范围并不局限在动荡不安的东南亚，而是提出在统筹印度洋和太平洋防务的基础上，以英国撤离新加坡为契机，推动东南亚和南亚建立遏制中国扩张的“中立带”。与此同时，以英美“相互依赖”为核心，英国与澳新美同盟组建非正式的防务合作机制，控制印度洋和西南太平洋的海上通道，扼守进出两洋的重要海峡，分别于两洋海域拱卫亚洲大陆南缘的“中立带”。英军在盟军合作的基础上参与联合军事行动，并在印度洋部署一定的海空军和核打击力量，使之成为遏制中国的有效手段。战略构想既已成形，下一步则是与澳新美同盟的协商。

三、四国角力与印太战略的演变及结果

按照英美两国政府的约定，1965 年 12 月 16 日，英美首脑会议在华盛顿举行。威尔逊首相在会谈中正式提出建立四国防务合作机制以及在印度洋部署北极星核潜艇的设想。美方的反应尚属积极，但态度也非常明确：任何政策变化都必须以英军继续驻守新加坡为前提。会谈过程中，美国国防部部长罗伯特·麦克纳马拉（Robert McNamara）建议邀请日本加入印太防务合作机制。[3]本来，伦敦希望通过

1 NAUK, CAB 148/62, OPD(O)(IO)(65)1, Composition and Terms of Reference, October 7, 1965.

2 NAUK, FO 371/184516, Z2/415/G, Defence Review: Military Tasks in the Indo-Pacific Area, November 22, 1965.

3 NAUK, FO 371/184518, Z2/452/G, Record of Meeting between Harold Wilson and President Johnson, December 16, 1965; Ibid, Record of Meeting between Harold Wilson and Mr. McNamara, December 17, 1965.

军事部署的调整换取盟友接受撤军方案，美方却不松口，不过也没有拒绝进一步讨论的可能性，但要求提供更多的细节。返回伦敦后，威尔逊指示行政部门就印太战略的细节展开研究。

以英国外交部和国防部为核心的部际研究认为，防务合作机制应介于正式协定与非正式合作之间，由四国军方组成联合指挥机构。合作的主要义务是“当各方认定的重要区域遭到攻击时，立即展开协商”。核部署方面，除秘密部署在新加坡的战术核武器外，1970 年两艘北极星核潜艇可投入使用。在核武器的使用问题上，英美将印太地区的核武控制权转交联军。[1] 1966 年 1 月 23 日，决策会议对印太战略稍作调整。首先，缩小印太战区的地理范围，删除非洲，进一步强调英美在印度洋海域的“相互依赖”；其次，若美国再次论及邀请日本参与印太防务合作机制，英国应强调日本的宪法不允许其加入西方军事合作。[2] 24 日，英国政府将部际研究和决策会议的修改意见整合而成《印太地区四国防务安排：政治视角》和《印太地区四国防务安排：军事视角》两份报告，并转交盟友。[3]

1966 年 1 月 27 日，英美两国政府再次在华盛顿举行部长级会谈。双方就欧洲、中东和印太等重点区域的防务事宜进行磋商。关于印太战略的讨论主要围绕两个问题展开：第一，英国是否应该撤离新加坡。英国国防大臣丹尼斯·希利（Denis Healey）认为，若南越得以保持中立，美军可从亚洲大陆撤至菲律宾。西方要避免在亚洲大陆驻军。基于这样的逻辑，希利建议，四国防务合作机制就是为了推动西方在印太地区形成更加灵活的军事反应能力，以应对中国和北越的威胁。腊斯克虽然坦承美军不会无限期驻军亚洲，但更强调现阶段英国不能迅速撤军。英军撤离会让河内和雅加达有机可乘，地区局势只会更加复杂。在是否应尽快撤离亚洲驻军问题上，英美两国可谓南辕北辙；第二，关于印太防务合作机制的成员和地域

1　NAUK, FO 953/2256, PLA 12/76/G, SC(65)37, United Kingdom Nuclear Policy, December 23, 1965; NAUK, FO 371/184518, Z2/454/G, Possible Four-Power Defence Organization in the Indo-Pacific Area, December 30, 1965.

2　NAUK, CAB 148/25, OPD(66)8th Meeting Minute 2, Briefs for Washington and Canberra Discussions, January 23, 1966.

3　NAUK, FO 371/190784, Z2/50/G, Briefs for the Ministers Visit to Washington and Far East, January 26, 1966.

范围问题。正如英国高层所料，美方再次建议邀请日本参与。腊斯克特别强调了拟议的防务合作不能变成“白人俱乐部”。按既定方案，斯图尔特以日本宪法的限制和舆论的负面反应为由，拒绝邀请日本参与印太防务合作。斯图尔特坚持说英国和澳新美同盟应先建立起针对中国的有效的防务合作，再逐步扩展合作的地域和成员。值得注意的是，会谈中英方多次提议英、美应尽快就印度洋基地、印度洋核部署、联合指挥机构等长期政策展开讨论，但美方却有意无意地避而不谈。与1965年12月的首脑会谈相比，美方对印度洋核部署的态度可谓冷淡许多。最后，美方表示原则上不反对四国防务合作机制，但需进一步讨论。[1]

1966年2月1日，英国与澳大利亚、新西兰在堪培拉举行三边会谈，集中讨论东南亚中立化和澳大利亚基地问题。关于东南亚中立化，希利首先阐述了英国对20世纪70年代亚洲局势的看法。他特别指出，最糟糕的结果是美国遭遇羞辱性失败并撤出亚洲，那么英国肯定也得仓皇逃离。最理想的情况是美国与越南达成某种协议，南亚和东南亚国家形成“中立带”，随后美军再撤离。当然，这种撤离是基于西方军事力量在外围遏制中国扩张的基础之上。然而，澳大利亚外交部部长保罗·哈斯勒克（Paul Hasluck）却极为明确地反对东南亚中立化。他的逻辑是，若西方常规军力撤离亚洲大陆，将来要么中国控制东南亚和南亚，要么西方与中国直接发生核武冲突。关于新加坡基地问题，会谈各方的矛盾比英美分歧更为深刻。澳方强硬表示，英军驻守东南亚是替代基地修建的前提。新西兰方面则强调英军撤离会导致澳、新两国前沿防御战略的崩溃。英国撤军与否事关前沿防御战略能否持续，澳、新拒绝让步。无奈之下，希利只得承诺英国会认真考虑两国的防务需求。[2]

可以看到，英国与盟友的两次会谈使双方本已存在的隔阂进一步加深，但各方都不愿意在亚洲政策上彻底分道扬镳。此后，英国与盟友均一定程度上调整了立

---

1 NAUK, FO 371/190785, Z2/74/G, Z2/75/G, Z2/76/G, Record of the Conversation between Michael Stewart, Denis Healey and Dean Rusk and Robert McNamara, January 27, 1966; NACP, RG 59, CDANZPI, Entry 5421, Box 31, File: Armed Forces-UK Defence Review, Memorandum of Conversation: UK Defence Review, Afternoon Session, January 27, 1966.

2 NAUK, PREM 13/889, Defence in the Far East: Record of Discussion in Canberra, 1 and 2 February, 1966, February 2, 1966; National Archives of Australia (hereafter NAA), A1838, TS682/4, PART 8, Without Memorandum: Defence Consultations, Decision No.22(FAD), February 2, 1966.

场。威尔逊政府在 1966 年 2 月的防务白皮书中公开承诺继续留守新加坡，以应对亚洲英联邦国家受到的威胁。[1] 美国主流媒体纷纷盛赞英国是“从非洲东海岸到新加坡这一广阔区域的可信赖的盟友”。[2] 然而，公开层面的缓和并没有解决双方存在的根本分歧。从会谈内容和进程看，在四国防务合作机制、东南亚中立化等问题上英国与盟友的观点几乎是针锋相对的。腊斯克虽然没有公开反对，但私下里却驳斥了四国防务合作机制，认为它“并非解决东南亚问题的途径，相反更像是逃避责任的表现”。[3]

英国与盟友在印太战略问题上不能达成一致，是由双方各自的亚洲政策乃至欧洲问题影响所致。在越南问题上，1964 年 5 月美国约翰逊政府推出了“更多旗帜”计划，寻求盟友向南越政府提供多方面援助。英国却对美国“阳奉阴违”，两国在越南问题上陷入了一定程度的信任危机。在是否撤离亚洲大陆问题上，美国将在亚洲大陆的撤退视为与中国“未来潮流”之争的失败。[4] 这种焦虑几乎决定了美国在很长一段时间内都不会考虑撤军选项。就军事部署而言，国务院对是否将军力投射到印度洋的争论还在继续。五角大楼则相当看重新加坡基地在马六甲海峡航行安全、印度次大陆防务等问题上的战略价值，因而直接否定了澳大利亚替代基地方案，只对印度洋核部署颇有兴趣。[5] 从责任分担上看，美方认为拟议的四国防务协议会影响美国与印太地区盟友的双边合作乃至其他多边防务框架。他们并不愿意承担太多当时看来并不紧要的责任。[6] 而就英国来说，印太战略所关注的地域是以新

---

1 *Statement on the Defence Estimates 1966, PART 1: The Defence Review*, Cmnd 2901, London: Her Majesty's Stationery Office, 1966, p.8.

2 NAUK, FO 371/190788, Z2/158, Defence Review: American Press Comment, February 26, 1966.

3 NAA, A1945, 287/3/21, No.353, Keith Waller to DEAC: Defence Review, January 31, 1966.

4 吴浩：《越战时期美国与盟国的信任危机——以约翰逊政府“更多旗帜”计划为例》，《美国研究》2015 年第 3 期；张杨：《“未来潮流”之争：中美意识形态对抗与 20 世纪 60 年代美国的东南亚政策》，《世界历史》2017 年第 2 期。

5 NAUK, FO 371/190784, Z2/58/G, Defence Review: U.S.-U.K. Consultation, January 7, 1966; Memorandum From the President's Deputy Special Assistant for National Security Affairs (Komer) to the President's Special Assistant for National Security Affairs (Bundy) and Francis Bator of the National Security Council Staff, January 26, 1966, *FRUS*, 1964–1968, Vol. 21, Near East Region, Arabian Peninsula, pp.99–100.

6 Lyndon Baines Johnson Library(hereafter NSF, LBJL), National Security Files, Country File, Box 215, File: United Kingdom, U.K. Defense Review, Joint State-Defence Scope Paper: Proposed Four Power Security Arrangements in the Far East/Southeast Asia, January 27, 1966.

加坡为中心的西南太平洋和印度洋海域，这从决策会议上删除非洲、排斥日本、突出印度洋基地等指示可见端倪。印太战略提出的组建印太联军、联合指挥机构等设想又有捆绑责任之嫌。由是观之，印太战略与约翰逊政府的政策重心和亚洲利益存在严重偏差。澳大利亚人对英国所提印太战略的评价精辟地道出了这种深刻差异，“英国的研究报告可谓击碎了我们介入东南亚的整个哲学底座”。[1]

在 1965 年 12 月的英美首脑会谈中，美方对威尔逊提出的印度洋核部署方案颇感兴趣。但在部长级会议上，腊斯克等人却有意回避该问题。美方态度的变化很大程度上是与欧洲问题联系在一起的。国务院政策设计署主任沃尔特·罗斯托（Walt Rostow）认为，英美在亚洲组建印太核力量可能会对欧洲其他国家的亚洲政策产生负面影响，打击他们参与亚洲事务的积极性。印太核力量还可能致使英国入欧申请复杂化。[2] 此外，正当印度洋核部署问题悬而未决之时，法国于 1966 年 3 月要求正式退出北约军事一体化组织，继而引发了延续数年的北约危机。若此时英国宣布撤出原计划部署在欧洲的北极星核潜艇，很可能进一步削弱北约的军事力量和政治凝聚力，这对美国来说是无法接受的。[3] 从这个角度看，欧洲局势的变动影响了华盛顿对于英美亚洲防务合作的认识。英国与欧洲的复杂关系以及北约的内部矛盾使华府逐渐失去了对印度洋核部署的兴趣。

与同时深陷亚洲冲突和北约危机的美国不同，澳大利亚更关心西方在亚洲的军事存在，因此并不反对四国防务合作机制和印度洋核部署构想。他们的担心在于，英国的撤离会导致美国重新思考东南亚政策。一旦美国步英国后尘，澳大利亚的前沿防御战略就会彻底崩溃。为了避免出现这种情况，堪培拉当局非常积极地推动四国磋商，希望借此机会将英、美两国都留在东南亚。[4] 当然，最重要的问题在于，任何政策都必须服务于留住美国人的总体方针。[5] 显然，印太战略所提议的西方撤

---

1 NAA, A1209, 1965/6595 PART 5, Griffith to Bunting, January 27, 1966.

2 LBJL, NSF, Country File, Box 209(2 of 2), File: United Kingdom, Memos 3 of 3, Vol. VII, 1/66–7/66, Memorandum for the President from Walt Rostow, January 20, 1966.

3 NAUK, CAB 164/713, Burke Trend to Michael Palliser, July 25, 1966.

4 NAA, A1209, 1965/6595 PART 3, Griffith to Bunting, January 19, 1966.

5 “Cabinet Decision No. 33(FAD): Without Memorandum-British Defence Review,” January 30, 1966, in S.R. Ashton, Carl Bridge, Stuart Ward, eds., *Australia and the United Kingdom 1960–1975*, pp.142–143.

离亚洲大陆的设想在堪培拉是没有进一步讨论空间的。

在英国方面看来，两次会谈实际上并没有充分讨论印太地区四国防务合作机制的研究报告，伦敦高层对此非常不悦。他们认为“美国陷入了越南泥潭，毫不在意20世纪70年代的防务安排”，美国国会和决策层不愿面对“与东南亚长期政策有关的基本问题”。[1]会谈的结果以及华府的犹疑让英国人认识到，现阶段几乎无法让约翰逊政府完全接受印太战略构想。但是，若没有美国的认可，至少是默许，英国单方面调整军事部署势必严重损害英国与盟友的关系。虑及于此，伦敦开始酝酿对印太战略的具体细节作出进一步调整。1966年3月，决策层在讨论国防部提交的研究报告时指出，未来暂不强调中立化构想。相反，应多讨论印（尼）马冲突这类能够在短期内达成协议的问题。值得注意的是，国防部报告的全名为《未来的印太政策》（Future Indo-Pacific Policy），而此前官方文件中的用语都是“印太战略”（Indo-Pacific Strategy）。[2]在国际政治和国际关系的用词语境里，战略总是与主动、主导有密切的关联，而政策则多与被动的应付有关。如果这一立论不错，那么可以说，文件起草者关于印太地区的防务设想已从一个自身可发挥主导作用的涉及各个层面的防务部署降级为处理该地区事务的短期应对之举。此后，在四方会谈层面，英国官方文件一直沿用“印太政策”一词。

文件用词的变化在某种程度上表明伦敦关心的问题会有比较大的调整。决策层认为，既然已承诺暂不撤离，那么就要避免谈及新加坡、马来西亚和印尼这一地区的中立化问题。[3]为了防止盟友误以为接受印太政策需要承担更多的防务责任，下一步只讨论中国、印支半岛、泰国、印（尼）马四个热点地区。[4]反复权衡后，1966年5月，决策层最终敲定了四方会谈的基调：放弃印太战略提出以来所涉及的四国防务合作机制、印度洋核部署、印度洋基地建设等长期议题，转而寻求在印（尼）马冲突、新加坡基地的去留等短期政策上与盟国达成一致。印太战略所涉及

1　NAUK, PREM 13/889, No. 416, Patrick Dean to Foreign Office, February 2, 1966.

2　NAUK, CAB 148/54, OPD(O)(DR)(WP)(66)3, Future Indo-Pacific Policy, March 16, 1966; NAUK, CAB 148/53, OPD(O)(DR)(WP)(66)3rd Meeting, Future Indo-Pacific Policy, March 23, 1966.

3　NAUK, CAB 148/54, OPD(O)(DR)(WP)(66)4, Synopsis of Draft Paper for Submission to Ministers: Future Indo-Pacific Policy, March 28, 1966.

4　NAUK, CAB 148/54, OPD(O)(DR)(WP)(66)7(Final), Indo-Pacific Policy, April 22, 1966.

的长期政策都推迟到四方会谈之后再作商议。[1] 在英国拟定的四方会谈文件中，已无“印太战略”或“印太政策”的表述，也没有四国防务合作机制的内容。[2]

在英国调整立场的同时，美国在越南越陷越深，无暇他顾，英美磋商频率不断降低。双边会谈后，两国高层针对印太政策的交流几乎处于停滞状态。腊斯克虽然同意参加四方会谈，但对四国防务合作机制的有效性仍持怀疑态度。[3] 1966 年 6 月 30 日的四方会谈进程即证明了这一点。无论是英国还是澳大利亚，此前都曾力推四方会谈，但各方都未能完全实现自己的目标。英国无法劝说盟国接受撤军的建议，盟国亦未能说服英国改变政策。各方只同意在秋天展开进一步讨论。[4] 1966 年 10 月，四国官员在伦敦组建伦敦研究小组（London Study Group），讨论亚洲防务问题。然而，所讨论的内容全部为东南亚国家局势，其他长期政策则被排除在外。[5]

伦敦研究小组的成立及会谈标志着，在四方会谈层面印太战略已经脱离了英国政策设计者的规划和控制。在盟友尤其是美国的施压下，印太战略妥协为印太政策，并最终发展成为有关东南亚局势的磋商。然而，伦敦决策层在印太战略上的妥协并没有被盟友全盘接受。在印太战略最为重要的中部区域，英国与盟友渐行渐远。需要特别指出的是，盟友对印太战略的回避以及工党政府作出的调整并不意味着印太战略完全淡出英国高层视野。在伦敦研究小组会谈期间，英国保守党年会如期举行。保守党影子外交大臣霍姆在关于外交政策的主旨演讲中强调应该推动泰国、印尼、新加坡和马来西亚组建新的亚洲集体安全机制，随后将该机制扩展到印度次大陆。为了保证地区合作的顺利推进，霍姆呼吁英国与澳新美同盟共同保障亚洲大陆南缘从太平洋到印度洋这一广阔海域的安全，并声称该海域的开放（open）

1 NAUK, CAB 148/68, OPD(O)(66)9th Meeting, Indo-Pacific Policy, April 27, 1966; NAUK, CAB 148/28, OPD(66)54, Indo-Pacific Policy, May 10, 1966.

2 NAUK, FO 371/190802, ZD2/48/G, Briefs for the Quadripartite Ministerial Talks in Canberra, June 22, 1966.

3 NAA, A1945, 287/3/24, No.1335, Hasluck to Halt: Quadripartite Talks, April 12, 1966; NAUK, FO 371/190801, ZD2/25/G, Indo-Pacific Defence Policy: Quadripartite Talks, May 9, 1966.

4 NAUK, FO 371/190803, ZD2/68/G, Record of the Quadripartite Ministerial Discussion, June 30, 1966; NAA, A1838, 682/4 PART 10, The Quadripartite Talks, June 30, 1966.

5 NAUK, FO 371/190804, ZD2/112/G, No. 7753, Foreign Office to Patrick Dean, August 16, 1966; NAUK, FO 371/190806, ZD2/180/G, Record of Quadripartite Talks on South East Asia, October 11, 1966.

是亚洲的生命线（lifelines）。[1]不难看出，保守党的亚洲政策逻辑仍然遵循着执政时期确立的英美在两洋海域“相互依赖”的战略构想。这也表明，20世纪60年代末英国朝野两党在亚洲政策上是存在一些基本共识的。印太战略强调的统筹印度洋和太平洋防务，扼守重要海峡和海上通道等设想，正是这些基本共识的最主要的内容。两党类似的政策表述很大程度上预示着英国政府未来若干年的亚洲政策走向。

印太战略虽然没有获得盟友的全面认可，但它提出的种种构想却奠定了英国撤离亚洲的总体框架，并对随后的英国东南亚政策、英美在西南太平洋和印度洋海域的交涉产生了一定影响。在西南太平洋海域，部分因为英国的协调，马来西亚和印度尼西亚于1966年8月达成和解。印（尼）马冲突的解决为1967年东南亚国家联盟的创建开辟了道路。英国推动印（尼）马和解以及支持东南亚地区合作的政策很大程度上遵循了印太战略所拟定的南北线双重防务机制和推动东南亚中立化的设想。此外，在正式宣布放弃苏伊士以东的军事承诺后，英国开始与澳大利亚、新西兰、马来西亚和新加坡协商防务合作，并最终于1971年4月签署了《五国防务协议》。协议规定，五国防务合作并非正式的军事同盟，而是在马来西亚和新加坡遭受外来威胁时，五国政府立即协商解决方案。这一表述正是英国力主的四国防务合作机制的核心观点。与此同时，英国按既定计划逐步从新加坡撤军，并将基地管理权移交当地政府。根据两国协议，新加坡军事基地的部分设施进行商业化运作，对外招揽船舶维修业务。越南战争升级以后，在英国的默许和李光耀的积极推动下，美军舰船多次进入新加坡基地休整。以此为契机，美国海军开始频繁出入新加坡基地和马六甲海峡。澳大利亚驻英国高级专员托马斯·克里奇利（Thomas Critchley）曾一语道破个中缘由：“美国人的心思可不仅仅是整修。英国人撤离后，印度洋上恐怕处处是美国海军。”[2]

在印度洋海域，英美无视联合国和印度洋沿岸国家的反对，在印度洋岛屿修建军事基地。约翰逊政府在四方会谈中并没有正面回应英国一再强调的印度洋合作，但这并不意味着美国完全放弃对这一地区的关注，更不意味着约翰逊政府对英国印

1 Neville Brown, *Arms without Empire: British Defence Role in the Modern World*, pp.31–32.

2 NAUK, FCO 24/570, D.P. Aiers to J.M. Gibbon: United States Use of Naval Facilities in Singapore, March 27, 1969.

太战略提出的各种政策构想毫无兴趣，因为英国撤离后留下的权力真空直接牵涉到美国的利益。1966年3月末，在英国考虑对印太战略降低调门的同时，美国国务院和国防部展开合作，推动一项关于20世纪70年代印太地区防务的部际研究。此项研究的目的是重新审查美国在整个印太地区，即波斯湾、印度洋海域、西太平洋和南中国海等区域的现存防务协议及设施，继而推进美国与盟友在上述地区的防务合作。[1]英美印度洋联合基地的建设很大程度上得益于美国军方的积极推动。当然，美国的援助也并非毫无条件。华府明确要求英国必须在印度洋保留驻军，以应对印太海域可能出现的地区危机。[2]麦克纳马拉也多次强调，“基地建设的前提是英军留守印度洋”。[3]英国虽然考虑放弃苏伊士以东的军事承诺，实际上并不愿意完全撤离曾经的“英国内湖”。1966年12月30日，两国签署关于军事使用印度洋岛屿的正式协议。[4]1968年7月，初步拟定迪戈加西亚海军基地的修建方案。美国承担大部分经费，英国派遣人员协助。[5]可以说，在印太战略的构思和推进过程中，印度洋基地的地位一步步上升，并最终成为该战略留存的最重要的遗产。以印度洋基地为依托，英美两国尤其是美国海军控制了西南太平洋和印度洋海域的重要海上通道。这就为英国撤离苏伊士以东后英军与香港驻军的联系乃至当前英国海军在印度洋和亚太海域的巡航提供了重要的战略据点。印太战略所推动的英美印度洋联合基地的建设成为20世纪70年代以后印度洋和西南太平洋海域国际关系格局的重要影响因素。此后几十年，以迪戈加西亚基地为核心的英美印度洋联合基地群成为美国在印度洋霸权的标志之一。

---

1 NACP, RG 59, CDANZPI, Entry 5421, Box 31, File: Armed Forces-UK Defence Review, Terms of Reference-Study of Interdependent Defence Arrangements in the Indo-Pacific Area in the 1970s, March 25, 1966.

2 LBJL, NSF, Country File, Box 216, File: United Kingdom, Visit of U.K. Foreign Sec. Brown, 1of 2, Defence in the Indo-Pacific Area, October 14, 1966.

3 Memorandum from Secretary of Defense McNamara to the Secretary of the Navy (Ignatius), October 27, 1967, FRUS, 1964–1968, Vol. 21, Near East Region, Arabian Peninsula, p.109.

4 U.S. Department of State Bureau of Public Affairs Historical Office, ed. *American Foreign Policy: Current Documents, 1966*, Washington: United States Government Printing Office, 969, pp.640–642.

5 Telegram From the Department of State to the Embassy in the United Kingdom, July 3, 1968, *FRUS*, 1964–1968, Vol. 21, Near East Region, Arabian Peninsula, pp.114–115; NAUK, PREM 13/565, Michael Stewart to Harold Wilson: Diego Garcia, July 25, 1968.

结 语

印太战略是工党政府上台后提出的涉及西南太平洋和印度洋这一广阔海域的军事部署调整方案。确切地说，印太战略并非工党政府的独创，而是“二战”后伦敦当局关于亚洲战略长期思考和调整的产物。它继承了英国传统的亚洲防务思想，强调以扼守重要海峡和海上通道来遏制中国的扩张，较为全面地反映了英国决策者对于20世纪70年代西方亚洲战略的总体认识。在英国国力衰落和冷战阵营对峙的背景下，它的根本目的是在削减防务经费和调整军力部署的情况下能够通过多边合作来维持英国在印度洋和太平洋核心区域的影响力。然而，这种战略构想与澳新美同盟尤其是约翰逊政府的亚洲战略存在极大差异，并最终在多边交涉中搁浅。

另一方面，关于英国印太战略缘起、演变及结果的考察为我们呈现了此前并不为人所了解的一幕与英美权势转移相关的历史场景。当前，学界普遍认可的一个基本看法是，20世纪60年代末英国从新加坡海军基地撤退，美国最终控制了东南亚国际事务。但若从印太战略的各种构想及其遗产看，这种观点或许存在可商榷之处。印太战略最显著的特点是打破了“二战”以来建构的东南亚和南亚的划分方式，将英国历史上主导的西南太平洋和印度洋海域整合成统一的印太战区。这种构想是英帝国传统防务框架、“二战”历史经验以及冷战期间亚洲意识形态冲突等多种因素相结合的产物。就印太战略划定的地理范围以及它对英国撤离亚洲方案的影响而言，我们或许不宜简单地说英国宣布撤退，美国最终控制了东南亚国际事务。这样的说法既没有看到美国主导东南亚所经历的复杂过程，也忽视了以新加坡为中心的西南太平洋与印度洋海域事实上存在的密切联系。更准确的说法或许是，在英国撤退的过程中，美国开始介入到西南太平洋和印度洋这一广阔海域的国际事务，尽管在这一过程中美国的态度并不坚定，华府内部也存在诸多分歧。换句话说，在印太战略的总体框架下，英国政府思考如何从这一海域撤退的过程，英国与盟友关于驻新英军去留的争执，英美在印度洋基地修建问题上的多次磋商，恰恰开启了两国在西南太平洋和印度洋海域权力移交的历史进程。此后，两国就新加坡基地和印度洋基地的讨论和接触渐趋频繁。也正是在英国的积极推动和“引导”下，20世纪70年代中期英美逐步完成了在这一区域的权势转移。

在英国印太战略尘封于档案数十年后，美国、澳大利亚、印度和日本等国又提出了新的印太战略。无论是半个世纪前以英美为核心的英美澳新四国防务合作机制，还是当下美国执牛耳的美澳印日四国磋商，两种印太战略实际上具有高度的内在统一性，它们要解决的一个基本战略困境是如何在主导国防务预算削减的背景下整合印度洋和太平洋这一广阔海域的防务力量。此前，英国与澳新美同盟在防务责任划分和经费分摊问题上并没有达成一致，继而成为英国印太战略搁浅的重要因素。当下，美澳印日四国在印太战略框架下的利益交换才刚开始起步。在美国不断强调“责任分担”的背景下，我们应该着重考察美澳印日四国能否通过利益交换组成一个四方都可以接受的印太战略体系。再者，新旧两个版本的印太战略给我们的一个重要启示是，无论是在英帝国海洋霸权时代，还是在当下的全球化时代，贸易网络和防务合作并不仅仅局限于人为构建出来的南亚、东南亚、印度洋、太平洋等政治或地理区域。进一步而言，突破以陆地板块划分政治区域的局限，强调以海洋和海上通道为基础的地缘政治格局，或应成为未来学术研究乃至政策制定的重要出发点。

（本文原刊于《史林》2019 年第 5 期）

肆　史料介绍

美国威尔逊中心数字档案概况及其特色价值[*]

赵继珂[**]

【摘要】为了更好地推进冷战国际史的相关研究，威尔逊中心特别开设了一个数字档案数据库来搜集整理与冷战话题相关的档案资料。但受多方面因素影响，国内学界除少数几位学者对其公布的相关档案资料加以使用之外，它并没有得到太多的关注。有鉴于此，为了更好地推进国内冷战史研究的发展，同时为方便国内学者更好地使用该数字档案公布的档案资料，本文尝试按不同主题对这些档案资料予以梳理，并对其档案特色以及学术价值向读者予以说明。

【关键词】威尔逊中心；数字档案；冷战

作为美国著名智库，威尔逊中心[1]长期以来一直非常重视冷战国际史的研究，并特别开设了多个研究项目来负责相关主题的研究。为了进一步协调该中心内部就

* 本文系国家社科基金特别委托项目（15@ZH009）子课题“冷战时期美国关于中国及其周边国家宣传战的档案整理与研究”（15@ZH009-03-22）的阶段性成果。

** 赵继珂，华东师范大学社会主义历史与文献研究院、历史学系副教授。

1 根据美国宾夕法尼亚大学“智库与公民社会”项目的调查与研究，威尔逊中心在2013年位列美国Think Tank to Watch首位，而根据“全球智库索引系统”（Global Go To Think Tank Index）的排名显示，该中心2013年首次入选全球十大智库。参见：“Wilson Center Is Top U.S. Think Tank to Watch, Says Survey”, January 22, 2014, http://www.wilsoncenter.org/article/wilson-center-top-us-think-tank-to-watch-says-survey?mkt_tok=3RkMMJWWfF9wsRoluKXNZKXonjHpfsXx6%2BslWbHr08Yy0EZ5VunJEUWy3IQBRNQ%2FcOedCQkZHblFnV4JQ624SrUNrKEO, 2014-04-02。

外交史、地区安全问题、核历史以及全球军事和安全问题等研究工作的开展，[1] 在著名冷战史研究专家奥斯特曼博士组织筹划下，该中心特别授权由其下设历史和公共政策项目（History and Public Policy Program）在冷战国际史项目所作前期准备基础上，[2] 负责组建了一个庞大的数字档案数据库（digital archive），向学生和专家学者提供来自世界各地的解密档案资料。

虽然威尔逊中心开设数字档案数据库初衷是为了推进学术界对这些历史档案加以开发利用，多位国内外知名学者在梳理冷战史研究现状时亦积极向国内学者推介该部分档案资料，[3] 但即便如此，就笔者目前掌握的情况来看，国内多数冷战史学者对该项目公布的数量庞大的档案资料的具体内容并不了解，对其使用情况更是难以令人满意。有鉴于此，本文试图对威尔逊中心的数字档案进行梳理，并以此作为引玉之砖推动国内学者对之加以利用。

一、威尔逊中心数字档案介绍

根据威尔逊中心相关工作人员对数字档案所作归类，截至目前，它被划分成了130个不同的特色档案选集。[4] 对之略作概括，主要涉及以下几大主题：

1　按照威尔逊中心就各项目所作的职能划分，冷战国际史项目（The Cold War International History Project，简称CWIHP）主要负责外交史研究，朝鲜国际档案项目（The North Korea International Documentation Project，简称NKIDP）主要负责地区安全问题研究，核扩散国际史项目（The Nuclear Proliferation International History Project，简称NPIHP）负责核历史研究，全球军事和安全问题则主要由全球欧洲项目等负责。

2　冷战国际史项目自1991成立以来，就致力于支持全面快速的公布来自冷战各方的历史资料，并寻求加速推进来自前“共产党集团”的新资源、材料和观点与西方学者过去几十年间运用西方档案资料所作研究的融合。有关该项目发展演化的更多历史，可参见：“Cold War International History Project”，http://www.wilsoncenter.org/about-cwihp, 2014-08-10。

3　夏亚峰：《冷战国际史研究在中国——对过去20年研究的述评》，《冷战国际史研究》，第7辑；夏亚峰：《近十年来美英两国学术界冷战史研究述评》，《史学集刊》2011年第1期；沈志华：《近年来冷战史研究的新趋向》，《社会科学战线》2012年第6期；梁志：《近十余年中国冷战史研究新气象》，《世界历史》2012年第4期。

4　本文所作统计时间截至2016年5月9日。提醒读者注意的是，该中心会不定期增加一些新档案选集和新档案资料。

（一）苏东集团

数字档案很大程度上是在冷战国际史项目档案基础上建设而成，而该项目特别注重从莫斯科和其他前苏联集团国家获取相关档案资料，这使得数字档案中包含有数量众多的与苏东集团有关的档案资料。

例如，对苏联内政问题，“斯大林和冷战”档案选集的档案主要讨论斯大林的经济观点；“后斯大林时代的继承权斗争”档案选集主要搜集了1944～1962年的苏联档案，内容涉及赫鲁晓夫同“三驾马车”拉夫连季·贝利亚（Lavrentii Beria）、格奥尔基·马林科夫（Georgii Malenkov）和莫洛托夫（Molotov）的权力斗争；“赫鲁晓夫选集”则主要介绍赫鲁晓夫的思想和观点。

对苏联外交问题，“伊朗和苏联关系”档案选集的时间段限为1941～1954年，重点探讨两国关系发展演变对冷战源起的影响；“对华国际（Interkit），1966～1987年”档案选集共搜集了与该组织有关的106份档案资料。长期以来，该组织没有得到国内学者的关注。[1]但通过阅读此部分档案资料，不难发现，研究该机构的相关活动历史，对我们了解冷战期间社会主义国家之间的关系有重要意义。毕竟，仅从其功能来看，20世纪60年代中期由克里姆林创建的这个组织，通过定期召集来自苏联、华约国家以及其他同苏联结盟国家（如蒙古、越南、老挝和古巴）的中国问题专家举行会谈，重点讨论如何同中国开展经济、思想、文化以及其他层面的交流，同时它还致力于协调苏联集团内部对中国的看法和政策。

话题涉及东欧社会主义国家的主要有以下几个档案选集：“东德起义”档案选集搜集了1952年4月～1953年10月期间来自苏联和东德的档案，主要介绍1953年6月东德起义的相关内容；“1956年波匈危机”档案选集的档案出自苏联和保加利亚档案馆，内容主要涉及苏共中央委员会就此次危机召开会议的会议笔记以及克格勃发回莫斯科的形势报告等；“华约”档案选集的档案主要来自苏联、保加利亚、罗马尼亚和波兰的档案馆，主要介绍华约条约国之间开展军事行动的相关内

1 根据笔者从中国知网所作查询，2011年《冷战国际史研究》第12辑刊发的系列翻译文章对对华国际进行了简单介绍，但截至目前，还没有国内学者撰文研究该机构的相关活动。参见［匈］詹姆斯·赫什伯格等：《对华国际真相：揭开中苏关系最后阶段的史实》，《冷战国际史研究》第12辑；［匈］詹姆斯·赫什伯格等：《苏联集团国家有关中国和对华国际文件节选（1966～1987）》，《冷战国际史研究》第12辑。

容；“苏联入侵捷克斯洛伐克”档案选集记录了1968年布拉格之春和苏联入侵的内容，虽然该话题已经有许多研究，但此次公布的档案资料很大一部分来自乌克兰，对学者们重新认识该事件有重要参考价值；“1980～1981年波兰危机”档案选集的档案主要来自苏联，记录了苏联对波兰危机的回应情况（包括准备军事干预），作为补充，该档案选集还有部分档案来自东欧相关国家的档案馆，介绍了东欧共产党集团领导人对波兰事件的讨论和反应情况。同上述主要是搜集国家外交层面的档案资料不同，“日夫科夫”档案选集主要是有关保加利亚共产党第一书记托多尔·日夫科夫（Todor Zhivkov）的资料，着重介绍日夫科夫在任期间尝试进行理性决策的内容。

冷战期间，为做好社会主义国家之间的内部协调工作，同时方便刺探对方阵营的信息，情报和间谍活动扮演了一个不可替代的角色，数字档案对此话题亦有涉及。其中，“冷战中的情报活动”档案选集的档案来自多个苏东集团国家，档案类型有决策备忘录、声明、协定和报告，重点介绍社会主义国家间开展情报合作的情况；“米特罗克欣”档案选集搜集了苏联前克格勃档案员瓦西里·米特罗克欣（Vasili Nikitich Mitrokhin）叛逃到英国之后公布的有关苏联秘密机构契卡在捷克斯洛伐克、阿富汗和埃及等地活动的信息；“瓦西里耶夫笔记”档案选集是亚历山大·瓦西里耶夫（Alexander Vassiliev）研究克格勃档案的笔记，类型包括档案摘要、档案抄录以及瓦西里耶夫自己所作笔记，原件总页数达1115页。此次共公布了三个版本，分别为原文扫描件、俄文整理版和英文翻译版。

（二）美国外交

要想全面了解冷战的相关历史，对作为冷战两极中的另一极美国同样必须予以仔细考察。对此，数字档案亦有很多档案资料同美国直接相关。例如，“美苏关系”档案选集的档案尽管全部来自苏联档案馆，却重点讨论了美苏两国在“德国问题”、古巴导弹危机、埃塞俄比亚内战和苏联入侵阿富汗等事件中的立场和关系等问题；而对冷战期间的另一重大双边关系——中美关系，数字档案将之整理为“1941～1971年中美对抗”和“1972～1989年中美合作”两个档案选集；除此之外，“朝鲜和美国”档案选集则收录了很多来自南斯拉夫、匈牙利的档案资料，并特别介绍了朝鲜如何尝试通过匈牙利同美国建立联系对话的内容。

（三）中国内政外交

虽然冷战的主要特征是美苏两个超级大国的对抗，但中国在冷战中的地位绝非无足轻重。诚如著名冷战史研究专家陈兼教授所言，“冷战之所以没有从‘冷战’发展为全球范围的‘热战’，原因之一便在于中国的参与及东亚冷战的发展起到了将美苏两大国分割开来的作用”。[1] 正因为此，同对苏东集团高度关注相似的是，中国话题同样成了威尔逊中心冷战国际史项目密切关注的问题。而最近几年，“由于从莫斯科获取新档案的机会越来越少，冷战国际史项目近年来工作重点转到中国，并已与中华人民共和国外交部签订了几个有关公布档案的协议”，[2] 这使得该中心公布的与中国相关的档案资料进一步丰富。具体而言，对中国的内政问题，它主要是依时间顺序来进行整理，并将之划分为“中国内战”“两次台海危机”“大跃进”“文化大革命”“1978 年以来中国的改革开放”等档案选集。

对中国外交问题，除上面提及的中美关系之外，数字档案中还有数量庞大的档案涉及中苏、中日、中朝、中国和东南亚等国家和地区的关系。具体而言，对中苏关系，数字档案根据两者关系的发展演变将之划分为四个档案选集予以整理，分别为：“1945～1950 年中苏同盟的形成”“1950～1959 年中苏同盟”“1960～1984 年中苏分裂”和“1985～1989 年中苏接触”，档案主要来源于苏联；“中日关系”档案选集主要介绍 1972 年中日关系正常化之后两国在政治、经济领域合作交往的内容；“中朝关系”档案选集主要考察 1940～1980 年中国和朝鲜的关系演变，与传统的将两国关系描述为“唇齿相依”不同的是，该档案选集对中朝之间的不信任关系特别予以说明；“中国和东南亚”档案选集向读者介绍了冷战期间中国如何鼓励东南亚进行社会革命和直接支持它们开展独立斗争的相关内容，涉及缅甸、印度尼西亚以及柬埔寨等多个东南亚国家。除关注中国双边和多边外交问题之外，“中国在联合国”档案选集则重点展示了中华人民共和国如何同中华民国在联合国这个舞台上就代表权问题斗争的情形，档案来源于苏联、法国、意大利、罗马尼亚等多个国家。

---

1 陈兼：《关于中国和国际冷战史研究的若干问题》，《华东师范大学学报（哲学社会科学版）》2001 年第 6 期。

2 夏亚峰：《近十年来美英两国学术界冷战史研究述评》，《史学集刊》2011 年第 1 期。

（四）朝鲜半岛

朝鲜半岛长期处于紧张状态，成为国际社会普遍关注的热点地区之一。而造成此种状况的最直接因素正是1950年代爆发的朝鲜战争。对朝鲜战争这一话题，相关档案被分为三个档案选集予以整理：“1945～1950年朝鲜战争的起源”档案选集重点解读究竟是哪方发起了朝鲜战争；“1950～1953年朝鲜战争”档案选集的档案主要来自苏联，涉及中苏援助朝鲜以及指控美国使用化学武器[1]等内容；“朝鲜停战谈判”档案选集的档案主要来自苏联、中国和波兰，重点对当时朝鲜、苏联以及中国就冲突和停战问题的战略思考予以分析。

最近几年，与朝鲜问题相关的研究进一步得到扩展，特别是冷战期间朝鲜的内政外交同样成了学者们关注的焦点。数字档案同样搜集了许多与该话题有关的档案资料。对朝鲜的内政问题，“与金日成会谈”档案选集内容主要是1949～1986年间金日成同外国盟友及其他外国领导人的会谈记录，这为学者们了解朝鲜最高领导人的内政外交观点提供了可能；“1956年8月宗派事件”档案选集重点介绍1956年朝鲜劳动党大会上发生的派系斗争，并部分呈现了苏联、中国以及波兰等国当时对该事件的反应情况；“朝鲜第一个五年计划，1957～1961年”档案选集网罗了一批来自苏联、波兰、中国和东德的档案，向读者介绍朝鲜千里马运动和第一个五年计划的开展情况。与朝鲜外交相关的档案资料，非常有意思的一个档案选集题为“朝鲜和美国极左派”，此部分档案是曾经两次到访朝鲜的黑豹党重要领导人爱尔德里奇·克里沃（Eldridge Cleaver）的个人文件，向读者展示了1960～1970年朝鲜同包括黑豹党在内的美国极左派组织的关系；而“朝鲜军事冒险主义”档案选集则重点搜集了1968年以来与朝鲜边缘政策和军事外交运动相关的原始档案，主题包括俘获普韦布洛号、企图暗杀朴正熙（Park Chung Hee）和1976年板门店事件等。

数字档案收录的另一部分与朝鲜半岛问题有关的档案资料主要是关于朝韩关系的发展演变及其对世界局势的影响。对于该主题，数字档案选择按时间顺序将朝韩关系划分为以下几个时段来进行整理，分别为：1961～1970年朝韩对抗、

1　作为对朝战细菌战指控主题的补充，最近威尔逊中心数字档案特别开设了一个单独的档案选集，来搜集与该主题相关的档案资料，共收录包括来自中国、俄罗斯和美国的档案32份。

1971～1972年朝韩合作、1973～1975年朝鲜半岛缓和的终结以及1977～1980年朝韩对话。除重点搜集冷战期间朝韩外交关系发展演变的档案之外，数字档案还包含了数量众多的有关朝韩军事关系发展演变的档案资料，主要涉及朝韩北方界限争论、1967～1969年“第二次”朝鲜战争等主题。对朝韩关系发展演变与世界局势的影响这一主题，数字档案主要关注于朝韩同越战以及朝韩同第三世界的关系。

（五）冷战与局部热战

除朝战之外，冷战期间还爆发了其他多次局部战争，数字档案主要搜集了与印支战争、越南战争、1977～1978年索马里和埃塞俄比亚战争、两伊战争以及中越战争等相关的档案。

（六）冷战与第三世界

有别于以往研究冷战史偏重探讨两大阵营对抗的是，以著名冷战史研究专家文安立教授为代表的一批学者选择将视野扩大到第三世界，并重点研究超级大国在第三世界的冲突以及第三世界各种事态发展对更大范围的国际格局产生了怎样的影响。诚如文安立教授在其《全球冷战》序言中所言，“原始材料的扩展给这个研究领域带来了发生深刻变革的机遇……我能够写出这本书的关键原因在于（前）第一世界 、第二世界和第三世界的档案开放程度有了非比寻常的提高”。[1] 毕竟，同以前只能使用美国和苏联以及东欧的资料相比，现在甚至能够越来越多地获得非洲、亚洲和拉丁美洲的档案文献，这无疑为扩大冷战史的研究范畴提供了可能。

对冷战史研究的这一新趋势数字档案同样有所体现，因为它公布的一些档案恰好与第三世界国家有关。例如，“古巴对外关系”档案选集主要关注于古巴同苏联、中国和美国的关系；“古巴和南非”档案选集则主要搜集了冷战最后15年间哈瓦那对南非政策的相关档案。除关注第三世界国家双边关系之外，数字档案中与第三世界有关的另一个档案选集的主题是“不结盟运动”，包含的24份档案大多来自阿尔巴尼亚档案馆，主要是该组织召开1961年贝尔格莱德峰会的电报和报告。

1 ［挪］文安立：《全球冷战：美苏对第三世界的干涉与当代世界的形成》，牛可等译，北京：世界图书出版公司，2012年，第8页。

（七）冷战与核武器

虽然诞生于“二战”末期的核武器并未对“二战”进程产生实质性影响，但引人注目的是，它却对冷战的发生、发展乃至结束产生了巨大影响，并且对冷战期间有关国家的关系造成了深远影响。对于该主题，威尔逊中心同样给予高度关注，数字档案特别对苏联、中国、巴西、法国、印度、巴基斯坦、乌克兰、以色列、韩国、朝鲜和南非的核发展情况进行了介绍，并分国别将之划分成了 11 个档案选集。提及核武器，另一个不得不提的主题就是冷战期间的核危机问题，毕竟，它曾经几乎把整个人类推向毁灭的边缘。对于该主题，数字档案中特别划分了“古巴导弹危机”和“欧洲导弹危机”两个档案选集。而正是受核危机刺激，国际社会进一步认识到了核武器扩散对人类安全和生存造成的巨大威胁，这就牵扯出了核扩散和反核运动的主题，使全世界人民对之予以反对。对此，数字档案特别设立了一个“反核传单”档案选集以飨读者。

（八）经济冷战和文化冷战

21 世纪初，随着冷战史研究的深入，以前学者没有重视的一些冷战研究领域开始受到新的关注，这其中，经济冷战和文化冷战研究就是典型代表。[1] 不过，学者们在对这两个领域进行研究时，遇到的最大问题就是资料搜集。幸运的是，数字档案特别设立了一个“经济冷战”档案选集，搜集来自苏联、保加利亚和罗马尼亚的档案资料，重点向公众展示社会主义阵营内部的经济增长和衰退、饥荒和援助以及国际贸易等问题。对文化冷战，“大众媒介和审查制度”档案选集重点介绍 20 世纪七八十年代苏联的宣传和媒体管制；“自由欧洲和自由电台”档案选集则主要搜集与美国自由欧洲电台和自由电台有关的档案资料。此外，威尔逊中心还对体育与冷战这一主题给予了特别关注，设立了“1988 年汉城奥运会”档案选集专门介绍

1 分析学者们缘何提出“文化冷战”和“经济冷战”这两个概念，主要是为了满足冷战史研究不断细化的新需要，以更加确切地描述冷战期间美苏在不同阵线斗争的情形。相关作品如：Ian Jackson, *The Economic Cold War, American, Britain and East-west trade, 1948 –1963*, New York, 2001; Shu Guang Zhang, *Economic Cold War: America's Embargo against China and the Sino-Soviet Alliance, 1949–1963*, Washington DC: Woodrow Wilson Center Press, and Stanford CA: Standford University Press, 2001; Giles Scott-Smith, Hans Krabbendam,*The Cultural Cold War in Western Europe, 1945–1960*, London: Frank Cass, 2003; Frances Stonor Saunders, *Who Paid the Piper? The CIA and the Cultural Cold War*, London: Granta, 1999。

1988 年汉城奥运会筹办的相关情况，而“冰上冷战”档案选集则主要介绍冷战期间国际冰上曲棍球运动同政治和外交的关系。

除以上所列几大主题之外，数字档案的特色档案选集还涉及诸如欧洲安全合作会议、遣返朝鲜脱北者以及亚洲人民反共联盟等相对孤立的主题，受文章篇幅限制在此不再一一介绍。

二、威尔逊中心数字档案的资料特色和学术价值

（一）资料来源国际化和多样化

通过上述对冷战国际史项目档案资料所作梳理，不难发现，它最为明显的一个特性就是资料来源的国际化。毕竟，冷战国际史项目公布的档案资料，仅从档案资料来源国别来看，就涵盖了当时的苏联、波兰、匈牙利、捷克斯洛伐克、立陶宛、阿尔巴尼亚、罗马尼亚、保加利亚、东德、蒙古、越南、缅甸、韩国、意大利、中国等多个国家；而从类型来看，除包含官方文件之外，它还涵盖了数量众多的个人资料和私人笔记，而来自世界各地的学者对这些档案资料所作介绍和解读更是进一步丰富了其资料的类型和内容。受文章主题制约，前文更多是对威尔逊中心的数字档案予以介绍，对该中心开展的其他活动基本没有提及。但需要提醒读者注意的是，该中心为促进冷战史研究更好地发展还采取了其他一些举措，其中非常具有代表性的就是提供平台供全世界学者交流互动，此举对推动其档案资料的国际化和多样化特色发展同样意义重大。

最近几年，中国冷战史研究的国际化进程同样取得了快速发展，在对近年来中国冷战史研究的新趋向进行总结时，华东师范大学冷战国际史研究中心主任沈志华教授敏锐地指出，“首先也是最为重要的，就是档案文献利用多国化、多边化的持续发展”。[1] 毋庸置疑，这是中国冷战史研究的可喜之面。然而，仔细对已有中国冷战史研究成果进行梳理，却也不难发现，当前对多国档案资料的使用仍然处于起

1 沈志华:《近年来冷战史研究的新趋向》,《社会科学战线》2012 年第 6 期。

始阶段，“目前仅有极个别学者利用多国多边档案对某些课题展开探讨”。[1] 普通学者特别是青年学者部分是受语言限制同时亦是受经费制约，仍然难以接触到来自东欧、东南亚等国家和地区的档案资料，更遑论对之加以利用。就此而言，冷战国际史项目公布的档案资料可以说对中国学者利用多国档案资料进行比对研究提供了新的可能和机遇。

（二）资料内容稀缺化和趋新化

所谓资料内容稀缺化，很大程度上就是指相关主题的解密档案非常稀少，普通研究者难以接触到相关的档案资料。对此，有关情报问题的档案资料可以说是一个典型代表。诚如有的研究者所言，“情报和间谍史，特别是有关最近 75 年的情报和间谍史，是历史学中一个令人挫败的研究领域”。[2] 该研究者之所以如此断言，很大程度上应该是由于当今世界多数国家对其情报机构档案的解密进程远远滞后于其外交档案的解密进程，一些国家甚至彻底予以保密。在此情形下，冷战国际史项目提供的“冷战中的情报活动”档案选集、“米特罗克欣”档案选集和“瓦西里耶夫笔记”档案选集无疑具有了更大的研究价值。

对冷战国际史项目档案资料的趋新性特色，此处笔者仅以“文化大革命”档案选集、“朝鲜和美国”档案选集为例予以展示。截至目前，有关“文化大革命”的研究在中国仍然是一个高度敏感的问题，冷战国际史项目的“文化大革命”档案选集搜集的 23 份档案虽然数量不多，但它却包含了诸如朝鲜、东欧社会主义国家对“文化大革命”的看法以及“文革”期间的中法关系等内容。应该说，这些档案资料的公布对进一步拓宽对“文革”期间中国外交的研究有重大意义。而对朝鲜和美国的关系问题，尽管相关研究汗牛充栋，然而，同以往学者们普遍认为朝美关系就是敌对和憎恨的固有观点不同，该档案选集公布的这批新档案向读者展示了冷战期

1 梁志：《近十余年中国冷战史研究新气象》，《世界历史》2012 年第 4 期。此外，就笔者观察，国内所谓的多国档案研究仍然主要集中于使用英语、俄语、日语和韩语等几个语种的资料，对诸如波兰语、匈牙利语、乌克兰语、意大利语等几个语种的档案资料还鲜有使用者。在多国档案资料使用方面国内比较知名的学者首推华东师范大学沈志华教授。

2 John Earl Haynes and Harvey Klehr, “Alexander Vassiliev’s Notebooks: Provenance and Documentation of Soviet Intelligence Activities in the United States”, http://digitalarchive.wilsoncenter.org/document/112855, 2014-08-10.

间朝鲜和美国尝试提升双边关系的新证据。对于此主题，到目前为止国内还鲜有学者展开相关研究。

此外，威尔逊中心还不定期对其档案资料进行补充，例如，最近更新的档案资料主要涉及美国卫星发射以及干扰苏联导弹制导等问题，对这些主题，国内同样少有学者予以关注。

（三）资料使用数字化和无偿化

在对档案资料进行搜集整理过程中，威尔逊中心开展的一项重要工作就是实现档案资料的数字化。从数字化的内容来看，在将其搜集的纸质档案进行数字化的同时，威尔逊中心还对正在形成的电子文本进行及时归档与保存，做到电子文档的齐全完整[1]；从数字化的程度来看，该中心档案目录信息的数字化得到了很好的开发，[2]并对该中心发行的系列出版物编制了清晰的索引系统供学者查询，此外，该项目在档案全文信息数字化方面更是作出了重大突破，不仅对大多数档案资料实现了扫描录入，同时还开展了相关的翻译工作。[3]

开展档案资料的数字化工作是一项耗时费力的系统工程，这使得现今许多大型数据库公司都只提供有偿服务。不过，由于威尔逊中心数字档案数据库的建设得到了包括麦克阿瑟基金会（MacArthur Foundation）、伦费斯特基金会（Lenfest Foundation）、布拉瓦尼克家族基金会（Blavatnik Family Foundation）、韩国基金会（Korea Foundation）以及韩国统一部（Republic of Korea Ministry of Unification）等多家基金会或机构部门的赞助，这为其开展相关工作提供了充足的资金支持。得益于此，该项目选择将其拥有的所有资源全部在网上公布并无偿供给来自世界各地的

1　威尔逊中心在进行数字档案数据库建设的同时，其下设各项目还不定期出版多种类型的出版物来对档案资料进行解读和整理。仅以国内学者相对比较少熟悉的冷战国际史项目为例，它就出版了诸如冷战国际史项目公报（CWIHP Bulletin）、档案选集（CWIHP Document Readers）、论文系列（CWIHP Working Paper Series）、档案卷宗（CWIHP e-dossier）等一系列研究作品。现在，这些研究作品都经过专人整理全部在威尔逊中心官网上予以公布，学者们可以自由下载。受文章篇幅制约，在此不对这些出版物作过多介绍，读者如果对此有兴趣，可登录威尔逊中心官网予以了解。

2　为了更加方便读者使用数字档案，威尔逊中心按照字母排序对数字档案选集予以整理，而对各档案选集内部收录的具体档案，则按时间顺序进行整理。

3　如果威尔逊中心仅仅将其搜集到的这些多语种档案资料原文公布的话，其使用的国际化程度无疑会大打折扣，因为鲜有学者可以一次掌握多种语言。对此问题，该中心做出的另一个大胆尝试就是将所有的档案资料全部组织专业人士翻译成英语，以方便世界各地的学者使用。

冷战史学者下载使用。这无疑大大节省了研究者的资料搜集时间。

毋庸置疑，冷战国际史项目公布的档案资料为学者们深化冷战史研究提供了新的可能，但与此同时，考虑到该部分档案资料涉及主题众多、来源多样、数量庞大、内容繁杂，国内学者要想充分对之加以利用，仍需要耐得住寂寞，坐得住冷板凳，踏踏实实做好相应的档案整理和翻译工作。

（本文原刊于《冷战国际史研究》2016年第22辑）

美国众议院非美活动委员会研究概述

蔺晓林*

【摘要】众议院非美活动委员会是美国主流意识形态与现实政治相结合的典型产物，对其加以剖析，有助于理解美国式发展道路在从孤立主义走向全球推广过程中不断进行重塑整合的过程。目前，关于该主题研究的成果大致可分为两类：第一类从宏观视野出发，讨论二战后反共思潮在美国兴起的国内外缘由，试图用时代变换的框架来解释以麦卡锡主义、非美活动委员会为代表的社会性反共思潮以及冷战源起的内在逻辑；第二类为微观视角叙事，以人物传记、组织机构研究等为载体，对当时的历史场景进行补充叙事，丰富和充实了相关历史叙事，但现有成果多从对立面抨击非美活动委员会，部分作品中政治道德批判的成分多于客观历史分析。值得关注的是，近年来随着新解密档案材料的运用，为拓展该领域的研究提供了新的条件，也为冷战史和美国史的研究提供了新的角度。

【关键词】众议院非美活动委员会；美国主义；保守主义；国会

美国国会非美活动委员会（House Committee to Investigate Un-American Activities，简称 HUAC）成立于 1938 年，目前对其的研究多集中在 20 世纪 50 年代初的反共活动。2001 年始，美国国家档案馆陆续解密的相关档案中，涉及该委员会 20 世纪 60 年代活动的内容居然占了绝大多数。档案显示，该委员会自 20 世纪 50 年代中

* 蔺晓林，海南亚太观察研究院助理研究员、地区发展与合作中心副主任，华东师范大学历史学系博士后。

期以后，曾长期关注海外共产主义运动的发展情况，并出版大量听证词、宣传册等，成为美国政府在冷战中发动内部动员的重要工具；同时，美国所发生的各色社会运动（例如20世纪60年代的学生运动、嬉皮士、反战运动、黑豹党、三K党）乃至恐怖活动、爆炸、暗杀、绑架等，也都曾是该委员会长期关注的问题。这表明，非美活动委员会是见证和经历了一段异常活跃的美国社会变迁历史的重要存在。对这个以合法形式存在并得以长期维系的国会机构进行考察，重新思考它在历史中所发挥的作用，将为我们从美国内部考察冷战以及美国社会的变迁提供崭新的视角。

提及美国国会非美活动委员会，多数美国人的反应集中在“黑名单”“麦卡锡主义”“西斯案”等几个话题上。然而，此类反共主题用来解释麦卡锡主义猖獗的时段似乎尚可，若要解释该委员会得以存续长达40多年的事实［1938年成立时为临时委员会，1945年成为常设委员会，1969年更名为国内安全委员会（House Committee on Internal Security，简称HCIS），1975年并入司法委员会，实际被废止］，则显偏颇。

由于上述原因，迄今美国学界中关于非美活动委员会的研究尚不尽如人意，相关成果虽然不少，却多集中在反共思潮（或称“第二次恐红”）、麦卡锡时代、好莱坞电影工业与黑名单、民权运动等几个领域。同时，尽管部分作品本着历史主义的态度力图对史实进行客观评析，但因受档案所限，[1] 大多关注20世纪四五十年代的反共思潮；另一部分作品则带有从政治道德层面对委员会进行抨击和控诉的倾向。

概言之，已有研究成果大致可分为两类，第一类为宏观讨论“二战”后反共思潮在美国兴起的国内外缘由，试图用时代变换的框架来解释以麦卡锡主义、非美活动委员会为代表的社会性反共思潮以及冷战源起的内在逻辑；第二类为微观叙事，以人物传记、组织机构研究等为载体，对当时的历史场景进行补充叙事，丰富和充实了相关历史叙事，但多从对立面抨击非美活动委员会，部分作品中政治道德

1　此类研究主要依据当时的一些公开文件（包括公开听证词、非美活动委员会的公开出版物、公开的年度报告、公开立法文件、新闻报纸、当事人回忆等）。2001年开始解密的档案中，含有大量委员会行政事务档案、非公开听证会材料、私人通信、内部讨论及报告等，此类档案因涉及国家机密、隐私保护政策等而长期封存。

批判的成分多于客观历史分析。值得关注的是，近年来随着新解密档案材料的运用，为拓展该领域的研究提供了新的条件，也为冷战史和美国史的研究提供了新的角度。

一、宏观勾勒：冷战背景与反共思潮

“二战”结束后，美苏关系的变化一直是冷战史研究的重要内容。无论是高层决策的变化，还是知识分子或社会思潮的走向，都引起了学者们的浓厚兴趣。好莱坞黑名单和麦卡锡时代的出现，都是“二战”后在美国兴起反共思潮的突出表现，也是冷战源起的重要内容。而非美活动委员会正是借由其1947年在好莱坞调查共产党人的活动登上了新闻头条，拉开了麦卡锡时代的帷幕，也开启了“非美”调查的活跃时期。

已有的研究成果中，对麦卡锡时代和冷战源起进行探究的作品十分丰富。其中，艾伦·温克勒（Allan M. Winkler）新近完成的《冷战：档案中的历史》，[1]以冷战各时期内的特色档案为支点，为读者呈现了冷战发展的基本政治脉络，勾勒出一个简明却异常清晰生动的时代框架。与之相似，还有埃伦·施雷克（Ellen Schrecker）的《麦卡锡主义时代：档案简史》，[2]以编年史的方法叙述了麦卡锡时代的基本框架，认为因间谍危机而引发对内外威胁的社会性“恐惧”，构成了美国人仓皇反击的重要因素。理查德·弗里德（Richard M. Fried）在《红色梦魇：透视麦卡锡时代》[3]中，则将冷战初期发生在美国的第二次“恐红”追溯到20世纪30年代，认为左翼在那个时代的活跃为右翼势力的兴起埋下了伏笔，并分别探讨了不同人群卷入反共洪流的缘由，有助于我们理解非美活动委员会及反共思潮发生的时代大背景。

1 Allan M. Winkler, *The Cold War: A History in Documents*, New York: Oxford University Press, 2011.

2 Ellen Schrecker, *The Age of McCarthyism: A Brief History with Documents*, Boston: Bedford/St. Martin's, 2002.

3 Richard M. Fried, *Nightmare in Red: The McCarthy Era in Perspective*, NewYork: Oxford University Press, 1990.

关于美国左派和右派的争执，也是解读冷战源起和反共思潮兴起的另一重要视角。乔治·纳什（George Nash）的《1945 年以来美国知识分子的保守主义运动》，[1] 围绕“二战”后原本并不流行的保守主义如何在一代人的时间里汇聚成型、并有机会改变整个国家的命运这一核心问题，对保守派知识分子及其思想的传播对社会转型的影响过程展开了探讨，梳理了美国社会自战后到 20 世纪 80 年代间的思潮变换，为我们了解美国社会变迁提供了一个全新框架。1966 年，保守派学者杰弗里·哈特（Jeffrey Hart）声称，“战争在 20 世纪实现了戏剧性的‘转型’。传统的国家间冲突的时代已经结束，‘国际内战’的时代已经到来。第一场此类型的战争发生在 1936 年的西班牙，即佛朗哥与共和政府的战争。这场斗争不仅导致西班牙内部产生对立面，而且同样波及欧洲和美国”。在伊比利亚半岛作战的人们来自世界各地，因而“西班牙内战就是左右两派展开跨国意识形态战争的原型；同样的‘意识分裂’，此后不断发生在‘南斯拉夫、希腊、古巴和越南’”。[2] 这种“意识分裂”，亦可从另一个角度解释美国社会在“二战”后出现内部净化运动——非美调查。

同时，迈克尔·卡津（Michael Kazin）和哈维·克莱尔（Harvey Klehr）分别对左派的历史进行了考察。卡津在《美国梦想家：左派如何改变国家》[3] 中对美国两百年来的历史进行梳理后指出，“左派”（Leftists）是美国梦想家们最常用的词汇，他们总是对社会和文化提出不同的梦想，但却往往只有一部分得以按着与其设想不尽相同的方式实现。20 世纪 20 年代到 50 年代关于共产主义的争论正是其中一部分。克莱尔则在《美国共产主义的全盛时期：大萧条的岁月》[4] 中，对于共产党在 20 世纪 30 年代的状况做了调查，他认为共产党由于支持失业保险、工业工会以及建立反法西斯集体安全等举措，在美国赢得了大量支持，其影响力达至巅峰；同时，政治气氛的相对宽松也给其发展提供了有利时机。但这种快速发展，也为其在冷战爆发之际遭遇全面“围剿”埋下了伏笔。

1　George Nash, *The Conservative Intellectual Movement Since 1945*, Wilmington, Del., 2006.

2　Jeffrey Hart, “The Pattern of Our War”, *National Review* Vol. 18 (January 11), 1966, p. 31，转引自 George Nash, *The Conservative Intellectual Movement Since 1945*, Wilmington, Del., 2006。

3　Michael Kazin, *American Dreamers: How the Left Changed a Nation*, New York: Alfred A. Knopf, 2011.

4　Harvey Klehr, *The Heyday of American Communism: The Depression Decade*, New York: Basic Books, Inc., Publishers, 1984.

约翰·格莱德查克（John Joseph Gladchuk）在《非美活动委员会与红色威胁的演进，1935～1950》[1] 中追述了共产主义在美国的缘起和反共思潮的萌发，探究了共产党在好莱坞的生存状况及非美活动委员会调查好莱坞的前因后果，并考察了该会的调查对好莱坞左翼造成的影响及其与麦卡锡主义兴起之间的关系。戴维·戴维斯（David Brion Davis）则在《惧怕阴谋：从革命到现在的非美颠覆形象》[2] 中，选录了美国革命以来有关“颠覆阴谋”与“反颠覆阴谋”的言论，梳理了美国历史上关于自由的试验历程，从整体上为读者呈现了美国历史的另一侧面。

此外，理查德·弗里德的《俄国人来了！俄国人来了！：冷战时期美国的盛典与爱国主义》[3] 中，从社会史角度——20 世纪 40 年代的各种爱国教育活动——细微入手，重现了美国在冷战初期鲜被人提及的“软弱”面，分析了原本注意力都在各种琐碎生计上的美国人是如何把眼光转向西斯案、朝鲜战争，并涌聚成为爱国思潮的过程。作者围绕“美国人试图要保护什么以及如何影响他人”这一核心问题展开分析，认为冷战动员与“二战”动员的内在逻辑相似，全国范围的爱国行动大多与外国威胁挂钩。马丁·雷迪什（Martin H. Redish）则以宪法学者和理论家的身份，将麦卡锡时代的历史以“言论自由理论”（free speech theory）为框架进行了重构和分析，借此作为验证自由理论的案例。[4]

当然，从宏观视角对战后美国史进行解读有助于我们加深对时代变换的认知，[5] 有助于理解冷战的源起对于美国社会所产生的长远影响和内在冲击。不过，此类作品多从非美活动委员会活跃的时代框架入手，对该会自身活动的细节多无暇顾及，因而要了解与 HUAC 相关的具体内容，仍要回到微观叙事的作品中。

---

1 John Joseph Gladchuk, *Hollywood and Anticommunism: HUAC and the Evolution of the Red Menace, 1935–1950*, New York: Routledge, 2007.

2 David Brion Davis, *The Fear of Conspiracy: Image of Un-American Subversion from the Revolution to the Present*, Ithaca: Cornell University Press, 1971.

3 Richard M. Fried, *The Russians are Coming! The Russians are Coming!: Pageantry and Patriotism in Cold-War America*, New York: Oxford University Press, 1998.

4 Martin H. Redish, *The Logic of Persecution: Free Expression and the McCarthy Era*, Stanford，Calif.: Stanford University Press, 2005.

5 同类著作还可参见 Derek Leebaert, *The Fifty-Year Wound: The True Price of America's Cold War Victory*, Boston: Little, Brown and Company, 2002。

二、微观叙事：机构研究与传记回忆

美国国会图书馆历史学家约翰·海因斯（John Earl Haynes）[1]曾言及，非美活动委员会在不同时期由不同的主席和成员组成，这对其工作风格和成效有着极大影响，因而在各个时期呈现不同的特色。若对其数个时期的历史一概而论，显然有失公允。特别是苏联解体后，关于苏联间谍问题的研究已经成为可能，但学术界对于该委员会在揭露美国共产党和苏联间谍活动等问题上所发挥的作用仍十分不足。

现今已有的与非美活动委员会直接相关的出版物呈现两个鲜明的特色：第一，该委员会署名的各类出版物数量极多；[2]第二，以受害者形象出现对该委员会进行控诉的作品很多。该委员会署名的出版物大多为各种调查报告、宣传册等，部分可作为分析该委员会或国会对当时事务认知的材料，却并非对委员会本身进行客观研究的学术作品；另一部分出版物是当前研究中的常见类型，包括少量对非美活动委员会本身进行的研究或以美国联邦调查局（FBI）为主的情报领域研究大量回忆录及传记等，但受档案未解密以及传记作者身份等因素限制，许多作品对非美活动委员会进行政治道德层面批判的成分要多于对历史本身的客观评析。

（一）以非美活动委员会为直接研究对象

小威廉·巴克利（William Buckley，Jr.）于1962年主编了一本以非美活动委员会为主题的论文集，[3]集中反映了当时学界对于这个机构的认知，选录文章涉及国会调查权、20世纪的颠覆活动、西斯案、非美活动委员会的活动等，可窥当时学术

1 约翰·海因斯（John Earl Haynes），美国国会图书馆历史学家。其主要作品有 John Earl Haynes, *Red Scare or Red Menace? American Communism and Anticommunism in the Cold War Era*, Chicago: Ivan R. Dee, 1996；Harvey Klehr, John Earl Haynes, Kyrill Anderson, *The Soviet World of American Communism*, New Haven: Yale University Press, 1998; Harvey Klehr, John Earl Haynes, *Venona: Decoding Soviet Espionage in America*, New Haven: Yale University Press, 1999; Harvey Klehr, John Earl Haynes, Alexander Vassiliev, *Spies: The Rise and Fall of the KGB in America*, New Haven, Conn.: Yale University Press, 2009。此处观点摘译自海因斯与笔者2014年2月10日的通信。

2 根据相关统计，非美活动委员会在1938～1963年的出版物数量就已达到650万之多。参见 Charlotte Pomerantz edited, *A Quarter century of un-Americana, 1938–1963: atragico-comical memorabilia of HUAC*, Chicago, IL, 1997, p. 123。

3 William Buckley, Jr., *The Committee and Its Critics: A Calm Review of the House Committee on Un-American Activities*, New York: Van Rees Press, 1962.

研究总貌之一斑。在当时档案材料尚未完全开放的情况下，研究者所依据的材料主要是一些公开的国会记录、委员会报告、公开出版物等，因而研究主题、论述依据等难免受限，但仍有一些不错的历史研究作品问世。

爱德华·莫厄里（Edward J. Mowery）1961 年完成的《非美活动委员会与联邦调查局：废除的目标》，[1] 从辩护的角度为这两个机构做了简要的介绍，并认为他们恪守职责，为捍卫美国社会的“终极价值”作出了贡献。而奥古斯特·奥登（August Raymond Ogden）的《戴斯委员会（Dies Committee）：众议院非美活动特别调查委员会研究，1938～1944》，[2] 对非美活动委员会的前身——戴斯委员会的历史进行了系统梳理，[3] 认为在当时调查反颠覆活动原本是必要的，但该委员会对这一原定目标并未认真贯彻，而且其调查方法和程序均值得商榷，事实上成了众议院历史上调查委员会的反面典型。

尤其值得注意的是沃特·古德曼（Walter Goodman）的《非美活动委员会非凡的岁月》，[4] 其可谓目前关于非美活动委员会最完整的一部传记式作品，也是少数着眼于该会活动的研究之一。该作品出版于 1968 年，正值非美活动委员会更名为国内安全委员会的前一年。作品一直追溯到 20 世纪 30 年代早期的迪克斯泰恩委员会（Dickstein Committee），以及 1938 年建立的戴斯委员会，详细介绍了非美活动委员会出现的源头和时代背景，对委员会权力的形成历史有所提及。同时，作者还以纪年形式对该机构正式成立后的大致活动情况作了梳理，并在结语部分对“非美”的内涵作了探讨。为该书作序的理查德·罗威尔（Richard Rovere）盛赞该书唤醒了自己早已忘掉的部分记忆，更让自己获取了不少新的认知，并大胆预言“非美”调查将持续到下个世纪，而且每个渴望坚持杰斐逊式美国的人都将从书中受益。尽管事

1 Edward J. Mowery, *HUAC and FBI: Targets for Abolition*, New York: The Bookmailer, 1961.

2 August Raymond Ogden, *The Dies Committee: A Study of the Special House Committee for the Investigation of Un-American Activities, 1938–1944*, Westport, Conn.: Greenwood Press，1984. 相似主题的作品还有 1944 年完成的《马丁·戴斯》，参见 William Gellermann, *Martin Dies*, New York: Da Capo Press, 1972。

3 美国会于 1938 年设立非美活动特别委员会（Special Committee On Un-American Activities），其职责为对法西斯和共产主义活动进行调查。这个特别委员会自设立始至 1945 年成为常设委员会止，一直由民主党人马丁·戴斯（Martin Dies）担任主席，故也称戴斯委员会。

4 Walter Goodman, *The Committee: The Extraordinary Career of the House Committee on Un-American Activities*, New York: Farrar, Straus and Giroux, 1968.

实证明罗威尔的预言很不准确（该委员会于1969年即更名为国内安全委员会，权力大受限制，1975年实际被废除），但这也恰恰提醒我们，在当今看来理所当然的历史链条中，当事人对事物的认知往往并非都如我们想象的那般模样。

对委员会持抨击态度的夏洛特·波梅兰茨（Charlotte Pomerantz）在《四分之一世纪的非美，1938～1963：可悲又可笑的众议院非美活动委员会》[1]中，对该会自1938～1963年的各任主席分别加以概述，痛斥这一机构已经变成揭露个人隐私、诋毁声誉的场所，成为干涉国内和平、民权、教堂、工会等组织的政治工具；且浪费纳税人巨额税款印刷大量宣传品，沦为宣教工具；还认为该委员会藐视宪法第五修正案赋予公民的合法权利，多次违宪滥用权力，应当尽快予以废除。该书搜集和整理了许多关于非美活动委员会的资料数据，对其抨击是其一大特色。杰罗尔德·西蒙斯（Jerold Simmons）在《废止行动：废除众议院非美活动委员会运动，1938～1975》[2]中，梳理了美国历史上有组织地抵制非美活动委员会的历史，并介绍了在其中发挥关键作用的几个组织（例如废除非美活动委员会全国委员会，National Committee to Abolish HUAC），痛斥非美活动委员会的卑劣手段和对宪法的违背，并号召人们与该会的变种——国内安全委员会继续作斗争。

耶利米·古特曼（Jeremiah Gutman）曾以律师身份参与美国公民自由协会（American Civil Liberties Union）、保护宪法权利法律中心（Law Center for Constitutional Rights）、废除非美活动委员会全国委员会等组织与非美活动委员会进行诉讼的多起案件，因而掌握了一批包括各种立法文件、当事人通信等在内的文件资料。1978年9月6日，他将自己持有的与合法废除非美活动委员会运动相关的文件捐赠给了加州大学伯克利分校的米克尔约翰公民自由研究所（Meiklejohn Civil Liberties Institute）。理查德·凯兹（Richard N. Katz）对文件目录进行细致梳理后，

1 Charlotte Pomerantz edited, *A Quarter Century of Un-American, 1938–1963: A Tragico-comical Memorabilia of HUAC, House Un-American Activities Committee*, Chicago, IL, 1997.

2 Jerold Simmons, *Operation Abolition: The Campaign to Abolish the House Un-American Activities Committee, 1938–1975*, New York: Garland, 1986. 该书最初于1969年完成，当时非美活动委员会刚刚更名为众议院国内安全委员会，因此作者号召人们继续同国内安全委员会作斗争；1986年再版时补充了关于国内安全委员会的章节。

出版了《废除非美活动委员会的合法斗争：耶利米·古特曼文件》[1]，为美国诉斯塔姆勒（US v. Stamler）等一批案件的深入研究提供了便利。

除了常规的政治史研究外，卡尔·贝克（Carl Beck）的《藐视国会：非美活动委员会检控案件研究，1945～1957》，[2] 从立法权的视角出发梳理了“藐视国会”罪自 1945 年之后的演变线索，并结合非美活动委员会的具体案例，以历史、立法和合法性（historical，legislative，legal）这三种角度综合分析了国会委员会所拥有的这种权力性质和影响。

维克托·纳瓦斯基（Victor S. Navasky）则从出庭证人的不同心理出发，围绕“为什么一些人甘愿冒声名俱毁的风险抗争，而另一些人却顺从了”这一问题，[3] 调查了大量的听证会记录、书信、口述史、文件、日记、诉讼案情摘要、剪报以及报刊专栏等信息，试图理解曾出庭作证的各色证人（“友好证人”“不友好证人”，以及态度先后有变化者）的心境变迁。作者认为，尽管非美活动委员会是为了替国会立法作参考而调查收集信息，但该委员会通常只公开它所希望证人们披露的信息，同时利用起诉和舆论手段，使那些拒不合作的证人出现在报纸舆论讨伐的版面上，致使其名声一败涂地。好莱坞象征着美国梦，而非美活动委员会正是为了寻求名声和政治影响力而调查好莱坞，并在全国范围内力图促成狂热的意识形态思潮，使自身成为“国家假释委员会（National Parole Board）”，有权决定证人是否爱国或“非美”，借此掌握证人的声名前途。这一研究很好地弥补了机构研究冰冷无生气的缺陷，从不同当事人的心理角度出发，使那段历史得以以鲜活的形象重现。

（二）情报领域研究

尽管有一批学者已经对苏联间谍在美国活动的情况做出了研究，但此类研究主要集中在联邦调查局、中央情报局（CIA）以及苏联的克格勃（内务部）等专职机构，而对国会在处理间谍问题中的作用少有研究。

肯尼思·奥莱利（Kenneth O’Reilly）仔细研究了美国联邦调查局的档案，在

1 Richard N. Katz, *The Legal Struggle to Abolish the House Committee on Un-American Activities: The Papers of Jeremiah Gutman*, Berkeley, Calif.: Meiklejohn Civil Liberties Institute, 1980.

2 Carl Beck, *Contempt of Congress: A Study of the Prosecutions Initiated by the Committee on Un-American Activities, 1945–1957*, New York: Da Capo Press, 1959.

3 Victor S. Navasky, *Naming Names*, New York: Viking, 1980.

《胡佛与非美：联邦调查局、非美活动委员会以及红色威胁》[1]中，重构了联邦调查局在国内大肆宣传红色危险并为麦卡锡、非美活动委员会等同盟者提供消息和手段的画面；同时，作者强调了该局与非美活动委员会之间的密切联系，认为联邦调查局将文件泄露给非美活动委员会，使其在反红运动（anti-Red）中手握证据，他们联手发动了旨在警醒国民觉察国内颠覆问题的“教化”运动（“educational” drive）。这解释了联邦调查局如何获取强大政治影响力和推动麦卡锡时期支配美国政治的反共思潮，并从纯粹的调查机构成为那场反共圣战的总参谋部的过程。该作品在阿赛·西奥哈里斯（Athan Theoharis）所开创的“国内情报”(domestic intelligence) 领域研究中很有意义，但对联邦调查局影响力的普遍性却有所夸大，弱化了非美活动委员会等团体的独立性和影响力。

约翰·斯巴德拉蒂（John Sbardellati）新近出版的《走向电影的埃德加·胡佛：联邦调查局与冷战在好莱坞的源起》，[2]重述了该局对好莱坞的调查和影响，认为胡佛及其盟友不仅利用在好莱坞的调查活动打击共产党，而且利用反共运动打压政敌、抵制改革、攻讦批判社会的左翼分子等，努力促成冷战共识，用荧屏将冷战中的文化之争转换成为国内安全问题，使好莱坞成为进行冷战的第一意识形态战场。

此外，涉及情报领域研究的作品虽多，[3]讲述非美活动委员会乃至国会在其中所发挥作用的研究则极为少见。这与联邦调查局和中情局这样的情报部门多与国务院等行政部门直接进行合作有关，但也确实存在对于国会意见反馈研究不足的状况，[4]

---

1 Kenneth O'Reilly, *Hoover and the Un-Americans: The FBI, HUAC, and the Red Menace*, Philadelphia: Temple University Press, 1983.

2 John Sbardellati, *J. Edgar Hoover goes to the Movies: the FBI and the Origins of Hollywood's Cold War*, Ithaca: Cornell University Press, 2012.

3 例如 Allen Weinstein, *The Hiss-Chambers Case*, New York: Knopf, 1978；Harvey Klehr, John Earl Haynes, and Kyrill M. Anderson, *The Soviet World of American Communism*, New Haven: Yale University Press, 1998; Athan Theoharis, *Beyond the Hiss Case: The FBI, Congress, and the Cold War*, Philadelphia: Temple University Press, 1982; Christopher Andrew and Vasili Mitrokhlin, *The Sword and the Shield: The Mitrokhin Archive and the Secret History of the KGB*, New York: Basic Books, 1999。

4 例如当加拿大曝出古申科（Igor Gouzenko）领导的苏联间谍网时，非美活动委员会就曾积极与国务院、外交部以及加拿大皇家调查委员会联系，并对案情持续保持关注。此外，非美活动委员会还力图与国务院在更多问题上展开合作。The Canadian Spy Trials, NARA, RG233, HUAC, Administrative Section, No.12 Miscellaneous Administrative Files, Box 1, 1946.

仍有待拓展。

（三）传记回忆作品

相比之下，提及非美活动委员会的传记和回忆作品不仅数量繁多，而且种类庞杂，且多与好莱坞和黑名单相关。该类作品虽然对历史的细节多有丰富和补充，但受体裁所限，一些作品过于侧重从当时“受害者”（受黑名单等影响的人）的角度进行回顾，或将该会作为其时代背景一带而过，或对其进行声泪俱下的政治道德控诉，因而须注意作者的个人情感立场。

例如尼古拉·特鲁伯（Nikola Trumbo）回忆自己的童年时，就坦诚历史并非如人们想象的那般不堪。[1] 她的父亲达顿·特鲁伯（Dalton Trumbo）作为“好莱坞十人”之一最先被列入黑名单，但他仍能够以多个化名与一些心知肚明的制片厂继续合作，境况并非媒体渲染的那般惨淡。并且，她对于举家搬迁至乡下的经历颇觉有趣，认为自己的孩提时代并不糟糕。同时，她还披露自己的父亲虽然作为“政治英雄”的形象频现媒体上，但却对非洲裔美国人怀有深深的歧视，反对自己跟黑人交往。这使她坚信，人们拿来当作信条的东西通常是根据全国的政治气候定义的，因而任何时候都不能盲目跟风。

柯克·道格拉斯（Kirk Douglas）在自传《我就是斯巴达克斯！：用电影打破黑名单》[2] 中，讲述了他在 1959 年拍摄《斯巴达克斯》时的故事，他认为当时是充满恐惧和偏执的年代，处于恐惧之中的人们以打击敌人的名义制造“黑名单”，使许多无辜之人遭受牵连。他还指出，当时的敌人是“共产党人”；而当代的敌人则是“恐怖分子”。尽管敌人的名称有所变化，但这种恐惧的心理依旧存在。安·吉马基（Ann Kimmage）在自传《一个非美的童年》[3] 中，追述了自己 13 岁时随父母背井离乡的经历。由于其父母均为活跃的共产主义分子，于 1950 年离开美国在海外（主要是捷克）居住 13 年。尽管作者自己也不清楚自己的父母是否真的属于共产党间谍，是否对罗森堡夫妇案件造成影响，但在当时，许多美共党员把墨西哥当

1 Nikola Trumbo, “A Different Childhood”, *Cinema Journal,* Vol. 44, No. 4 (Summer, 2005), pp. 96–100.

2 Kirk Douglas, *I am Spartacus!: Making a Film, Breaking the Blacklist*, New York: Open Road Integrated Media, 2012.

3 Ann Kimmage, *An Un-American Childhood*, Athens, Ga.: University of Georgia Press, 1996.

作了避难所，并通过此地辗转到共产党阵营国家。书中再现了麦卡锡时代的反共思潮和政治迫害对普通共产党员生活的影响。

丹尼尔·里布（Daniel Leab）以一个“为联邦调查局做事的共产党人”为研究对象，[1] 重述了告密者马特（Matt Cvetic）凭借编造故事捞取好处的经历，揭示了在那个反共思潮横行的年代里，真实威胁与虚假想象同在、恐惧与谣言并存的复杂环境。罗伯特·纽曼（Robert P. Newman）在《莉莲·赫曼和约翰·梅尔比冷战中的浪漫》里，[2] 描绘了莉莲·赫曼（Lillian Hellman）被冷战所改变的浪漫爱情故事，纽曼确认了赫曼的共产主义认知，并认为这种具体化的激进主义实质上对于美国政府而言确实是不忠的，但却也是比非美活动委员会那种所谓的“非美调查”更加符合“美国化”精神的。

保罗·布尔（Paul Buhle）和戴夫·瓦格纳（Dave Wagner）以亚伯拉罕·波隆斯基（Abraham Polonsky）为主人公，在《一个非常危险的公民》[3] 中介绍了左翼在战后好莱坞电影发展中的重要作用，显现了黑名单如何对个人事业产生影响，以及好莱坞的“团体的意识”如何化为乌有。但波隆斯基一味将自己打造成为被非美活动委员会所追捕的“共产党英雄”形象的野心，也提醒人们注意那些打着“言论自由”进行抗争运动的另一个真实侧面。

史蒂芬·沃恩（Stephen Vaughn）在一篇文章[4] 中，回顾了罗纳德·里根（Ronald Reagan）在1937～1953年积极推动的黑人权利运动，讲述了黑人运动在冷战时期与反共思潮的联系和纠葛，作者认为里根为公民权利的努力要甚于反共的渴望，里根努力保持形象，并尽力避免卷入争议案件或被怀疑为颠覆分子，其策略是号召黑人适应好莱坞既有的政治和经济架构。该文最值得注意的一个观点是，好莱坞的制片商们视公平权利正如其看待共产主义那样，首先是经济问题而非道德问题。

---

1 Daniel J. Leab, *I Was a Communist for the FBI: The Unhappy Life and Times of Matt Cvetic*, University Park: Penn Sylvania State University Press, 2000.

2 Robert P. Newman, *The Cold War Romance of Lillian Hellman and John Melby*, Chapel Hill: University of North Carolina Press, 1989.

3 Paul Buhle and Dave Wagner, *A Very Dangerous Citizen: Abraham Lincoln Polonsky and the Hollywood Left*, Berkeley: University of California Press, 2001.

4 Stephen Vaughn, “Ronald Reagan and the Struggle for Black Dignity in Cinema, 1937–1953,” *The Journal of Negro History,* Vol. 77, No. 1 (Winter, 1992), pp. 1–16.

除了好莱坞之外，[1] 还有部分从其他主题和视角出发的相关作品。例如乔·弗瑞曼（Jo Freeman）的《20 世纪 60 年代的伯克利：一位活动家的教化》，对 1964 年加利福尼亚伯克利大学的自由言论运动（Free Speech Movement）进行了回顾，重现了非美活动委员会与激进分子之间的较量过程，简略探讨了该运动的起因，构成民权运动研究的一部分。[2]

托马斯·保利（Thomas H. Pauly）尝试着用政治和社会环境的变迁来重述伊莱·卡赞（Elia Kazan）从导演到作家的转变因由，并捕捉伊莱在经历非美活动委员会的调查前后的心理变化。[3] 这是第一部对那些在 20 世纪美国戏剧中扮演重要角色的个人进行细节研究的作品。马丁·卡门（Martin D. Kamen）在其自传《辐射科学，黑暗政治：核时代的回忆》[4] 中，从科学史的角度回顾了这段历史，回忆了"辐射科学"的发展状况及其与"黑暗政治"的关联，描绘了科学家在核时代生活和工作的真实情景。

保罗·考恩（Paul Cowan）在《非美的形成：与经历者的对话》[5] 中，回忆了自己随和平队在厄瓜多尔援建的经历，披露了和平队中的一些龌龊内幕：一些混入和平队的人对当地文化根本一无所知，却一边吹捧自己的理想主义和慷慨奉献精神，一边在当地为所欲为、行尽龌龊之事，而媒体却没有或不愿去调查这些为人所尊重的机构。这也提醒我们，谨防理想与现实之间的黑幕。

而在一篇讲述 1968 年发生在密苏里州一个小镇图书馆故事的文章中，[6] 图书馆与当地部分请愿者围绕是否要对左翼书籍进行标注的问题展开争论。尽管双方争论

1　以好莱坞为主题的同类作品还有 Denise Mann, *Hollywood Independents: the Postwar Talent Takeover*, Minneapolis: University of Minnesota Press, 2008; Louise Krasniewicz, *Walt Disney: A Biography*, Santa Barbara, Calif.: Greenwood, 2010; Gerald A. Schiller, *It Happened in Hollywood: Remarkable Events that Shaped History*, Guilford, Conn.: Globe Pequot Press, 2010; etc。

2　Jo Freeman, *At Berkeley in the Sixties: The Education of an Activist, 1961–1965*, Bloomington: Indiana University Press, 2004.

3　Thomas H. Pauly, *American Odyssey: Elia Kazan and American Culture*, Philadelphia: Temple University Press, 1983.

4　Martin D. Kamen, *Radiant Science, Dark Politics: A Memoir of the Nuclear Age*, California: University of California Press, 1985.

5　Paul Cowan, *The Making of an Un-American: A Dialogue with Experience*, New York: Viking Press, 1970.

6　Nina Sydney Ladof, "Intellectual Freedom", *ALA Bulletin*, Vol. 63, No. 7 (July-August 1969), pp. 903–905.

的内容集中在保卫美国文化和制度、言论自由及阅读自由等公民权利上，但作者在与读者分享这一经历的时候，既暗示了请愿者对博取公众关注的渴望，也直言图书馆在该问题上最真实的顾虑在于若接受请愿而对图书进行分类标注，势必消耗大量人力、财力，而且还必将引发与作者、出版商等各方的纠纷，但在法庭上却只能以言论自由进行争辩，并认定“国会委员会的传讯并非法定审判，因此‘颠覆’和‘非美’的言辞不具备法律效力”。该图书馆的经历在一定程度上即是整个美国在当代的缩影，既穿插着政治诉求的博弈、部门利害的纠葛，也时时交织着个体利害和日常生活的诉求。

值得一提的是，在诸多学术研究成果之外，也出现过一些批判和审视非美活动委员会在好莱坞引起的猎巫运动（witch-hunting）的电影作品。例如《瓜田李下》[1]这部电影就重现了那个时代的场景，试图引起人们对那个时代政治、社会等表面化现象的愤慨。但该作品尽管涉及了好莱坞的行业繁荣、非美活动委员会听证会的意图、黑名单和恐惧所导致的背叛和不安乃至朋友相残等诸多线索，却缺乏深度和说服力，缺乏关于冷战对美国电影文化创作者所产生行业上及精神上影响的深度剖析。

事实上，早在 1960 年，非美活动委员会自己也曾拍摄过一部名为《废除行动》（*Operation Abolition*）的电影。[2]该片长 43 分钟，部分内容由新闻报道剪接而成，记录了 1960 年 5 月 12 日至 14 日在旧金山听证会期间发生抗议运动的情形，并在 20 世纪 60 年代广为传播。影片中强调人们的思想很容易被影响，特别是年轻人（片中的大学生）意识不到自己究竟在做什么。一些共产党人混在人群中煽动冒失的学生们起而游行，并使他们误以为自己正在参与有意义的抗议活动。这个电影被作为正式报告提交国会，因而具备与其他国会报告同等资质，并在随后的几年中多次被用来向新任国会议员介绍国情。

1 Directed by Irwin Winkler, *Guilty by Suspicion*, Prod. Warner Bros., 1991.

2 关于该电影的前期策划、预算及后来的放映情况、政府及国会各机构借阅播放情况等均有详细档案，均保存在美国国家档案馆华盛顿馆区，主要部分在 National Archives（简称 NARA), Record Group 233（简称 RG 233), HUAC, Records of the Administrative Section, No. 7 Subject Files。还有许多零星相关的档案散见于非美活动委员会档案的其他专题之中。另外，该影片可在 Youtube 上检索播放，http://www.youtube.com/watch?v=DXsCfYYi2FE，2014-05-13。

三、新的空间：新档案与新线索

正如前文提到的，目前涉及非美活动委员会的研究为数不少，但对委员会本身进行研究的成果却比较少，这主要是因为美国国会档案独立于政府档案制度之外另有一套保存、解密制度（美国立法档案保存于华盛顿特区的一档馆中，下文如无特别说明，所称国家档案馆均为一档馆——笔者按），导致非美活动委员会档案长期处于封闭状态。

2001 年 6 月 28 日，由于部分档案已超过 30 年的隐私保护时效，美国国会众议院书记官授权美国国家档案馆立法档案中心对非美活动委员会档案进行解密工作。[1] 至此，这部分档案才首次大批量向研究者开放。令人惊讶的是，开放档案中（超过 3 000 英尺，即 7 000 盒）保存最多最完整的竟然是该委员会 20 世纪 50 年代末直至 1975 年实际废止时期的活动内容，这与之前研究所呈现的情形截然不同。

据档案显示，非美活动委员会自 20 世纪 50 年代中期以后，曾长期关注海外共产主义运动的发展情况，针对东亚、东南亚、拉丁美洲等地的共产主义运动发展情况搜集了大量信息，邀请国内外名人、来自社会主义国家的逃亡者等进行公开听证，并出版大量听证词、研究报告、宣传册等，成为美国政府和民众了解海外共产主义运动发展情形的重要窗口；同时，该会还长期关注国内发生的各色社会运动（例如 20 世纪 60 年代的学生运动、嬉皮士、反战运动、黑豹党、三 K 党），乃至恐怖活动、爆炸、暗杀、绑架等重大案件，成为国会观察和讨论美国社会发展动向的重要平台。

（一）了解海外共产主义运动的窗口

非美活动委员会自 1947 年调查国内共产党渗透好莱坞的状况始，迅速成为全国舆论的焦点，并在麦卡锡时代风靡一时，尤其是“好莱坞十人”案和西斯案使其政治影响力臻于巅峰。但鲜有人注意该会在此后对海外共产主义活动的情况也保持了高度关注。其中，在美国国家档案馆已经开放的非美活动委员会档案中，有几个

1 *A letter from Jeff Trandahl, Clerk of the U.S. House of Representatives, to Mike Gillettte, Director of the Center for Legislative Archives*, June 28, 2001, in the NARA (for eventual transfer to RG 64, but for now in the office files of the Center for Legislative Archives in the National Archives Building).

相关的主题档案十分值得注意。

首先，在国会档案233组非美活动委员会专题档案的调查部门档案中，第55号档案下有一个子系列名为“佐尔格间谍案”。[1] 该档案主要来自日本司法刑事局和上海工部局，日本司法刑事局的档案主要是关于苏联间谍佐尔格案发后在日本受审的详细情况，而来自上海工部局的材料则披露了大量中国共产党在20世纪20年代至40年代间活动的情报，还混杂了部分日本共产党在20世纪40年代的活动情况。该部分档案应当是由非美活动委员会向相关机构（档案中并无详细说明，档案专家亦不知其详细来历——笔者按）索取，作为研究共产主义在东亚地区活动情况及间谍活动的证据。

在20世纪50年代中，非美活动委员会还将目光投向了东南亚地区。自1949年印度尼西亚脱离荷兰殖民统治后，南马鲁古地区宣布成立南马鲁古共和国，拒绝加入印尼，1950年11月被印尼军队镇压后，该地区一直持续小规模的游击斗争，并在联合国不断进行控诉。而南马鲁古共和国主席卡雷尔·尼基楚鲁（Karel J. V. Nikijuluw）也不断向非美活动委员会求助，希望通过美国国会获得支持。在非美活动委员会专题档案下的行政部门档案主题文件中，收藏了尼基楚鲁和该会几任主席之间的通信，以及该会就南马鲁古问题所作的情况整理。[2]

到了20世纪60年代，当古巴在卡斯特罗领导下发生革命后，古巴事务成了美国人极为关注的问题，古巴委员会、对古巴医疗援助、古巴现状等都成了非美活动委员会调查和讨论的重点内容。关于古巴问题的文件多收在非美活动委员会专题档案行政部门档案的主题文件中，但也有许多零散分布在其他各类主题之中。[3]

除了主动搜集、研究海外共产主义活动的情报之外，非美活动委员会还邀请了许多知名人士、来自社会主义国家的逃亡者和反共分子以及国内反共组织代表等进行公开听证，并选择部分听证词予以公开出版，成为其影响政府决策和引导舆论的重要方

1 NARA, RG 233, Records of the U.S. House of Representatives, House Un-American Activities Committee, 1945－1969 and the House Internal Security Committee, 1969－1976（以下以 HUAC 代指）, Records of the Investigative Section, No. 55 Exhibits, Evidence and other Records related to Various Committee Investigations, Sorge Spy Case.

2 NARA, RG 233, HUAC, Records of the Administrative Section, No. 7 Subject Files, South Moluccas.

3 NARA, RG 233, HUAC, Records of the Administrative Section, No. 7 Subject Files, Cuba.

式。例如1958年7月10日，主席弗朗西斯·沃特（Francis Walter）致信正在美国访问的宋美龄，邀请她进行公开听证，并保证“将提供最为友好的听证气氛”。[1]而联邦调查局长埃德加·胡佛（John Edgar Hoover）更是非美活动委员会公开听证会上的常客，他在1947年的一次听证会上就毫不讳言地声称，在国会进行的听证会“最大的贡献就在于能够令公众意识到那些潜在的威胁——共产主义者和法西斯主义者”。[2]

此外，对一些来自社会主义国家的逃亡者进行的公开听证也成为美国人了解外部世界的重要途径。诸如来自苏联的前海军官员尼古拉·阿德曼诺夫（Nikolai Fedorovich Artamonov）的听证、[3]朱尼亚塔·卡斯特罗（Juanita Castro Ruz）的听证、[4]东德前共产党员安娜·富斯特（Anna Marquerete Buber Faust）的质询、[5]乌克兰人杰洛斯罗·斯特克（Jaroslaw Stetzko）对苏联意图的自述、[6]“关于赫鲁晓夫在乌克兰文尼察地区的恶行”的调查，[7]等等。

值得注意的是，尽管非美活动委员会发挥了了解海外共产主义运动的窗口作用，但其在向国内介绍情况、邀请证人以及出版听证词和相关报告时，往往带有倾向性地选择证人、证言，这是该委员会长期饱受诟病的重要原因，但如果对部分材料进行客观地评析和利用，亦能为相关研究提供不少有益的信息。同时，该会在对乌克兰人斯特克的证词进行评估时认为，斯特克的言论带有狭隘的极端反俄情绪而非对“国际共产主义运动”进行客观评价，有违该会反对极端、客观公正的准则，同时与美国冷战政策中所宣扬的反共理论基础相违背，因而拒绝出版其听证词。这

1 NARA, RG 233, HUAC, Administrative Section, No. 7 Subject Files, Box 3, Madame Chiang Kai-Shek, A Letter to Madame Chiang Kai-Shek, 1958-07-10.

2 *Menace of Communism. Statement of J. Edgar Hoover, director, Federal Bureau of Investigation, before the Committee on Un-American Activities, House of Representatives, March 26, 1947, 80th Congress, 1st Session*, S. Doc. 26, U.S. Congressional Serial Set, Record Number: 11F83A64AEBA3050.

3 NARA, RG233, HUAC, Administrative Section, No.12 Miscellaneous Administrative Files, Box 20, Nikolai Fedorovich Artamonov, Testimony of Captain Nikolai Fedorovich Artamonov, former Soviet Naval Officer, 1960-09-14.

4 NARA, RG233, HUAC, Administrative Section, No.7 Subject Files, Box 8, Cuba Travel, Testimony of Juanita Castro Ruz, 1965-06-10.

5 NARA, RG233, HUAC, Administrative Section, No.7 Subject Files, Box 2, Fund for the Republic, Anna Marquerete Buber Faust.

6 NARA, RG233, HUAC, Administrative Section, No.7 Subject Files, Box 5, JaroslawStetzko, Jaroslaw Stetzko.

7 NARA, RG233, HUAC, Administrative Section, No.7 Subject Files, Box 2, Khrushchev, Massacre in Vinnitsa.

也在一定程度上反映出非美活动委员会大体上依循国会规则运行、有别于麦卡锡等个人政治投机行为，体现了反共运动在美国出现具有相应的理论基础和社会积淀。

（二）观察国内政治风向的平台

在美国的政治体制中，国会是与社会大众联系最为直接和紧密的，国会中讨论的议题往往也能反映出一个时代的思潮变迁。事实上20世纪30年代的美国法西斯分子和共产党两大群体迅猛发展，对传统政治形成了巨大的冲击。尤其是在部分德裔移民区中，涌现出了许多倡导法西斯体制的希特勒式青年营地，在美国掀起了不小的波澜。例如在新泽西的一个青少年营地中，孩子们整天被训练德军的鹅步行军；而在纽约举行的一次关于调查法西斯活动的听证会上，数百名德裔美国人涌入听证现场，切断电台信号，并当场集体行纳粹军礼，高呼“嗨，希特勒”，致使听证现场一片混乱。[1] 由此，国会于1938年设立非美活动特别委员会对法西斯和共产主义活动进行调查。该会以其在1945年成为常设委员会之前一直由民主党人马丁·戴斯（Martin Dies）担任主席故，又称戴斯委员会。

自此，“在美国境内传播的各类颠覆及非美宣传活动”成了该委员会的调查目标，直至1945年修订的第601号法律（Public Law 601）[2] 对委员会的职能加以详细规范后，非美活动委员会也有了正式发挥其国会职能的法律依据。临时存在的戴斯委员会在活跃了两年之后，由于“二战”的爆发而失去了活动的空间，[3] 但其在这段时期内仍然留下了大量档案资料，[4] 为全面探究非美活动委员会及其“非美调查”的

---

1 Walter Goodman, *The Committee: The Extraordinary Career of the House Committee on Un-American Activities*, p.11.

2 NARA, RG233, HUAC, Files and Reference Section, No. 37, Law and Legislation Affecting Subversive Activities, Box 880, Public Law 601－679th Congress, Sec. 121, Subsection Q (2), Committee on Un-American Activities, p. 19.

3 在1939年的盖洛普民意测试中，67%的民众知道该委员会的存在，在关于该委员会最应调查内容的投票中，42%的受访者认为是战争宣传，32%认为是美国境内的纳粹活动，26%认为是美国境内的共产党活动。American Institute of Public Opinion, *The Gallup Poll: Public Opinion 1935－1971, Vol.1 1935－1948*, New York: Random House, Inc., 1972, p. 143.

4 在美国国家档案馆一档馆的立法档案中，第233组（RG 233）为美国国会众议院档案组，其子目录中有一个系列名为《非美活动特别委员会档案，1938～1944（戴斯委员会）》（Records of The Special Committee on Un-American Activities, 1938-1944, The Dies Committee），共21个子项目，囊括了戴斯委员会存在期间的成员及职员通信文件、与政府机构通信文件、未出版的行政记录、出版的公开行政记录及听证词、报告及证据档案、调查材料“特别档案”、洛杉矶办公室卷宗，等等。

早期历史提供了翔实的材料。特别是委员会对法西斯主义在美国的传播保持了长期关注，据档案显示应持续到了20世纪60年代，[1] 值得相关研究者注意。

1947年，当杜鲁门政府发动“忠诚—安全计划”以清查“内患”的同时，非美活动委员会也代表国会在全国范围内对各类“非美”活动和宣传展开了调查，包括美国共产党、美国青年民主联盟（American Youth for Democracy）、人类福利南方联盟（Southern Conference for Human Welfare）、公民权利协会（Civil Rights Congress as a Communist front organization）、好莱坞影视作家协会（the Screen Writers Guild）等都在其列。尤其是闹得沸沸扬扬的“好莱坞调查”及其后的间谍案（包括加拿大间谍案、美亚案、西斯案、原子能间谍案等），都发生在非美活动委员会登上政治权力巅峰的时期，相关文件都可以在美国国家档案馆中找到，对于研究冷战初期的美国政治环境社会思潮以及文化认知等都提供了极为丰富的资料。[2]

同时，非美活动委员会隶属于负责立法工作的国会，也主持参与了一些重要的立法工作，例如1950年讨论通过的《国内安全法》[The Internal Security Act of 1950，又称麦凯伦法（McCarran Act）]、《麦凯伦—沃特移民法》（McCarran-Walter Immigration Law）、《颠覆活动控制法》（Subversive Activities Control Act）等。国家档案馆保存的档案中，不仅有这些法案起草及讨论期间的一些通信文件、调查报告、国会讨论记录等，还有许多当时搜寻的各州乃至国外的一些相关法律文件及分析报告，为我们从法律史、社会史的角度观察美国社会生活的冷战化提供了翔实的

1　除了戴斯委员会专题档案中含有大量与法西斯调查相关的档案外，在非美活动委员会档案中也有不少相关材料。例如在RG233组国会档案下的文件及参考部门（Files and Reference Section，即F&R）档案中，第35号档案即为法西斯专题（File on Fascism，1945-1975），其中部分档案已经被转移到纳粹专题档案中，但在此仍标明档案名称与去向。该档案包含三类文件：一般性文件；一般/统计文件；意大利裔美国法西斯。该档案原是文件及参考部门（the Files and Reference Section）搜集整理的材料，用作向国会和行政部门提供证据。一般性文件主要包括剪报、报纸节录、出版杂志、委员会记录和出版材料的一些摘要等；统计类文件主要是1938～1943年与纳粹、法西斯分子或日本活动有关的证人证言的汇编。另外，行政部门档案下的第7号混合行政档案（Miscellaneous Administrative Files）中还有一部分《美国纳粹党，1964～1968》（American Nazi Party, 1964-1968）档案。

2　这些主题类型的文件都可在美国国家档案馆一档馆的非美活动委员会档案中找到，多分散于行政部门档案下的混合行政档案、主题档案（Subject Files），或文件及参考部门档案（F&R Section）下的相关主题文件中。另外，数据库《美国国会文献集》（US Congressional Serial Set）和海因在线（Hein online）也收录了大量的相关档案文献，可以通过部分高校、研究机构、图书馆进行在线检索。

材料。[1]

20 世纪 60 年代的美国是一个激进而略显混乱的年代，学生暴动、黑人和妇女权利运动、黑豹党、三 K 党、嬉皮士、反战运动等各种社会运动和思潮层出不穷，形成了一个独特的时期。而非美活动委员会在进行“非美活动”的调查过程中，对绝大多数活动都曾进行过相关调查，以判定其是否符合“美国精神”，因而有大量以上述相关主题为内容的档案材料都收录在非美活动委员会档案中。在这部分档案下的文件及参考部门（F&R Section）档案中，第 34 号档案为《共产党文件》（F&R File relating to the Communist Party）；第 39 号档案为《种族与宗教信仰文件，1945～1975》（F&R File relating to Race and Religion，1945-1975），约 24 盒，内有关于英国国教徒（Anglican）、浸信会教徒（Baptists）、佛教徒（Buddhists）、保加利亚东正教（Bulgarian Eastern Orthodox Church）、天主教、犹太教、非裔、华裔、东南亚裔等数十个宗教和种族的相关调查材料；第 41 号档案为《颠覆主题杂件档案》（F&R File relating to Miscellaneous Subversive Subjects），约 49 盒，涉及大学反战运动、洗脑、咖啡屋、游行、和平运动、新左派、图书馆、妇女自由、摇滚节、嬉皮士、同性恋、贫困、恐怖团体、毒品、暗杀、爆炸案等数十个不同主题。[2]

需要特别指出的是，在调查部门档案（Investigative Section）中，约有 105 盒为三 K 党内容的档案，约占该部门档案总数（约 224 盒）的一半。可见，非美活动委员会的历史并不能简单地用“反共”一概而论。国会是与美国社会舆论动向与思潮变化最直接相关的机构，其讨论主题的变化最能反映美国民众关注问题的变迁。上述诸多材料似乎也在暗示，美国的冷战也并非单一的“反共战争”，而是承载着多种社会运动和思潮碰撞的混合体。只是，“反共”在其中显得格外突出，并

1　非美活动委员会档案专题中的文件及参考部门档案（F&R Section）第 37 号档案，名为《颠覆活动相关的法律及立法文件，1945～1975》（F&R File relating to Laws and Legislation Affecting Subversive Activities，1945-1975）。该部分专题档案主要为非美活动委员会成立至废止期间的立法活动，大体可分为三类：第一，内容涉及共产主义、间谍、颠覆、国家防卫、美国宪法等重大问题的一般性立法文件；第二，内容涉及各类反颠覆活动、反共的各州立法文件；第三，内容涉及各类反颠覆活动、反共的外国（例如瑞士）立法文件。这三类档案中，大多既有相关法律文本，也有相关讨论、争议、分析报告、调查通信等，有助于解读当时国会在讨论相关问题时的经过及考虑。

2　文件及参考部门档案（F&R Section）专题中，还有以政府机构、工会、电影工业、原子能、电台与电视业、公众舆论等诸多内容为标题的档案组，这里不再详细列举。

成为许多社会运动的掩体而已。

结　语

作为调查委员会的非美活动委员会，在以立法工作为己任的国会中本就是一个独特的存在。其对于国内外事务的长期调研历史，集中反映着美国社会在二战前后以及冷战前后所发生的社会变迁。无论是反法西斯、反共、各种反颠覆活动，乃至20世纪60年代对各种社会运动的关注，都是美国国会在不同时期面对国内外社会思潮相互交织碰撞的情况下，积极采取的应对措施。无论是共产主义还是法西斯主义，抑或以暴力为手段的三K党、无政府主义、恐怖主义、种族歧视等，在理论上都违背了美国理想，构成了对美国社会制度和社会主流理念的威胁，亦即所谓"非美"的挑战，这是非美活动委员会得以立足近半个世纪的政治基础，也是委员会的支持者们最有力的道德基石和理论支柱。

非美活动委员会经历和见证了20世纪美国社会的变迁，其兴衰与国内外政局变动息息相关。正如"非美"一词所强调的，该委员会是"美国道路"在压力来临之际力图求存的代言者，也是美国社会自我认知不断变换的时代缩影——当然，其实际作为和效果未必如其初衷。

如今，非美活动委员会已经退出历史舞台近40年了，[1]"非美"的字眼在美国社会也不再频繁出现。然而，当大批尘封的档案被解密的时候，也带来了许多新的疑问和思考。这些档案所呈现的历史与我们所熟知的故事并不完全相称，它们也许并

1　1975年，国会众议院投票决定将非美活动委员会并入司法委员会（Judiciary Committee），实际上剥夺其一切职能，名存实亡。在非美活动委员会档案下行政部门档案（Administrative Section）中，第10号档案为《与委员会废止相关的通信》（Correspondence Concerning Abolition of the Committee <HCIS>），其中的通信文件披露了自1970年以来数次关于废止国内安全委员会（HCIS，非美活动委员会于1969年后的名称，详见前文）的内幕，尤其是持不同意见的国会议员在1975年1月14日最后一次投票前后围绕该问题的一些通信，同时还收有各地民众的大量来信。该部分档案此前从未被借出，甚至书架位置编号也是在笔者2014年3月借阅时才由档案专家临时标明。本文介绍的其他档案中，也时常出现部分档案从未经档案专家预检（为保护隐私及国家机密，美国档案馆的馆藏档案在涉及机密、隐私等情况时，须由档案专家进行预检，并抽出其中不宜公开的文件，才交付借阅者）的情况，这表明该部分档案可能此前尚无借阅记录。

不能改变非美活动委员会曾经作为美国国内最大的反共宣传机器形象，但至少也能提醒我们，历史中仍有很大一部分侧面被遗忘在尘埃之中。因此，对这样一个以合法形式存在了 40 多年的国会机构重新进行全面考察，客观完整地重述其历史，才能全面发掘那段历史所蕴含的丰富多维的真实信息。

（本文原刊于《冷战国际史研究》2014 年第 18 辑）

美国国会图书馆馆藏
20世纪中国相关地图介绍

张校博 *

【摘要】美国国会图书馆地图部藏有众多珍贵的与中国相关的地图，其中的大部集中于20世纪，时间跨度跨越清末、民国时期、抗日战争时期、解放战争时期、新中国时期。其内容包罗万象，包括军事地图、新闻地图、宣传地图、资源地图、行政地图、手绘地图等。大量地图的使用能够帮助历史学家“以图解史”，而部分特殊地图的使用，也能极大地补充传统史料中的“缺漏”。

【关键词】美国国会图书馆；20世纪；中国；地图；中印边境战争

美国国会图书馆是根据1800年美国国会通过的一项法案而建立的，该法案规定将新的国家政府从费城迁往华盛顿，同时为国会提供5 000美元的书籍，供国会议员使用。1814年，入侵的英国军队焚毁了国会图书馆最初的藏书。翌年，国会图书馆购买了卸任总统托马斯·杰斐逊（Thomas Jefferson）的全部个人藏书，总计6 487册。杰斐逊认为各种学科的书籍都与国会有关，国会议员所需要参考的文献是没有边界的。[1] 杰斐逊的这种“普遍性”精神也是今天国会图书馆综合收藏政策的依据。

建立之初的国会图书馆主要为国会服务，帮助国会在立法、处理国家和国际关

---

* 张校博，华东师范大学历史学系硕士研究生。

1 Blaine Marshall & Alexander Hovan, *The Thomas Jefferson Building, the Library of Congress*, New York: Sacla, 2003, pp. 1－2.

系事务上发挥着重要的作用。直到恩兹韦斯·斯波福德（Ainsworth Rand Spofford）担任图书馆长，他说服国会将图书馆视为国家机构而成为国家图书馆。经过了两次世界大战，国会图书馆极大地扩大了藏书量，同时也在20世纪60年代开始走向鼎盛阶段。随着国际社会联系日益密切，图书馆逐渐承担起了新的国际角色。在昆西·孟福德（L. Quincy Mumford）主持图书馆的21年（1954～1975）间，图书馆的藏书量从1 000万册增加到1 700万册。在随后的数十年间，国会图书馆在兼顾搜集图书、音像等资料的同时，也开始加大对公众的开放服务，包括建立了美国民俗生活中心、国家数字图书馆、约翰·克鲁格学者中心（John W. Kluge Center）等。国会图书馆成为一个独特的、全球性的机构，为美国和全世界所有的公众、学者提供免费、无党派服务的机构。[1]

笔者在2019年9月至2020年1月期间访问了美国伍德罗·威尔逊国际学者中心，在此期间多次前往国会图书馆查找相关资料。国会图书馆馆藏资料浩如烟海，本文仅将笔者在地理地图部所查找的相关地图进行介绍。希望广大学者有机会能够前往图书馆利用相关材料，文中如有疏漏之处也请广大学者批评指正。

地图和地图集在国会图书馆建立之初馆藏的第一批文献中就有存在，而直到1897年，国会图书馆才专门建筑了一个大厅来存放地图。国会图书馆地理地图部是世界上规模最大、功能最全面的地图收藏场所，拥有520万张地图，还有众多地图集、地理空间采集数据等。[2]馆藏地图中，美国本土出版的各类地图占据主要部分，而大约55%的馆藏地图都是19世纪和20世纪出版的大中型地图以及航海航空图。地图种类多样，包括行政区划图、地质地形图、土壤水文图、矿物植被图、资源图、航海图、航空图等。在馆藏分类中，主要分为地图集系列、特别收藏系列、一般收藏系列、地球仪和地形模型系列、航空图片和遥感卫星图片、数字数据和地理信息系统等几个方面。[3]

与中国有关的地图主要分为以下几个部分：

1　相关历史介绍可参见："*History of the Library of Congress*"（https://www.loc.gov/about/history-of-the-library/）John Y. Cole, *America's Greatest Library: An Illustrated History of the Library of Congress*, Washington D.C.: Library of Congress & London: D Giles Limited, 2017。

2　https://www.loc.gov/rr/geogmap/.

3　*Library of Congress an Illustrated Guide: Geography and Maps*, https://www.loc.gov/rr/geogmap/guide/.

一、清末至民国初期的地图

随着明清时期外国传教士大量来华，中国地图制作在传统的制图学基础上，有了进一步的发展。但随着清末西方列强的侵略不断加剧，越来越多的西方学者来到中国，对中国进行了大量的堪舆工作，并绘制了众多地图。例如，《粤东省全图》（羊城书局编制，1900 年）、《福建全省地域图说》（福州观书局编制，1901 年）、《皇朝直省地舆全图》[斯坦尼斯・希瓦利埃（Stanislas Chevalier），1904 年] 等。

1912 年中华民国建立后，北洋政府以及南京国民政府都开始对全国进行系统的、科学的测绘工作。一方面要求各省陆军建立测量局，对各省、各市地形进行测绘；另一方面参谋本部也亲自组织测量队伍，对全国各地地图进行绘制。例如，《九江县近旁》（江西陆军测量局，1915 年）、《清江县近旁》（江西陆军测量局，1915 年）、《四川省》（军事委员会军令部四川省陆地测量局，1915～1942 年）、《太原近旁》（山西省陆军测量局，1915 年）、《大同近旁》（山西省陆军测量局，1916 年）、《安东界视图》（东三省陆军测量局，1918 年）、《河南省二十万分之一》（南京：参谋本部制图局，1915～1928 年）、《江苏省二万分一》（南京：参谋本部陆地测量总局，1908～1937 年）、《福建省十万分一图》（南京：参谋本部陆地测量总局，1925～1950 年）等。

除了政府官方对地形地图进行绘制，政府各部门、各管理委员会以及各种商业团体也都对涉及政区、铁路、水文、电线分布等各个领域进行地图绘制。例如：《电报线路图》（交通部电政司线路科考工科线路科编制，1919 年）、《北平市全图》（苏嘉荣，上海：日新舆地学社，1921 年）、《黄浦江总图：吴淞至龙华》[乌特奈（Utne Y.），黄浦江水利委员会，1923 年] 等。

二、抗日战争时期的地图[1]

第二次世界大战期间，各国因为战争的缘故测量制作了众多的地理地形图。其

1　参考宋玉武：《美国国会图书馆藏中国抗日战争地图文献》，《天禄论丛：中国研究图书馆员学会学刊》第七卷，桂林：广西师范大学出版社，2017 年 3 月，第 107～121 页。

中，日本陆军参谋本部制作了众多关于中国各省、市、地区的地理地形图。在“二战”结束时，美国成立了专门接收日本资料的机构——华盛顿文献中心。文献中心在日本外务省、陆军部、海军部、东京警察厅、东亚经济调查局、东亚研究所等机构处获得了大量的书刊、档案、地图。1948 年，华盛顿文献中心将其中的图书、期刊和地图移交给国会图书馆。这部分地图包括日本关东军绘制的中国东北地图、20 世纪 30 年代日本帝国测量局绘制的中国地图、日军参谋本部制作的绝密军事地图等。例如,《北满洲给水兵要地志图》(东京：参谋本部陆地测量部，1937 年)、《满洲十万分一图》(东京：参谋本部陆地测量部，1937～1941 年)、《军事极秘十万分一地志图》(东京：参谋本部陆地测量部，1938 年)等。

抗日战争期间，除了日本外，重庆国民政府、延安边区政府、美国、英国以及民间等多方也都积极绘制中国战争形势地图。例如,《全面抗战形势详图》(重庆，1937 年)、《华北敌我形势图》(晋察冀军区司令部绘制，1942 年)、《中国抗战敌后战场形势图》(延安：延安总部，1944 年)、《1942 年 7 月 7 日以来中国主要战场地图》(华盛顿：美国战略情报局研究处，1943 年)、《中国战役》(伦敦：英国战争部总参谋部地图科，1944 年)、《滇缅公路图》(《华盛顿邮报》，1940 年 10 月 13 日)、《中国战区图》(《时代周刊》，1941 年 6 月 16 日)等。

三、新中国成立后的地图

新中国成立之后，国会图书馆同中国官方的采购渠道被切断，只能通过中国香港和日本购入中国大陆官方出版的部分地图。同时香港领事馆通过国会图书馆的采购计划，能购进同中国相关的地图。例如,《世界分国地图：袖珍平装本》(北京：地图出版社，1950～1959 年)、《中华人民共和国民族分布简略挂图》(上海：地图出版社，1950～1959 年)、《最新世界分国地图》(凌大夏，上海：亚光舆地学社，1950 年)、《山东分县详图》(杨柏如，上海：亚光舆地学社，1950 年)、《香港市区全图》(胡志超，广州：大众图书公司出版，1962 年)、《标准使用最新中国全图》(香港书业公会印行，1953 年)、《最新中国分省地图》(香港：大中出版社，1955 年）、《最新中国分省精图》（香港：新亚舆地学社，1955 年）、《中国分省新图》（香港：香港启明书局，1955 年）、《黄河下游区》（香港：大中书局，1957 年）、《九龙全图》（陈景汉，香港：珍珍出版社，1962 年）等。

新中国成立后，蒋介石集团败退台湾。台湾当局同国会图书馆之间依旧保持着交流渠道。国会图书馆能从台湾购入相关地图。事实上，台湾当局民政部门也积极对台湾各县、市进行测绘，并出版了众多地图。而且台湾当地众多公司企业，也根据其不同需求进行绘图。例如，《中国经济建设地图》（台北：联合勤务总司令部测量处，1952 年）、《台湾邮政局所邮路图》（台北，1952 年）、《最新台湾省分县详细大地图》（台南，1952 年）、《彰化县全图》（台北：台湾省政府民政厅监制，1952 年）、《高雄县全图》（台北：台湾省政府民政厅监制，1952 年）、《嘉义县全图》（台北：台湾省政府民政厅监制，1952 年）、《澎湖县全图》（台北：台湾省政府民政厅监制，1952 年）、《基隆报关行与银行之分布》（台北，1951 年）、《基隆贸易行之分布》（台北，1951 年）、《最新台湾省行政区域图》（王志宏，台北：台湾史地图表编纂社，1950 年）、《台湾土壤图》（席连之，台北：台湾肥料股份有限公司，1950 年）等。

四、涉及一些特别问题的地图

在历史学研究中，有一个重要的问题涉及地图的使用，即边界问题。而国会图书馆地理地图部丰富的跨国馆藏资源能够很大程度上帮助学者搜集相关地图，并对边界问题进行研究。本文仅以中印边界问题为例进行介绍。

中印边界问题的出现最早应该从民国初年的西姆拉会议开始。会议中，英印政府联合西藏地方噶厦政府画定了“麦克马洪线”，虽然中国北洋政府方面的代表并未在协议中签字，但实际上自此之后，印度势力就开始不断入侵藏南地区，将实际控制范围逐步扩展到麦克马洪线处。直到 1962 年，中印之间爆发了边界冲突。时至今日，中印两国之间依旧未对边界问题签订最终协定。

国会图书馆地理地图部馆藏了众多的中国西藏地区地图、印度地图以及中印边界地图。最早的一份关于西藏的地图是 1734 年在海牙出版的一份由耶稣会教士绘制的中国地图（含蒙古、西藏地区），随后大量的西方传教士、地理学家前往中国绘制中国地图、西藏地区地图，例如：《中国（含蒙古、西藏）总图集》[安维尔（Anville），巴黎，1790 年]、《1749～1970 年西藏地图集合》《君士坦丁堡和西藏之间区域地图》[亚伦·艾罗史密斯（Aaron Arrowsmith），伦敦，1814 年]等。还有部分学者前往印度绘制印度地图，例如，《印度东部地图》[莫洛·特兰基洛（Mollo Tranquillo），维也纳，1810～1819 年]等。

新中国建立之后，中国大陆、中国台湾地区、美国中央情报局都绘制、搜集了与西藏相关的地图，例如，《青康藏公路》（上海：地图出版社，1955 年）、《西藏地方详图》（中华书店，1955 年）、《规划地图：中国、缅甸和印度》（华盛顿：陆军地图服务中心，1954 年）、《西藏地图》（美国中央情报局，1955 年）、《中华民国地图集（含西藏）》（台湾："国防研究院"，1963 年）、《东方历史概述地图集（含中国、印度）》[罗杰·雷蒙德·塞勒曼（Roger Raymond Sellman），伦敦，1954 年]等。

因为 1962 年中印边境战争的爆发，西方世界，包括美国、英国等国也纷纷开始关注中印边界问题，并出版了较多地图。同时印度作为战败方，以"失败者"的立场，出版了较多地图。例如，《中印边界》（美国中央情报局，1963 年）、《印度北部边界地图集》（新德里，1960 年）、《中印边界东段轮廓图》（新德里，1962 年）、《中印边界西段拉达克轮廓图》（新德里，1962 年）、《中印边界冲突地区形式图》（印度，1962 年）等。